高等职业教育高速铁路客运乘务专业系列教材

高速铁路客运规章

尹小梅　主　编

赵行斌　副主编

杨旭丽　主　审

科学出版社

北　京

内 容 简 介

本书结合相关客运规章和技术编写而成，主要介绍了高速铁路客运规章、动车组旅客运输管理暂行办法、高速铁路客运运价、高速铁路旅客运输、高速铁路旅客运输服务质量规范、高速铁路旅客运输安全以及高速铁路客运相关的其他规章等内容，系统全面，易于学生理解和掌握。

本书可供高等职业院校高速铁路客运乘务专业、轨道交通专业教学之用，也可供从事轨道交通工作的相关人员学习参考。

图书在版编目（CIP）数据

高速铁路客运规章/尹小梅主编. —北京：科学出版社，2018
（高等职业教育高速铁路客运乘务专业系列教材）
ISBN 978-7-03-056374-3

Ⅰ.①高⋯ Ⅱ.①尹⋯ Ⅲ.①高速铁路-铁路运输-旅客运输-规章制度-高等职业教育-教材 Ⅳ.①U293

中国版本图书馆 CIP 数据核字（2018）第 012470 号

责任编辑：唐寅兴 高立凤 / 责任校对：刘玉靖
责任印制：吕春珉 / 封面设计：东方人华平面设计部

科学出版社 出版
北京东黄城根北街 16 号
邮政编码：100717
http://www.sciencep.com
三河市骏杰印刷有限公司 印刷
科学出版社发行 各地新华书店经销
*
2018 年 2 月第 一 版 开本：787×1092 1/16
2023 年 8 月第十一次印刷 印张：13
字数：285 000
定价：39.00 元
（如有印装质量问题，我社负责调换〈骏杰〉）
销售部电话 010-62136230 编辑部电话 010-62135319-2052（VF22）

高等职业教育高速铁路客运乘务专业系列教材
编委会

前　言

随着轨道交通行业的迅速发展，社会对轨道交通人才的需求也逐年增多。轨道交通相关专业作为一门新兴专业在我国高等职业院校逐步开设，并迅速发展起来。本书根据高等职业教育的发展需要与目前的市场情况，对高速铁路乘务行业的人才需求规格进行深入研究以及广泛查阅相关最新高速铁路客运规章的基础上，以高速铁路客运服务实际为出发点编写了本书。旨在使学生学以致用，为以后在工作中正确理解和执行有关高速铁路客运规章奠定基础。

在编写内容和要求上，本书以现行铁路有关规章和标准为依据，遵循理论联系实际的原则，对高速铁路客运规章进行了较为系统、详细、全面的阐述。本书每章开始设置学习目标，引导学生快速理解和掌握高速铁路相关规范；设置知识链接和案例分析模块，避免学生学习高速铁路规范的枯燥、乏味，同时使学生扩展知识面，提高分析能力；每章末设置练习题，使学生进一步巩固所学知识并提高实际应用能力，体现了先进性、科学性和系统性。

本书由尹小梅担任主编，赵行斌担任副主编，杨旭丽担任主审。具体编写分工如下：第1章和第3～6章由尹小梅编写，第2章和第7章由赵行斌编写，全书由尹小梅统稿。

在编写本书的过程中，编者得到了湖南都市职业学院各位领导及老师的大力支持，参考引用了中国铁路总公司及国家铁路局颁布的有关规章制度，以及部分国内外专家、学者发表的有关高速铁路客运规章的文献和书籍，在此一并表示感谢。

由于编者水平有限，加之时间仓促，书中难免存在不足之处，敬请广大读者批评指正。

编　者

2018年1月

目　　录

第1章　高速铁路客运规章导读 ………………………………………………………… 1

　　1.1　高速铁路概述 …………………………………………………………………… 1

　　　　1.1.1　高速铁路的基本概念 ……………………………………………………… 1

　　　　1.1.2　高速铁路的特点及优势 …………………………………………………… 2

　　　　1.1.3　高速铁路的发展 …………………………………………………………… 4

　　1.2　规章概述 ………………………………………………………………………… 12

　　　　1.2.1　规章的基本概念 …………………………………………………………… 12

　　　　1.2.2　规章的分类 ………………………………………………………………… 12

　　　　1.2.3　规章的制定要求 …………………………………………………………… 14

　　1.3　中华人民共和国铁路法 ………………………………………………………… 15

　　　　1.3.1　《铁路法》的适用范围及管理体制 ……………………………………… 16

　　　　1.3.2　《铁路法》的主要内容 …………………………………………………… 16

　　练习题 ………………………………………………………………………………… 27

第2章　动车组旅客运输管理暂行办法 ………………………………………………… 29

　　2.1　运营管理 ………………………………………………………………………… 31

　　　　2.1.1　相关部门职责 ……………………………………………………………… 31

　　　　2.1.2　站务管理 …………………………………………………………………… 31

　　　　2.1.3　乘务管理 …………………………………………………………………… 32

　　　　2.1.4　餐饮管理 …………………………………………………………………… 33

　　　　2.1.5　保洁管理 …………………………………………………………………… 33

　　　　2.1.6　人员管理 …………………………………………………………………… 34

　　2.2　安全管理 ………………………………………………………………………… 35

　　　　2.2.1　列车安全管理 ……………………………………………………………… 35

　　　　2.2.2　车站安全管理 ……………………………………………………………… 36

　　2.3　应急管理 ………………………………………………………………………… 36

　　　　2.3.1　列车设备故障管理 ………………………………………………………… 36

　　　　2.3.2　列车晚点管理 ……………………………………………………………… 36

　　　　2.3.3　列车运行中突发事件管理 ………………………………………………… 36

　　　　2.3.4　应急保障 …………………………………………………………………… 37

　　练习题 ………………………………………………………………………………… 38

第3章　高速铁路客运运价 ·· 40

　3.1　动车组票价 ·· 41

　　3.1.1　定价依据 ··· 41

　　3.1.2　动车组公布票价 ·· 41

　　3.1.3　特殊人群票价 ··· 42

　　3.1.4　浮动票价 ··· 44

　　3.1.5　票价执行 ··· 45

　　3.1.6　管理权限 ··· 46

　　3.1.7　公布 ·· 46

　3.2　客运杂费 ·· 47

　　3.2.1　铁路旅客及行李包裹运输杂费管理办法 ·· 47

　　3.2.2　客运杂费的种类 ·· 48

　　3.2.3　客运杂费的收费项目和收费标准 ·· 48

　3.3　关于改革完善高铁动车组旅客票价政策的通知 ·· 50

　　练习题 ··· 51

第4章　高速铁路旅客运输 ·· 53

　4.1　铁路旅客运输规程和铁路旅客运输办理细则 ··· 53

　4.2　车票 ·· 55

　　4.2.1　铁路旅客运输合同 ··· 55

　　4.2.2　旅客的权利和义务 ··· 56

　　4.2.3　承运人的权利和义务 ·· 56

　　4.2.4　车票的票面内容、作用和分类 ·· 59

　　4.2.5　车票的有效期 ··· 60

　4.3　车票发售的相关规定 ·· 62

　　4.3.1　客票 ·· 62

　　4.3.2　儿童票 ··· 63

　　4.3.3　学生票 ··· 63

　　4.3.4　伤残军人票 ··· 64

　　4.3.5　团体旅客票 ··· 65

　　4.3.6　代用票 ··· 65

　4.4　特种方式售票 ··· 67

　　4.4.1　实名制售票 ··· 67

　　4.4.2　铁路互联网售票 ·· 71

　　4.4.3　电话订票 ··· 77

　4.5　旅客乘车条件 ··· 79

4.5.1　旅客乘车的基本条件 ……………………………………… 79

4.5.2　不符合乘车条件的处理 …………………………………… 79

4.5.3　特殊情况的处理 ……………………………………………… 80

4.5.4　车票查验 ……………………………………………………… 82

4.6　旅行变更 …………………………………………………………… 82

4.6.1　车票改签 ……………………………………………………… 83

4.6.2　退票 …………………………………………………………… 84

4.6.3　变更径路 ……………………………………………………… 85

4.6.4　变更到站 ……………………………………………………… 86

4.6.5　越站乘车 ……………………………………………………… 86

4.6.6　旅客分乘 ……………………………………………………… 87

4.7　旅客携带品 ………………………………………………………… 87

4.7.1　旅客携带品的规定 …………………………………………… 87

4.7.2　旅客违章携带品的处理 ……………………………………… 88

4.7.3　旅客携带品的暂存 …………………………………………… 89

4.7.4　旅客遗失物品的处理 ………………………………………… 89

练习题 ……………………………………………………………………… 90

第 5 章　高速铁路旅客运输服务质量规范 ……………………………… 93

5.1　高铁车站服务质量规范 …………………………………………… 93

5.1.1　术语和定义 …………………………………………………… 94

5.1.2　客运安全 ……………………………………………………… 95

5.1.3　设备设施 ……………………………………………………… 96

5.1.4　文明服务 ……………………………………………………… 99

5.1.5　客运组织 ……………………………………………………… 104

5.1.6　商业广告经营 ………………………………………………… 115

5.1.7　基础管理 ……………………………………………………… 115

5.1.8　人员素质 ……………………………………………………… 116

5.2　动车组列车服务质量规范 ………………………………………… 117

5.2.1　安全秩序 ……………………………………………………… 117

5.2.2　设备设施 ……………………………………………………… 118

5.2.3　服务备品 ……………………………………………………… 119

5.2.4　整备 …………………………………………………………… 120

5.2.5　文明服务 ……………………………………………………… 122

5.2.6　应急处置 ……………………………………………………… 127

5.2.7　列车经营 ……………………………………………………… 129

5.2.8　高铁快件 ……………………………………………………… 130

5.2.9 基础管理 ··· 130

5.2.10 人员素质 ·· 131

练习题 ··· 131

第 6 章 高速铁路旅客运输安全 ································· 134

6.1 旅客运输安全检查 ·· 134

6.1.1 铁路运输企业的职责 ······························· 135

6.1.2 旅客运输安全检查规定 ···························· 135

6.1.3 法律责任 ·· 136

6.2 高速铁路突发事件应急预案 ····························· 136

6.2.1 应急机构及职责 ······································ 137

6.2.2 预防预警 ·· 138

6.2.3 应急响应 ·· 138

6.2.4 后期处置 ·· 142

6.2.5 保障措施 ·· 142

6.2.6 监督检查 ·· 143

6.2.7 培训和演练 ··· 144

6.3 旅客运输事故处理 ·· 148

6.3.1 旅客人身伤害事故的现场处置与报告 ··········· 149

6.3.2 旅客人身伤害事故的善后处理、结案与赔偿 ··· 153

6.3.3 旅客人身伤害处理报告与统计工作 ············· 158

6.3.4 保障 ··· 159

练习题 ··· 160

第 7 章 高速铁路客运相关的其他规章 ······················ 162

7.1 登乘动车组司机室管理办法 ····························· 162

7.1.1 登乘人员 ·· 163

7.1.2 动车组司机室登乘证申办程序 ·················· 163

7.1.3 登乘管理 ·· 163

7.2 高速铁路非正常行车应急处置办法 ···················· 165

7.2.1 动车组列车运行中出现故障 ····················· 165

7.2.2 动车组列车在区间被迫停车 ····················· 165

7.2.3 动车组运行途中接到危及行车安全通知 ········ 166

7.2.4 动车组故障不能继续运行请求救援 ············· 166

7.2.5 接触网故障停电 ······································ 167

7.2.6 动车组运行中碰撞障碍物或撞人 ··············· 167

7.2.7 利用动车组列车运送人员处理故障 ············· 167

7.3　关于铁路行李包裹事故处理有关问题的通知 ················· 168

7.4　关于在公共交通工具及其等候室禁止吸烟的规定 ················· 169

　　练习题 ···················· 171

附录 ···················· 173

　　附录1　铁路旅客运输词汇 ···················· 173

　　附录2　铁路进站乘车禁止和限制携带物品目录 ···················· 183

　　附录3　铁路客运图形符号 ···················· 184

　　附录4　关于外国人在华死亡后处理程序有关问题的实施意见 ···················· 187

　　附录5　旅客列车空调失效应急处置办法 ···················· 188

参考文献 ···················· 193

第 1 章

高速铁路客运规章导读

学习目标

1. 掌握高速铁路的特点与优势。
2. 熟悉国内外高速铁路的发展。
3. 熟悉我国高速铁路的"八纵八横"通道。
4. 掌握规章的基本分类及其区别。
5. 熟悉《中华人民共和国铁路法》的适用范围及管理体制。
6. 掌握《中华人民共和国铁路法》的主要内容。

1.1

高速铁路概述

1.1.1 高速铁路的基本概念

高速铁路，简称高铁，是一个具有国际性和时代性的概念，在不同国家、不同时代有不同规定。1970 年 5 月，日本在第 71 号法律《全国新干线铁路整备法》中规定："列车在主要区间能以时速 200 千米以上速度运行的干线铁道称为高速铁路。"这是世界上第一个以国家法律条文的形式给高速铁路下的定义。

1985 年，联合国欧洲经济委员会在日内瓦签署的《国际铁路干线协议》规定：新建客运列车专用型高速铁路时速为 350 千米以上，新建客货运列车混用型高速铁路时速为 250 千米以上。

国际铁路联盟对高速铁路的定义：高速铁路是指通过改造原有线路（直线化、轨距标准化），使营运速率达到每小时 200 千米及以上，或者专门修建新的"高速新线"，使营运速率达到每小时 250 千米以上的铁路系统。

中国国家铁路局对高速铁路的定义：高速铁路是指设计开行时速 250 千米以上（含预留），并且初期运行时速 200 千米以上的铁路客运专线。

高速铁路是一个包括各项先进的铁路技术和运营管理方式、市场营销和资金筹措在内的十分复杂的系统工程，具有高效率的运营体系，包含基础设施建设、机车车辆配置、站车运营规则等多个方面的技术与管理。

广义的高速铁路包含使用磁悬浮技术的高速轨道运输系统。

狭义的高速铁路是指传统的轮轨式高速铁路，这也是最普遍的一种理解。

中国高速铁路一般采用无砟轨道和高速动车组（G 字头列车），起初用 CRH2C 型，目前 CRH380 系列专用于高铁。

知识链接

高速铁路与高速列车

高速铁路不等同于高速列车。高速铁路是一种铁路系统，而高速列车是一种车辆类型。高速铁路既可供普速列车行使，也可供高速列车行驶，高速列车既能在高速铁路上行驶，也能在普速铁路上行驶，但是铁路和列车设计速度不匹配会制约运行速度（电力机车运行前提是电气化铁路）。时速超过 200 千米的高速电力机车在 1903 年就已经问世，即使是蒸汽机车也早在 1938 年创下了 202 千米/时的高速记录；而世界上第一条真正能让高速列车长期安全稳定运行的铁路系统在 1964 年的日本才出现，这也是科学界普遍以 1964 年竣工通车的日本新干线作为高速铁路先河的原因。现今，我国很多地方会采用高速列车在高速铁路和快速铁路线上合并运行的模式，如珠海开往潮汕的高速列车（G 开头车次），既经过属于高速铁路的广深港线，又经过属于快速铁路的厦深线，甚至还经过运行速度 200 千米/时以内的广珠城际铁路线。因此，不要把高速铁路和高速列车混为一谈。

1.1.2 高速铁路的特点及优势

1. 高速铁路的特点

（1）线路、轨道平顺。高速铁路非常平顺，以保证行车安全和舒适性，轨道都采用无缝钢轨，而且时速 300 千米以上的高速铁路采用的是无砟轨道（没有石子的整体式道床）来保证平顺性。

（2）高速铁路的弯道少，弯道半径大，道岔都是可动心轨高速道岔。

（3）大量采用高架桥梁和隧道，来保证平顺性和缩短距离。

（4）对接触网要求高。由于存在运行密度高、牵引电流大、牵引负荷大、空气阻力对弓网作用明显等因素，高速铁路对接触网提出了更高的要求，来保证高速动车组的接触稳定和耐久性。要求接触网无论在任何条件下，都能保证良好地供给电力机车电能，保证电力机车在线路上安全、高速运行，并在符合上述要求的情况下，尽可能地节省投资、结构合理、维修简便、便于新技术的应用。

（5）信号与控制系统先进。高速铁路的信号与控制系统，是高速列车安全、高密度运行的基本保证。高速铁路的信号与控制系统是集微机控制与数据传输于一体的综合控制与管理系统，是当代铁路适应高速运营、控制与管理而采用的最新综合性高技术，一般通称为先进列车控制系统（advanced train control system）。

2. 高速铁路的优势

1）运输能力大

高速铁路旅客列车最小行车间隔可以达到 3 分钟，列车密度可达 20 列/时。每列车载客人数也比较多，如采用动力分散方式及重联客车，其列车定员可达每列 1200～1500 人，理论上每小时的输送能力可以达到（2×24000）～（2×30000）人。4 车道的高速公路每小时的输送能力约为 2×4800 人，2 条跑道的机场每小时的吞吐能力约为 2×6000 人。

2）运行速度高

速度是高速铁路的技术核心，也是其主要的技术经济优势。高速铁路是陆上运行距离最长、运行速度最高的交通运输方式。近几年相继建成的高速铁路，其最高运行速度都为 300～350 千米/时。

3）安全性好

安全是人们出行选择交通运输方式的首要因素。高速铁路由于在全封闭环境中自动化运行，又有一系列完善的安全保障系统，发生事故的概率极低。据中国铁道科学研究院承担的"我国高速铁路的社会成本及对社会的贡献"课题的研究，我国交通运输中每亿人公里[①]交通事故死伤人数，公路为死亡 10.5 人，重伤 24.88 人；民航为死亡 0.1 人，受伤 0.01 人；铁路为 0.29 人，重伤 0.72 人。每人公里交通事故造成的损失，公路为 0.0649 元，民航为 0.0005 元，铁路为 0.0018 元。相比之下，高速铁路是比较安全的现代高速交通运输方式。

4）全天候运行

高速铁路的安全保障系统不但保证了高速列车的运行安全，也使铁路运输全天候的优势得到了更充分的发挥。高速铁路是有轨交通系统，且取消了地面信号。因而，除可能危及行车安全的自然灾害外，几乎不受天气和气候条件的影响，且全天 24 小时都可安全地正常运行。

① 人公里是运输部门计算客运工作量的专用词，将一位旅客运送一公里称为一人公里。

由于高速铁路事故率很低，加上全天候都可正常运行，因此高速列车始终在一个十分稳定的系统中运行，其正点率非常高，这是飞机、汽车及其他交通运输工具所不及的。

5）舒适方便

高速铁路线路平顺、稳定，高速列车运行平稳，运行车辆空间大，座席宽敞舒适，设施先进，装备齐全，减震、隔声，车内很安静，乘坐非常舒适。乘坐高速列车旅行几乎无不便之感，这是飞机和汽车难以做到的。

6）能源消耗低

交通运输对能源消耗很大，能耗标准是评价交通运输方式优劣的重要技术指标。研究表明：若普通铁路每人公里消耗的能源为1，则高速铁路为1.3，公共汽车为1.5，小汽车为8.8，飞机为9.8。高速铁路能源消耗大约是小汽车的1/7，是飞机的2/15。高速铁路使用的是二次能源（电力），而汽车、飞机使用的是不可再生能源（汽油）。因此，发展高速铁路，符合我国的能源发展战略。随着水电和核电的发展，高速铁路在能源消耗方面的优势还将更加突出。

7）占用土地少

交通运输，尤其是陆上交通运输，由于要修建道路和停车场，需要占用大量的土地，而且大部分是耕地，双线高速铁路路基面宽为9.6～14米，而4车道的高速公路路基面宽达26米。双线铁路连同两侧排水沟用地在内，每千米用地约70亩（1亩≈666.67平方米）；4车道的高速公路每千米用地约105亩。高速铁路占地只有4车道的高速公路的2/3，而每小时可完成的运量是4车道高速公路的4倍以上。

8）环境污染小

环境保护已成为全球性的紧迫问题，任何工程都要进行环境评估，交通运输工程更需如此，这里着重比较噪声及空气污染问题。高速铁路采用电力牵引，因此可消除粉尘、煤烟和其他废气污染；噪声比高速公路低5～10分贝。根据我国的研究，每人公里污染治理费用，如高速铁路为1，则高速公路为3.76，飞机为5.21。

9）社会效益好

高速铁路除有很好的经济效益外，还有显著的社会效益。据研究，京沪高速铁路的社会成本为0.3239元/人公里，而高速公路为0.6594元/人公里，民航为0.7476元/人公里；其比例为1∶2.036∶2.308，在完成同等运量的情况下，修建京沪高速铁路每年节省的社会成本达223亿元，6～7年其总额就相当于全部建设投资。此外，高速铁路还可拉动沿线的经济增长，提供众多的就业机会。

1.1.3　高速铁路的发展

目前，中国、西班牙、日本、德国、法国、瑞典、英国、意大利、俄罗斯、土耳其、韩国、比利时、荷兰、瑞士、美国、芬兰等国家已建成运营高速铁路。与发达国家相比，中国高速铁路起步虽晚，但发展最快。截至2016年年底，中国高铁运营里程超过2.2万千米，占全世界高铁运营里程的65%。

1. 世界高速铁路的发展

20 世纪初，火车最高速率超过时速 200 千米者寥寥无几。直到 1964 年日本的新干线系统开通，史上第一个营运速率高于时速 200 千米的高速铁路系统出现。

第一条高速铁路的问世，使一度被认为是夕阳产业的铁路出现了生机，显示出强大生命力，预示着"铁路第二个大时代"的来临，从而引发了世界高速铁路建设的三次浪潮。

1）第一次浪潮（1964～1990 年）

世界上第一条真正意义上的高速铁路是日本东海道新干线，1959 年 4 月 5 日，在日本破土动工，经过 5 年建设，于 1964 年 3 月全线完成铺轨，同年 7 月竣工，1964 年 10 月 1 日正式通车。东海道新干线从东京起始，途经名古屋、京都等地终至新大阪站，全长 515.4 千米，运行速度高达 210 千米/时，它的建成通车标志着世界高速铁路新纪元的到来。东海道新干线在技术、商业、财政及社会效益上都获得了极大的成功，高速铁路建设成就极其显著，东海道新干线仅用了 8 年时间就收回全部投资。由于运行效益好，日本于 1972 年又修建了山阳、东北和上越新干线。随后法国、意大利、德国纷纷修建高速铁路。法国修建了东南 TGV（train à grande vitesse，法语"高速铁路"的简称）线、大西洋 TGV 线；意大利修建了罗马—佛罗伦萨线。日本、法国、意大利和德国共同推动了高速铁路建设的第一次浪潮。

2）第二次浪潮（1990 年～20 世纪 90 年代中期）

这一时期高速铁路表现出新的特征。一是已建成高速铁路的国家进入高速铁路网规划建设阶段。这一时期，日本、法国、德国等国对高速铁路网进行了全面规划。二是跨越国境的高速铁路建设成为趋势。法国、德国、意大利、西班牙、比利时、荷兰、瑞典、英国等欧洲大部分发达国家，大规模修建本国或跨国界高速铁路，逐步形成了欧洲高速铁路网络。这次高速铁路的建设高潮，不仅是铁路提高内部企业效益的需要，还是国家能源、环境、交通政策的需要。1991 年，欧洲议会批准了泛欧高速铁路网规划，规划中提出的在各国边境地区实施 15 个关键项目，将有助于各个国家独立高速线之间的联网。三是高速铁路技术实现新突破。高速铁路建设在日本等国所取得的成就影响了很多国家，促进了各国对高速铁路的关注和研究。为了赶超日本，法国和德国先后着手进行过高速铁路试验。1981 年，法国 TGV 最高试验速度达到 380 千米/时，1990 年又创造了515.3 千米/时的世界纪录。欧洲国家高速铁路技术的进展反过来又"刺激"了日本，使之加强了技术研究和新型车辆的开发。

3）第三次浪潮（从 20 世纪 90 年代中期至今）

1998 年 10 月，在德国柏林召开的第三次世界高速铁路大会，将当前高速铁路的发展定为世界高速铁路发展的第三次浪潮。这次浪潮波及亚洲（韩国、中国）、北美洲（美国）、大洋洲（澳大利亚）及整个欧洲，其特征主要表现如下：一是修建高速铁路得到了各国政府的大力支持，一般有了全国性的整体修建规划，并按照规划逐步实施；二是修建高速铁路获得的企业经济效益和社会效益，得到了更广层面的共识，特别是修建高速铁路在节约能源、减少土地使用面积、减少环境污染、保证交通安全等方面的社会效益显著，以及能够促进沿线地区经济发展、加快产业结构的调整等；三是高速铁路的技术创新正在向相关领域辐射和发展。

知识链接

国外高铁发展概况

1. 日本

1964 年 10 月 1 日，世界上第一条高速铁路——日本东海道新干线（东京—大阪）开通营业。随后，日本大力发展新干线，并不断进行技术升级，山阳新干线和东海道新干线的运行速度分别提高到现在的 300 千米/时和 270 千米/时，东北新干线的运行速度提高到 320 千米/时。如今，新干线的主干线和支线已经覆盖日本本土，截至 2017 年年底，日本已经开通的新干线共有 7 条，线路总长度约 2600 千米。

2. 法国

1981 年 9 月 27 日，欧洲第一条高速铁路——由法国首都巴黎至里昂的 TGV 东南线通车，全程 417 千米，直达时间 2 小时，列车运行最高速度 270 千米/时，经过改造后，速度可达 300 千米/时。此后，法国相继建设开通了 TGV 大西洋线、北方线、地中海线、巴黎东部线等高速铁路，形成了以巴黎为中心，辐射全国的 TGV 高速铁路干线，并与周边国家连接。TGV 高速列车可通行的范围达 6000 千米以上，列车最高运行速度可达 320 千米/时。截至 2016 年 6 月，法国共有 9 条高速铁路开通运营，线路总长度为 2023.6 千米。

3. 德国

1971 年 9 月 21 日，联邦德国铁路开行最高时速 200 千米的城际特快列车（inter city express，ICE），这是德国真正向现代铁路高速运输发展的第一步。1971 年，开工建设第一条高速新线汉诺威—维尔茨堡铁路，并于 1991 年正式开通运营。ICE 列车可通达德国境内大多数城市，可通行的范围达 6300 千米以上，列车速度最高可达 300 千米/时。

4. 意大利

意大利第一条高速铁路是 1992 年修建的罗马—佛罗伦萨线。1994 年正式开始高速铁路网工程建设。1998 年对米兰—博洛尼亚段 180 千米铁路进行改造升级，车速提高至每小时 300 千米。2000~2003 年又依次建成都灵—博洛尼亚、米兰—威尼斯、米兰—热那亚高速铁路，高速铁路总长度达到 1525 千米。意大利高速铁路采用最新型的 ETR500 高速列车——"意大利欧洲之星"。

世界高速铁路建设模式

归纳起来，世界上建设高速铁路有以下几种模式。

（1）日本新干线模式：全部修建新线，旅客列车专用。

（2）法国 TGV 模式：部分修建新线，部分改造旧线，旅客列车专用。

（3）德国 ICE 模式：全部修建新线，旅客列车及货物列车混用。

（4）英国 APT（advanced passenger train，先进高速铁路列车）模式：既不修建新线，也不对旧线进行大量改造，主要靠采用由摆式车体的车辆组成的动车组；旅客列车及货物列车混用。

2. 中国高速铁路的发展

自 2008 年 8 月 1 日中国第一条 350 千米/时的高速铁路——京津城际铁路开通运营以来，高速铁路在中国大陆迅猛发展。按照国家中长期铁路网规划和铁路"十一五""十二五"规划，以"四纵四横"快速客运网为主骨架的高速铁路建设全面加快推进，建成了京津、沪宁、京沪、京广、哈大等一批设计时速 350 千米、具有世界先进水平的高速铁路，形成了比较完善的高铁技术体系。通过引进、消化、吸收、再创新，系统地掌握了时速 200～250 千米动车组制造技术，成功搭建了时速 350 千米的动车组技术平台，研制生产了 CRH380 型新一代高速列车。

1）我国高速铁路发展历程

20 世纪 90 年代以来，中国开始对高速铁路的设计建造技术、高速列车、运营管理的基础理论和关键技术组织开展了大量的科学研究和技术攻关，并进行了广深铁路提速改造，修建了秦沈客运专线，实施了既有线铁路六次大提速等。2002 年 12 月建成的秦皇岛—沈阳客运专线，是中国自己研究、设计、施工、目标速度 200 千米/时、基础设施预留 250 千米/时高速列车条件的第一条铁路客运专线。自主研制的"中华之星"电动车组在秦皇岛—沈阳客运专线创造了当时"中国铁路第一速"——321.5 千米/时。

经过十多年坚持不懈的努力，我国铁路通过技术创新，在高速铁路的工务工程、高速列车、通信信号、牵引供电、运营管理、安全监控、系统集成等技术领域，取得了一系列重大成果，形成了具有中国特色的高铁技术体系，总体技术水平进入世界先进行列。

📝 **知识链接**

中国铁路提速历程

第一次大提速：1997 年 4 月 1 日，中国铁路实施第一次大面积提速。京广、京沪、京哈三大干线全面提速，以北京、上海、广州、沈阳、武汉等大城市为中心，开行了最高时速达 140 千米、平均旅行时速 90 千米的 40 对快速列车和 64 列夕发朝至列车。全路客车平均旅行速度由 48 千米/时提高到 55 千米/时。

第二次大提速：1998 年 10 月 1 日，以京沪、京广、京哈三大干线为重点，进一步提高列车速度。最高运行时速达 140～160 千米，非重点提速区段快速列车运行时速达 120 千米，广深线采用摆式列车，最高时速达 200 千米，其他线路具备提速的区段列车运行速度也有一定幅度的提高。全路客车平均旅行速度达到 55.16 千米/时。时速 140 千米的线路由 239 千米增加到 1454 千米，时速 160 千米的线路由 268 千米增加到 445 千米。

第三次大提速：2000 年 10 月 21 日，全国铁路实行第三次大提速。这次提速线路除京九线南北纵向外，陇海、兰新、浙赣线均为东西横向。东西时空距离的缩短，无疑会为东西部地区差距的缩小带来契机，为东部的经济腾飞注入活力，也为西部大开发进程提速。

第四次大提速：2001年10月21日，全国铁路开始实施第四次大面积提速和新列车运行图。新列车运行图实施后，旅客列车速度有新的提高，全国铁路提速范围基本覆盖全国较大城市和大部分地区。

第五次大提速：2004年4月18日，京沪、京广、京哈等干线部分地段线路基础达到时速200千米的要求。直达特快列车在京广、京沪等繁忙干线以160千米/时速度长距离运行。全路旅客列车平均旅行速度达65.7千米/时，特快列车旅行速度达92.8千米/时，直达特快列车旅行速度达129.2千米/时。全路时速120千米以上的线路里程达16500千米，其中时速160千米及以上提速线路7700千米，时速200千米的线路里程达1960千米。

第六次大提速：2007年4月18日，全国铁路正式实施第六次大面积提速，时速达到200千米以上，其中京哈、京沪、京广、胶济等提速干线部分区段可达到时速250千米。这次提速最大的亮点是时速200千米及以上动车组投入使用。

2）我国高速铁路发展规划

2004年《中长期铁路网规划》实施以来，我国铁路发展成效显著，对促进经济和社会发展、保障和改善民生、支撑国家重大战略实施、增强我国综合实力和国际影响力等发挥了重要作用。

2008年10月，国家批准了《中长期铁路网规划（2008年调整）》，确定到2020年全国铁路营业里程达到12万千米以上，其中客运专线达到1.6万千米以上，复线率和电化率分别达到50%和60%以上。基本形成布局合理、结构清晰、功能完善、衔接顺畅的铁路网络，运输能力满足国民经济和社会发展需要，主要技术装备达到或接近国际先进水平。重点规划"四纵四横"等客运专线及经济发达和人口稠密地区城际客运系统。根据《中长期铁路网规划（2008年调整）》，通过建设京沈、商合杭、京张、南赣等客运专线，建成以京沪、京广、京哈、沿海、陇海、太青、沪昆、沪汉蓉为主骨架的"四纵四横"高速铁路网，同时配套建成贵广、合福等高铁延伸线，形成触角丰富、路网通达、运力强大的中国高速铁路网络。

2016年7月，国家批准《中长期铁路网规划（2016—2030年）》，确定到2020年铁路网规模达到15万千米，其中高速铁路规模达到3万千米，覆盖80%以上的大城市；到2025年铁路网规模达到17.5万千米，其中高速铁路规模达到3.8万千米左右，网络覆盖进一步扩大，路网结构更加优化，骨干作用更加显著，能更好地发挥铁路对经济社会发展的保障作用。展望到2030年，基本实现内外互联互通、区际多路畅通、省会高铁连通、地市快速通达、县域基本覆盖。

为满足快速增长的客运需求，优化拓展区域发展空间，在"四纵四横"高速铁路的基础上，增加客流支撑、标准适宜、发展需要的高速铁路，部分利用时速200千米铁路，形成以"八纵八横"主通道为骨架、区域连接线衔接、城际铁路补充的高速铁路网，实现省会城市高速铁路通达、区际之间高效便捷相连。

因地制宜、科学地确定高速铁路建设标准。高速铁路主通道规划新增项目原则采用时速 250 千米及以上标准（地形地质及气候条件复杂困难地区可以适当降低），其中沿线人口城镇稠密、经济比较发达、贯通特大城市的铁路可采用时速 350 千米标准。区域铁路连接线原则采用时速 250 千米及以下标准。城际铁路原则采用时速 200 千米及以下标准。我国铁路的"八纵"通道如表 1-1 所示。

表 1-1　我国铁路的"八纵"通道

通道名称	"八纵"线路
沿海通道	大连（丹东）—秦皇岛—天津—东营—潍坊—青岛（烟台）—连云港—盐城—南通—上海—宁波—福州—厦门—深圳—湛江—北海（防城港）高速铁路（其中青岛—盐城段利用青连、连盐铁路，南通—上海段利用沪通铁路）。连接东部沿海地区，贯通京津冀、辽中南、山东半岛、东陇海、长三角、海峡西岸、珠三角、北部湾等城市群
京沪通道	北京—天津—济南—南京—上海（杭州）高速铁路，包括南京—杭州、蚌埠—合肥—杭州高速铁路；东线为北京—天津—东营—潍坊—临沂—淮安—扬州—南通—上海高速铁路。连接华北、华东地区，贯通京津冀、长三角等城市群
京港（台）通道	北京—衡水—菏泽—商丘—阜阳—合肥（黄冈）—九江—南昌—赣州—深圳—香港（九龙）高速铁路；另一支线为合肥—福州—台北高速铁路，包括南昌—福州（莆田）铁路。连接华北、华中、华东、华南地区，贯通京津冀、长江中游、海峡西岸、珠三角等城市群
京哈—京港澳通道	哈尔滨—长春—沈阳—北京—石家庄—郑州—武汉—长沙—广州—深圳—香港高速铁路，包括广州—珠海—澳门高速铁路。连接东北、华北、华中、华南、港澳地区，贯通哈长、辽中南、京津冀、中原、长江中游、珠三角等城市群
呼南通道	呼和浩特—大同—太原—郑州—襄阳—常德—益阳—邵阳—永州—桂林—南宁高速铁路。连接华北、中原、华中、华南地区，贯通呼包鄂榆、山西中部、中原、长江中游、北部湾等城市群
京昆通道	北京—石家庄—太原—西安—成都（重庆）—昆明高速铁路，包括北京—张家口—大同—太原高速铁路。连接华北、西北、西南地区，贯通京津冀、太原、关中平原、成渝、滇中等城市群
包（银）海通道	包头—延安—西安—重庆—贵阳—南宁—湛江—海口（三亚）高速铁路，包括银川—西安及海南环岛高速铁路。连接西北、西南、华南地区，贯通呼包鄂、宁夏沿黄、关中平原、成渝、黔中、北部湾等城市群
兰（西）广通道	兰州（西宁）—成都（重庆）—贵阳—广州高速铁路。连接西北、西南、华南地区，贯通兰西、成渝、黔中、珠三角等城市群

我国铁路的"八横"通道如表 1-2 所示。

表 1-2　我国铁路的"八横"通道

通道名称	"八横"线路
绥满通道	绥芬河—牡丹江—哈尔滨—齐齐哈尔—海拉尔—满洲里高速铁路。连接黑龙江及蒙东地区
京兰通道	北京—呼和浩特—银川—兰州高速铁路。连接华北、西北地区，贯通京津冀、呼包鄂、宁夏沿黄、兰西等城市群
青银通道	青岛—济南—石家庄—太原—银川高速铁路（其中绥德—银川段利用太中银铁路）。连接华东、华北、西北地区，贯通山东半岛、京津冀、太原、宁夏沿黄等城市群
陆桥通道	连云港—徐州—郑州—西安—兰州—西宁—乌鲁木齐高速铁路。连接华东、华中、西北地区，贯通东陇海、中原、关中平原、兰西、天山北坡等城市群

续表

通道名称	"八横"线路
沿江通道	上海—南京—合肥—武汉—重庆—成都高速铁路，包括南京—安庆—九江—武汉—宜昌—重庆、万州—达州—遂宁—成都高速铁路（其中成都—遂宁段利用达成铁路），连接华东、华中、西南地区，贯通长三角、长江中游、成渝等城市群
沪昆通道	上海—杭州—南昌—长沙—贵阳—昆明高速铁路。连接华东、华中、西南地区，贯通长三角、长江中游、黔中、滇中等城市群
厦渝通道	厦门—龙岩—赣州—长沙—常德—张家界—黔江—重庆高速铁路（其中厦门—赣州段利用龙厦铁路、赣龙铁路，常德—黔江段利用黔张常铁路）。连接海峡西岸、中南、西南地区，贯通海峡西岸、长江中游、成渝等城市群
广昆通道	广州—南宁—昆明高速铁路。连接华南、西南地区，贯通珠三角、北部湾、滇中等城市群

知识链接

世 界 之 最

1. 测试运行时速最高：486.1千米

时速486.1千米，这是喷气飞机低速巡航的速度。2010年12月3日，在京沪高铁枣庄—蚌埠试验段，CRH380AL新一代高速动车组创造了时速486.1千米的世界铁路运营第一速。

2. 轮轨试验时速最高：605千米

2011年12月，由中国南车股份有限公司（现已合并为中国中车股份有限公司）研制的更高速度试验列车，又称500千米试验列车，在南车四方车辆有限公司（今称中车四方车辆有限公司）落成，设计速度500千米，在高速列车国家工程实验室中创造了605千米的最高轮轨试验速度。

3. 世界等级最高的高铁：京沪高铁

2011年6月，京沪高铁建成投入运营，这是世界上一次建成线路最长、标准最高的高速铁路。它贯穿北京、天津、河北、山东、安徽、江苏、上海7个省市，连接环渤海和长江三角洲两大经济区，全长1318千米。2014年7月1日，在开通运营三周年之际，京沪高铁对外宣布正式盈利。

4. 世界首条新建高寒高铁：哈大高铁

2012年12月1日，中国首条也是世界第一条新建高寒地区的高速铁路哈尔滨——大连高铁投入运营。哈大高铁营业里程921千米，设计时速350千米，纵贯辽宁、吉林、黑龙江三省，全线设23个车站。根据最近30年的气象记录，东北三省全年温差达到80℃，是中国最为寒冷、温差最大的地区。

5. 世界单条运营里程最长高铁：京广高铁

2012年12月26日，全球运营里程最长的高速铁路——京广高铁全线开通运营。全长2298千米的京广高铁，是中国中长期铁路网规划中"四纵四横"高速铁路的重要"一纵"，北起北京，经石家庄、郑州、武汉、长沙等地，南至广州，全线设计时速350千米，初期运行时速 300 千米。有人预计，仅京广高铁京郑段 2030 年前对全社会经济的拉动作用将达到 2758.44 亿元。

6. 最惊人的高铁运量

近几年，高铁以方便、快捷、舒适受到人们的青睐。在京津、京沪、京广等线路，高铁也出现"一票难求"现象。2014 年，有 8 亿多人次选择高铁出行，其中最繁忙的是京沪高铁，一条线就有过亿人次乘坐。

7. 运营总里程最长

2014 年，贵阳—广州、沪昆高铁杭州—南昌段和长沙—怀化段、兰新等一批高铁新线相继开通。截至 2014 年年底，中国铁路营业里程达 11 万千米，其中高铁里程达到 1.6 万千米，超过世界高铁营业里程的一半。截至 2016 年年底，中国高速铁路运营里程超过 2.2 万千米，居世界第一位。

8. 武广高铁正式运行时速创下世界之最

武广高铁在运行模式上首次开发了世界最先进的本线时速 350 千米高速列车与跨线时速 250 千米列车共线运行模式。这意味着我国高速铁路网络形成后，时速 250 千米的高速列车全部可进入时速 350 千米的铁路线上跨线运行。跨越湖北、湖南、广东三省的武广客运专线，全长 1068.6 千米，是世界上一次性建设里程最长、运行速度最高的铁路。武广高铁仅用 4 年多的时间建成，这不仅是中国铁路建设史上的里程碑，也是世界铁路建设史上的里程碑。

9. 交会速度（试验）世界最高

2016 年 7 月 15 日 8:30，代表着中国标准动车组试验任务的最高最新成果的一列中国标准动车组列车从郑州东站出发，开始全新"试跑"。这是由我国自行设计研制、全面拥有自主知识产权的中国标准动车组，11:19 两辆动车组以时速 420 千米在郑徐高铁河南省商丘市民权县境内交会，创造了新的动车交汇速度世界纪录。此次中国标准动车组在郑徐高铁上进行的综合试验，成功获取了中国标准动车组运行能耗数据、振动噪声特性，探索了时速 400 千米及以上高速铁路系统关键技术参数变化规律，为深化我国高速铁路轮轨关系、弓网关系、空气动力学等理论研究和高速铁路核心技术攻关、运营管理提供了有力技术支撑。

10. 时速 350 千米标准动车组在大连—沈阳段首次运行

2016 年 8 月 15 日 6:10，G8041 次列车驶出大连北站，沿着哈大高铁开往沈阳站。这是我国自行设计研制、拥有全面自主知识产权的中国标准动车组首次载客运行。

11. 京沈高铁最高试验速度将超京沪高铁

2016 年 8 月底，京沈高铁辽宁段阜新北—黑山北区间立起接触网第一杆，标志着京沈高铁全线站后四电集成工程开工。

京沈高铁辽宁段全长 406.8 千米，设计时速 350 千米。工程包括全线电力、接触网、牵引变电、智能防灾安全监控、电磁防干扰、四电房屋等，由中铁电气化局承建。京沈高铁将承担智能牵引供电系统试验、更高速度技术标准研究等多项综合试验，以完善中国高铁的技术标准体系。其最高试验速度将超过京沪高铁创出的 486.1 千米的时速纪录。京沈高铁全长 709 千米，预计 2019 年 6 月 30 日建成通车，届时从北京乘坐火车到沈阳，时间将缩短到 2.5 小时；北京到哈尔滨的时间将缩短到 4 小时左右。

1.2 规章概述

1.2.1 规章的基本概念

规章是行政性法律规范文件，是按其制定机关进行划分的。

规章是各级领导机关及其职能部门、社会团体、企事业单位，为实施管理，规范工作、活动和有关人员行为，在其职权范围内制定并发布实施的、具有行政约束力和道德行为准则的规范性文书的总称。

规章由本部门首长或省长、自治区主席、市长签署命令予以公布。《规章制定程序条例》第六条规定："规章的名称一般称'规定''办法'，但不得称'条例'。"

1.2.2 规章的分类

规章按其性质、内容，可分为行政规章、组织规章、业务规章和一般规章。

1. 行政规章

行政规章是指国务院各部委及各省、自治区、直辖市的人民政府和省、自治区的人民政府所在地的市及设区市的人民政府根据宪法、法律和行政法规等制定和发布的规范性文件。国务院各部委制定的称为国务院部门规章，其余的称为地方行政规章。行政规章常用规定、办法、细则等文种。

国务院部门规章是由国务院所属各部、各委员会在它们的职权范围内，依据法律、法规制定的规范性文件，如《餐饮服务许可管理办法》《餐饮服务食品安全监督管理办法》《公共场所卫生管理条例实施细则》。

地方行政规章是由省（自治区、直辖市）和经国务院批准的较大的市的人民政府，在它们的职权范围内，依据法律、法规制定的规范性文件，如《天津市持证执法管理办法》《天津市行政执法投诉办法》等。

行政规章在我国属于法的渊源之一，但不是严格意义上的法律。它只属于"准法"的范畴。《中华人民共和国宪法》规定：国务院各部、各委员会根据法律和国务院的行政法规、决定、命令，在本部门的权限内，发布命令、指示和规章。我国的地方各级人民代表大会和地方各级人民政府组织法规定：省、自治区、直辖市，以及省、自治区的人民政府所在地的市和经国务院批准的较大的市的人民政府，可以根据法律和国务院的行政法规制定规章。可见行政规章本身并不是法律，只是法律的下位的规范性文件。行政规章与法律及具有法律性质的地方性法规和行政法规有一系列重要的区别。

在我国，行政规章可以分为以下几类。

1）内部规章和外部规章

内部规章主要指行政机关自身的工作规则，如行政事务分工、会议形式、文件签发收发周转、情况汇总、报表统计等规则。

外部规章主要指行政管理规章，其中内容大多涉及行政主体的职权职责、行政相对人的权利和义务，且包括一定的罚则条款。

2）中央规章和地方规章

中央规章又称部委规章，主要指国务院各部委制定的规章。其授权源自宪法法律，在本系统范围内适用于全国，特点是适用单一的领域，专业性较强。

地方规章又称政府规章，主要指经国务院批准的较大的市以上政府制定的规章。其授权源自地方组织法，特点是适用于本行政区域，其内容既具有针对某一事项的特定性，又具有针对一般情况的综合性。

3）实施性规章和自主性规章

实施性规章是指对系统内或行业内上级主管部门的规章制度的落实与执行所制定的规章制度。

自主性规章是指根据自己组织的意愿和需要所制定的规章制度。

2．组织规章

组织规章是指对一个组织或团体的性质、宗旨、任务、组织原则、成员及其权利义务、机构及职权、活动及纪律等做出系统规定的规章。组织规章的常用文种是章程，如《中国共产党章程》《××公司章程》《××基金会章程》等。章程的特点如下。

1）稳定性

章程是组织或团体的基本纲领和行动准则，在一定时期内稳定地发挥其作用，如需更改或修订，应履行特定的程序与手续（经组织全体成员或其代表审议通过）；有关单位开展业务工作的章程，是基本的办事准则，也应保持相对稳定，不宜轻易变动。

2）约束性

章程作用于组织内部，依靠全体成员共同实施，不由国家强制推行，但要求其下属组织及成员信守，有一定的规范作用和约束力。

3．业务规章

业务规章是指对专项业务的性质、内容、范围及其运作规范等做出系统规定的规章。业务规章的常用文种为章程，如《××学院办学章程》《招生简章》《招工简章》等。

4．一般规章

一般规章是各级各类机关、团体、企事业单位，为实施管理、规范工作和活动，在其职权内制定发布的规章。这类规章便是规章制度。一般规章的常用文种有规定、办法、准则、细则、制度、规程、守则、规则等。

1.2.3　规章的制定要求

根据《规章制定程序条例》的规定，制定规章应当符合以下基本要求。

（1）应当遵循《中华人民共和国立法法》（以下简称《立法法》）确定的立法原则，符合宪法、法律、行政法规和其他上位法的规定。

（2）应当切实保障公民、法人和其他组织的合法权益，在规定其应当履行的义务的同时，应当规定其相应的权利和保障权利实现的途径。应当体现行政机关的职权与责任相统一的原则，在赋予有关行政机关必要职权的同时，应当规定其行使职权的条件、程序和应承担的责任。

（3）应当体现改革精神，科学规范行政行为，促进政府职能向经济调节、社会管理和公共服务转变。应当符合精简、统一、效能的原则，相同或相近的职能应当规定由一个行政机关承担，简化行政管理手续。

（4）规章的名称一般称"规定""办法"，不得称"条例"。

（5）规章用语应当准确、简洁，条文内容应当明确、具体，具有可操作性。法律、法规已经明确规定的内容，规章原则上不进行重复规定。除内容复杂外，规章一般不分章、节。

（6）涉及国务院两个以上部门职权范围的事项，制定行政法规条件尚不成熟，需要制定规章的，国务院有关部门应当联合制定规章。有这种情形的，国务院有关部门单独制定的规章无效。

知识链接

法律、法规、规章、规范性文件的区别

（1）法律一般是指全国人民代表大会制定的基本法律，经过拥有国家立法权的全国人民代表大会和全国人民代表大会常务委员会通过后，由国家主席签署主席令予以公布。因而，法律的级别是最高的，一般以"法"字配称，如《中华人民共和国刑法》（以下简称《刑法》）、《中华人民共和国民法》、《中华人民共和国婚姻法》、《中华人民共和国食品安全法》等。

（2）法规一般用"条例""规定""规则""办法"称谓，地位次于法律。法规包括行政法规和地方性法规。

行政法规由国务院根据宪法和法律制定，并由国务院总理签署国务院令公布，如《中华人民共和国食品安全法实施条例》《中华人民共和国母婴保健法实施办法》《国务院关于加强食品等产品安全监督管理的特别规定》等。

地方性法规由省、自治区、直辖市及较大的市（如省会）的人民代表大会及其常务委员会制定，并由人民代表大会主席团或常务委员会发布公告予以公布，如《天津市职业病

防治条例》《天津市献血条例》《天津市突发公共卫生事件应急办法》等。

（3）规章是指省、自治区、直辖市和较大的市的人民政府根据法律、行政法规和本省、自治区、直辖市的地方性法规拟订，并经各级政府常务会议或者全体会议讨论决定的法律规范形式。其效力等级低于宪法、法律、行政法规和地方性法规。

（4）规范性文件是指表现法的内容的形式或者载体，它是普遍、多次和反复适用的法律文件，即法律有宪法、法律、法规和规章等渊源形式，也就是立法机关制定修改或认可的法律规范，如《中华人民共和国民法通则》（以下简称《民法通则》）。

规范性文件分为广义和狭义两类。广义的规范性文件一般是指属于法律范畴（即宪法、法律、行政法规、地方性法规、自治条例、单行条例、国务院部门规章和地方政府规章）的立法性文件，以及除此以外的由国家机关和其他团体、组织制定的具有约束力的非立法性文件的总和。狭义的规范性文件一般是指法律范畴以外的其他具有约束力的非立法性文件。这类非立法性文件的制定主体非常多，如各级党组织、各级人民政府及其所属工作部门，人民团体、社团组织、企事业单位、法院、检察院等。因此，法律、法规、规章都是规范性文件。根据《立法法》的规定，规范性文件的效力等级如下。

① 宪法的效力高于法律、法规和规章。

② 法律的效力高于行政法规、地方性法规和规章。

③ 行政法规的效力高于地方性法规、规章。

④ 地方性法规的效力高于本级和下级地方政府规章。

⑤ 省、自治区、直辖市的人民政府制定的规章的效力高于本行政区域内较大的市的人民政府制定的规章。

⑥ 部门规章的效力与地方性法规的效力没有高低之分。两者发生冲突，由国务院提出意见，国务院认为应当适用地方性法规的，应当适用地方性法规；认为应当适用部门规章的，应当提请全国人民代表大会常务委员会裁决。

⑦ 省、自治区、直辖市的人民政府制定的规章的效力与本行政区域内较大的市的地方性法规没有高低之分。

1.3

中华人民共和国铁路法

《中华人民共和国铁路法》（以下简称《铁路法》）于 1990 年 9 月 7 日由第七届全国人民代表大会常务委员会第十五次会议通过，自 1991 年 5 月 1 日起施行。根据 2015 年 4 月 24 日第十二届全国人民代表大会常务委员会第十四次会议《关于修改〈中华人民共和国义务教育法〉等五部法律的决定》修正。

《铁路法》是为了保障铁路运输和铁路建设的顺利进行，适应社会主义现代化建设和人民生活的需要制定的法律。其调整对象主要是铁路运输关系、铁路建设关系，以及与铁路建设和运输生产有关的其他方面的关系。

《铁路法》所称国家铁路运输企业是指铁路局和铁路分局。

1.3.1 《铁路法》的适用范围及管理体制

1.《铁路法》的适用范围

《铁路法》所称铁路，包括国家铁路、地方铁路、专用铁路和铁路专用线。国家铁路是指由国务院铁路主管部门管理的铁路。地方铁路是指由地方人民政府管理的铁路。专用铁路是指由企业或者其他单位管理，专为本企业或者本单位内部提供运输服务的铁路。铁路专用线是指由企业或者其他单位管理的与国家铁路或者其他铁路线路接轨的岔线。

2.《铁路法》的管理体制

国家重点发展国家铁路，大力扶持地方铁路的发展。国务院铁路主管部门主管全国铁路工作，对国家铁路实行高度集中、统一指挥的运输管理体制，对地方铁路、专用铁路和铁路专用线进行指导、协调、监督和帮助。国家铁路运输企业行使法律、行政法规授予的行政管理职能。

铁路运输企业必须坚持社会主义经营方向和为人民服务的宗旨，改善经营管理，切实改进路风，提高运输服务质量。铁路沿线各级地方人民政府应当协助铁路运输企业保证铁路运输安全畅通，车站、列车秩序良好，铁路设施完好和铁路建设顺利进行。公民有爱护铁路设施的义务。禁止任何人破坏铁路设施，扰乱铁路运输的正常秩序。

1.3.2 《铁路法》的主要内容

1. 铁路运输营业

1）铁路运输营业规定

铁路运输企业应当保证旅客和货物运输的安全，做到列车正点到达。

国家铁路和地方铁路根据发展生产、搞活流通的原则，安排货物运输计划。对抢险救灾物资和国家规定需要优先运输的其他物资，应予优先运输。地方铁路运输的物资需要经由国家铁路运输的，其运输计划应当纳入国家铁路的运输计划。

国家鼓励专用铁路兼办公共旅客、货物运输营业；提倡铁路专用线与有关单位按照协议共用。专用铁路兼办公共旅客、货物运输营业的，应当报经省、自治区、直辖市人民政府批准。专用铁路兼办公共旅客、货物运输营业的，适用《铁路法》关于铁路运输企业的规定。

托运、承运货物、包裹、行李，必须遵守国家关于禁止或者限制运输物品的规定。

铁路运输企业与公路、航空或水上运输企业相互间实行国内旅客、货物联运，依照国家有关规定办理；国家没有规定的，依照有关各方的协议办理。

国家铁路、地方铁路参加国际联运，必须经国务院批准。铁路军事运输依照国家有关规定办理。

2）铁路运价管理

铁路的旅客票价率和货物、行李的运价率实行政府指导价或政府定价，竞争性领域实行市场调节价。政府指导价、政府定价的定价权限和具体适用范围以中央政府和地方政府的定价目录为依据。铁路旅客、货物运输杂费的收费项目和收费标准，以及铁路包裹运价率由铁路运输企业自主制定。

地方铁路的旅客票价率、货物运价率和旅客、货物运输杂费的收费项目和收费标准，由省、自治区、直辖市人民政府物价主管部门会同国务院铁路主管部门授权的机构规定。

兼办公共旅客、货物运输营业的专用铁路的旅客票价率、货物运价率和旅客、货物运输杂费的收费项目和收费标准，以及铁路专用线共用的收费标准，由省、自治区、直辖市人民政府物价主管部门规定。

铁路的旅客票价，货物、包裹、行李的运价，旅客和货物运输杂费的收费项目和收费标准，必须公告；未公告的不得实施。

国家铁路、地方铁路和专用铁路印制使用的旅客、货物运输票证，禁止伪造和变造。禁止倒卖旅客车票和其他铁路运输票证。

3）铁路运输合同

铁路运输合同是明确铁路运输企业与旅客、托运人之间权利义务关系的协议。铁路运输合同主要有铁路旅客运输合同、铁路行李运输合同、铁路包裹运输合同和铁路货物运输合同四种类型，分别对应的合同形式是旅客车票、行李票、包裹票和货物运单。

（1）铁路运输企业的责任。

① 旅客运输责任。铁路运输企业应当采取有效措施做好旅客运输服务工作，做到文明礼貌、热情周到，保持车站和车厢内的清洁卫生，提供饮用开水，做好列车上的饮食供应工作。铁路运输企业应当采取措施，防止对铁路沿线环境的污染。

铁路运输企业应当保证旅客按车票载明的日期、车次乘车，并到达目的站。因铁路运输企业的责任造成旅客不能按车票载明的日期、车次乘车的，铁路运输企业应当按照旅客的要求，退还全部票款或安排改乘到达相同目的站的其他列车。

② 货物、包裹、行李运输责任。铁路运输企业应当按照合同约定的期限或国务院铁路主管部门规定的期限，将货物、包裹、行李运到目的站；逾期运到的，铁路运输企业应当支付违约金。铁路运输企业逾期 30 日仍未将货物、包裹、行李交付收货人或旅客的，托运人、收货人或旅客有权按货物、包裹、行李灭失向铁路运输企业要求赔偿。

铁路运输企业对承运的容易腐烂变质的货物和活动物，应当按照国务院铁路主管部门的规定和合同的约定，采取有效的保护措施。铁路运输企业应当对承运的货物、包裹、行李自接受承运时起到交付时止发生的灭失、短少、变质、污染或损坏，承担赔偿责任。

a．托运人或旅客根据自愿申请办理保价运输的，按照实际损失赔偿，但最高不超过保价额。

b．未按保价运输承运的，按照实际损失赔偿，但最高不超过国务院铁路主管部门规定的赔偿限额；如果损失是由于铁路运输企业的故意或重大过失造成的，不适用赔偿限额的规定，按照实际损失赔偿。

托运人或旅客根据自愿可以向保险公司办理货物运输保险，保险公司按照保险合同的约定承担赔偿责任。

托运人或旅客根据自愿可以办理保价运输，也可以办理货物运输保险，还可以既不办理保价运输，也不办理货物运输保险。不得以任何方式强迫托运人或旅客办理保价运输或货物运输保险。

③ 铁路运输企业的免责条款。由于下列原因造成的货物、包裹、行李损失的，铁路运输企业不承担赔偿责任：不可抗力；货物或包裹、行李中的物品本身的自然属性，或者合理损耗；托运人、收货人或旅客的过错。

案例分析

【案例一】

2010 年 2 月 20 日，朱某持火车票乘坐长沙—深圳的列车准备去深圳打工。2 月 21 日 23:15，列车到达深圳站后，朱某与同行人员从深圳站二站台行走至出站地道时，朱某突发疾病晕倒，在深圳车站工作人员的协助下，同行人将朱某背至车站一站台，车站工作人员立即通知救护车到场抢救。深圳市第五人民医院在 2 月 21 日 23:33 接到 120 急救电话，于 23:46 到达现场，经过 48 分钟的抢救，朱某最终抢救无效死亡。

2011 年 2 月，死者朱某的丈夫童某向广州铁路运输法院起诉，要求广深铁路股份有限公司赔偿 60000 元。

思考： 铁路企业对朱某的死亡是否应承担赔偿责任？

分析： 法院认为，旅客朱某在毫无征兆的情况下，在出站时突发疾病晕倒，经抢救无效死亡，系自身健康原因造成。被告工作人员在得知情况后，立即拨打了 120 急救电话，并协助朱某亲属进行了善后处理，并无不当之处。按照《中华人民共和国合同法》（以下简称《合同法》）第三百零二条的规定，承运人应当对运输过程中旅客的伤亡承担损害赔偿责任，但伤亡是旅客自身健康原因造成的或者承运人证明伤亡是旅客故意、重大过失造成的除外。因此，原告认为被告工作人员采取非正确处理措施并要求赔偿的主张没有事实依据和法律依据，法院不予采纳。原告的诉讼请求没有事实依据和法律依据，法院不予支持。依照《合同法》第三百零二条规定，判决驳回原告的诉讼请求。本案受理费 650 元，因原告家庭困难，经原告申请，依法予以免交。

【案例二】

2015 年，原告以 17.6 元/千克收购的葵花籽 34650 千克，共 770 件，委托某火车站客货服务公司（被告）运输到南京西站，交南京市果品食杂公司收货。到站卸车时，车厢内异味严重，装卸工均感头昏。收货人见此情况，拒收货物，并向铁路卫生防疫站报检。经铁路卫生防疫站现场勘查，在装载货物车厢内的残存物中检出 3911（剧毒农药），含量为 3591.66 毫克/千克；在葵花籽的包装物中检出同类物质，含量为 100 毫克/千克。经铁路到站顺查，发现该车皮曾装运过 3911 后经洗刷消毒又投入使用。在此次装运葵花籽前，该车皮已经过先后多次排空和装运水泥两次。

原告向法院起诉要求被告赔偿全部损失，共计 680000 元。

被告辩称装载原告货物的车厢内有异味一事属实，但经卫生检疫部门检验，该异味仅使原告货物的包装物受到污染，货物本身并未受到污染，因而不存在货物损失。同意赔偿原告所遭受的污染包装物的实际损失，不承担其他赔偿责任。

思考： 铁路企业对原告的损失是否承担赔偿责任？

分析： 法院认为，铁路企业对装运过剧毒农药的车皮洗刷消毒不彻底，火车站使用明显有异味的车皮装运葵花籽，是造成货物包装被污染的直接原因。收货人在货物从有严重异味的车皮中卸出，无法查明异味产生的原因及程度的情况下，予以拒收，是合理的；后虽查明此次污染只涉及货物的包装物，不涉及货物本身，但为了人身安全，坚持按照防疫部门的规定必须经过严格的可食性处理才能食用，仍然拒收，也是合理的。承运人由于装运过程的疏忽，造成了货物的损毁，承运人应当承担损害赔偿责任。因此，法院判决被告赔偿原告经济损失 630000 元。

【案例三】

2009 年 10 月 23 日，原告黄某在新化火车站购得当天去东莞的 K9062 次车票。由于外出办事耽误了时间，急着进站赶火车，在从一站台一道横跨上二站台时，被通过的另一辆列车撞伤，车站立即将其送往医院治疗，经法医鉴定为八级伤残。原告黄某起诉要求铁路企业赔偿 60 余万元。

思考： 铁路企业对原告黄某的伤害是否承担赔偿责任？

分析： 法院认为，原告黄某进站上车，没有从车站规定的路径进站，以致被列车撞伤，对此，原告黄某应对损害结果承担主要责任，即 70% 的责任。被告虽然在站内设置警示标志，但未严格依照相关规定组织旅客进站候车，对原告黄某的人身损害应承担次要责任，即 30% 的责任。因原告选择侵权之诉，根据《最高人民法院关于审理铁路运输人身损害赔偿纠纷案件适用法律若干问题的解释》第十二条规定："铁路旅客运送期间发生旅客人身损害，赔偿权利人要求铁路运输企业承担违约责任的，人民法院应当依照《中华人民共和国合同法》第二百九十条、第三百零一条、第三百零二条等规定，确定铁路运输企业是否承担责任及责任的大小；赔偿权利人要求铁路运输企业承担侵权赔偿责任的，人民法院应当依照有关侵权责任的法律规定，确定铁路运输企业是否承担赔偿责任及责任的大小。"故本案适用侵权有关法律规定。

法院依照《民法通则》第一百二十三条，《中华人民共和国侵权责任法》第十六条、第二十二条、第七十三条，《最高人民法院关于确定民事侵权精神损害赔偿责任若干问题的解释》第八条第二款、第十条，《最高人民法院关于审理铁路运输人身损害赔偿纠纷案件适用法律若干问题的解释》第六条第（一）项的规定，判决铁路企业赔偿原告黄某医疗费、后续治疗费、残疾赔偿金、误工费、护理费等各种费用共计 190000 元。

（2）旅客、托运人和收货人的责任。旅客乘车应当持有效车票。对无票乘车或持失效车票乘车的，铁路运输企业应当补收票款，并按照规定加收票款；对拒不交付的，可以责令其下车。

托运及承运货物、包裹、行李，必须遵守国家关于禁止或限制运输物品的规定。

托运人应当如实填报托运单，铁路运输企业有权对填报的货物和包裹的品名、重量、数量进行检查。经检查，申报与实际不符的，检查费用由托运人承担；申报与实际相符的，检查费用由铁路运输企业承担，因检查对货物和包裹中的物品造成的损坏由铁路运输企业赔偿。托运人因申报不实而少交的运费和其他费用应当补交，铁路运输企业按照国务院铁路主管部门的规定加收运费和其他费用。

托运货物需要包装的，托运人应当按照国家包装标准或行业包装标准包装；没有国家包装标准或行业包装标准的，应当妥善包装，使货物在运输途中不因包装原因而损坏。

因旅客、托运人或收货人的责任给铁路运输企业造成财产损失的，由旅客、托运人或收货人承担赔偿责任。

（3）逾期领取的处理。货物、包裹、行李到站后，收货人或旅客应当按照国务院铁路主管部门规定的期限及时领取，并支付托运人未付或少付的运费和其他费用；逾期领取的，收货人或旅客应当按照规定交付保管费。

自铁路运输企业发出领取货物通知之日起满 30 日仍无人领取的货物，或者收货人书面通知铁路运输企业拒绝领取的货物，铁路运输企业应当通知托运人，托运人自接到通知之日起满 30 日未作答复的，由铁路运输企业变卖；所得价款在扣除保管费等费用后尚有余款的，应当退还托运人，无法退还、自变卖之日起 180 日内托运人又未领回的，上缴国库。

自铁路运输企业发出领取通知之日起满 90 日仍无人领取的包裹或到站后满 90 日仍无人领取的行李，铁路运输企业应当公告，公告满 90 日仍无人领取的，可以变卖；所得价款在扣除保管费等费用后尚有余款的，托运人、收货人或旅客可以自变卖之日起 180 日内领回，逾期不领回的，上缴国库。

对危险物品和规定限制运输的物品，应当移交公安机关或有关部门处理，不得自行变卖。对不宜长期保存的物品，可以按照国务院铁路主管部门的规定缩短处理期限。

（4）合同争议的处理。发生铁路运输合同争议的，铁路运输企业和托运人、收货人或旅客可以通过调解解决；不愿意调解解决或者调解不成的，可以依据合同中的仲裁条款或事后达成的书面仲裁协议，向国家规定的仲裁机构申请仲裁。

当事人一方在规定的期限内不履行仲裁机构的仲裁决定的，另一方可以申请人民法院强制执行。

当事人没有在合同中订立仲裁条款，事后又没有达成书面仲裁协议的，可以向人民法院起诉。

2. 铁路建设

1）铁路发展规划与建设计划

铁路发展规划应当依据国民经济和社会发展及国防建设的需要制定，并与其他方式的交通运输发展规划相协调。

地方铁路、专用铁路、铁路专用线的建设计划必须符合全国铁路发展规划，并征得国务院铁路主管部门或国务院铁路主管部门授权机构的同意。

在城市规划区范围内，铁路的线路、车站、枢纽及其他有关设施的规划，应当纳入所在城市的总体规划。

铁路建设用地规划，应当纳入土地利用总体规划。为远期扩建、新建铁路需要的土地，由县级以上人民政府在土地利用总体规划中安排。

2）铁路建设用地规定

铁路建设用地，依照有关法律、行政法规的规定办理。

有关地方人民政府应当支持铁路建设，协助铁路运输企业做好铁路建设征用土地工作和拆迁安置工作。

已经取得使用权的铁路建设用地，应当依照批准的用途使用，不得擅自改作他用；其他单位或个人不得侵占。侵占铁路建设用地的，由县级以上地方人民政府土地管理部门责令停止侵占、赔偿损失。

铁路的标准轨距为 1435 毫米。新建国家铁路必须采用标准轨距。窄轨铁路的轨距为 762 毫米或 1000 毫米。新建和改建铁路的其他技术要求应当符合国家标准或行业标准。

铁路建成后，必须依照国家基本建设程序的规定，经验收合格方能交付正式运行。

3）铁路道口建设

铁路与道路交叉处，应当优先考虑设置立体交叉；未设立体交叉的，可以根据国家有关规定设置平交道口或人行过道。在城市规划区内设置平交道口或人行过道，由铁路运输企业或建有专用铁路、铁路专用线的企业或其他单位和城市规划主管部门共同决定。

拆除已经设置的平交道口或人行过道，由铁路运输企业或建有专用铁路、铁路专用线的企业或其他单位和当地人民政府商定。

修建跨越河流的铁路桥梁，应当符合国家规定的防洪、通航和水流的要求。

3. 铁路安全与保护

1）铁路安全保护

（1）铁路运输企业必须加强对铁路的管理和保护，定期检查、维修铁路运输设施，保证铁路运输设施完好，保障旅客和货物运输安全。

（2）铁路公安机关和地方公安机关分工负责共同维护铁路治安秩序。车站和列车内的治安秩序，由铁路公安机关负责维护；铁路沿线的治安秩序，由地方公安机关和铁路公安机关共同负责维护，以地方公安机关为主。

（3）运输危险品必须按照国务院铁路主管部门的规定办理，禁止以非危险品品名托运危险品。

危险品的品名由国务院铁路主管部门规定并公布。禁止旅客携带危险品进站上车。铁路公安人员和国务院铁路主管部门规定的铁路职工，有权对旅客携带的物品进行运输安全检查。实施运输安全检查的铁路职工应当佩戴执勤标志。

（4）在列车内，寻衅滋事，扰乱公共秩序，危害旅客人身、财产安全的，铁路职工有权制止，铁路公安人员可以予以拘留。

（5）在车站和旅客列车内，发生法律规定需要检疫的传染病时，由铁路卫生检疫机构进行检疫；根据铁路卫生检疫机构的请求，地方卫生检疫机构应予协助。货物运输的检疫依照国家规定办理。

（6）对哄抢铁路运输物资的人员，铁路职工有权制止，可以扭送公安机关处理；现场公安人员可以予以拘留。

案例分析

2010年5月30日，被告人金某携带自制火药枪1支、黑火药500克、发令纸108响、钢珠500克，进入吉首火车站候车室，准备上车时，被公安人员当场查获。

思考：被告人的行为是否危及铁路运输安全？被告人的行为构成什么罪？

分析：法院认为，被告人金某非法携带自制火药枪、黑火药，进入公共场所，危及公共安全，情节严重，其行为已构成非法携带枪支、危险物品危及公共安全罪。被告人金某自愿认罪，酌情从轻处罚。依照《刑法》第一百三十条的规定，判决被告人金某犯非法携带枪支、危险物品危及公共安全罪，判处拘役3个月10日。

2）铁路线路安全管理

（1）铁路线路两侧地界以外的山坡地由当地人民政府作为水土保持的重点进行整治。铁路隧道顶上的山坡地由铁路运输企业协助当地人民政府进行整治。铁路地界以内的山坡地由铁路运输企业进行整治。

（2）国家铁路的重要桥梁和隧道，由中国人民武装警察部队负责守卫。

（3）在铁路线路和铁路桥梁、涵洞两侧一定距离内，修建山塘、水库、堤坝，开挖河道、干渠，采石挖砂，打井取水，影响铁路路基稳定或危害铁路桥梁、涵洞安全的，由县级以上地方人民政府责令停止建设或采挖、打井等活动，限期恢复原状或责令采取必要的安全防护措施。

（4）在铁路线路上架设电力、通信线路，埋置电缆、管道设施，穿凿通过铁路路基的地下坑道，必须经铁路运输企业同意，并采取安全防护措施。

违反规定，给铁路运输企业造成损失的单位或个人，应当赔偿损失。

3）铁路行车安全管理

（1）电力主管部门应当保证铁路牵引用电及铁路运营用电中重要负荷的电力供应。铁路运营用电中重要负荷的供应范围由国务院铁路主管部门和国务院电力主管部门商定。

（2）对损毁、移动铁路信号装置及其他行车设施或在铁路线路上放置障碍物的人员，铁路职工有权制止，可以扭送公安机关处理。

（3）对聚众拦截列车或聚众冲击铁路行车调度机构的人员，铁路职工有权制止；不听制止的，公安人员现场负责人有权命令解散；拒不解散的，公安人员现场负责人有权依照国家有关规定采取必要手段强行驱散，并将拒不服从的人员强行带离现场或予以拘留。

（4）禁止在铁路线路上行走、坐卧。对在铁路线路上行走、坐卧的行为，铁路职工有权制止。禁止偷乘货车、攀附行进中的列车或击打列车。对偷乘货车、攀附行进中的列车或击打列车的行为，铁路职工有权制止。

（5）禁止擅自在铁路线路上铺设平交道口和人行过道。平交道口和人行过道必须按照规定设置必要的标志和防护设施。行人和车辆通过铁路平交道口和人行过道时，必须遵守有关通行的规定。

（6）禁止在铁路线路两侧 20 米以内或铁路防护林地内放牧。对在铁路线路两侧 20 米以内或铁路防护林地内放牧的行为，铁路职工有权制止。

（7）在铁路弯道内侧、平交道口和人行过道附近，不得修建妨碍行车瞭望的建筑物和种植妨碍行车瞭望的树木。修建妨碍行车瞭望建筑物的，由县级以上地方人民政府责令限期拆除。种植妨碍行车瞭望树木的，由县级以上地方人民政府责令有关单位或个人限期迁移或修剪、砍伐。

4）铁路交通事故的处理

发生铁路交通事故，铁路运输企业应当依照国务院和国务院有关主管部门关于事故调查处理的规定办理，并及时恢复正常行车，任何单位和个人不得阻碍铁路线路开通和列车运行。

因铁路行车事故及其他铁路运营事故造成人身伤亡的，铁路运输企业应当承担赔偿责任；如果人身伤亡是因不可抗力或由于受害人自身的原因造成的，铁路运输企业不承担赔偿责任。

违章通过平交道口或人行过道，或者在铁路线路上行走、坐卧造成的人身伤亡，属于受害人自身的原因造成的人身伤亡。

知识链接

铁路交通安全常识

1. 道轨安全常识

（1）不要在道轨上行走、坐卧或玩耍，不要在铁路两边放牧。

（2）不要扒停在道轨上的列车，不要在车下钻来钻去。

（3）不要在铁轨上摆放石块、木块等物品。

（4）不可擅动扳道、信号等设施，不可拧动铁轨上的镙钉。

（5）不得翻越护栏横穿铁路。

（6）铁路桥梁和铁路隧道禁止行人通行。

（7）车辆不能从没有道口或其他平面交叉设施的铁路道轨上穿越。

2. 铁路道口安全常识

（1）行人和车辆在铁路道口、人行过道及平过道处，发现或听到有火车开来时，应立即躲避到距铁路钢轨 2 米以外处，严禁停留在铁路上或抢行越过铁路。

（2）车辆和行人通过铁路道口，必须听从道口看守人和道口安全管理人员的指挥。

（3）凡遇到道口栏杆关闭、音响器发出报警、道口信号显示红色灯光或道口看守人员示意火车即将通过时，车辆、行人严禁抢行，必须依次停在停止线以外，没有停止线的，停在距最外股钢轨5米以外，不得影响道口栏杆的关闭，不得撞、钻、爬越道口栏杆。

（4）设有信号机的铁路道口，两个红灯交替闪烁或红灯稳定亮时，表示火车接近道口，禁止车辆、行人通行。

（5）红灯熄灭白灯亮时，表示道口开通，准许车辆、行人通过。

（6）遇有道口信号红灯和白灯同时熄灭时，须停车和止步瞭望，确认安全后再通过。

（7）车辆、行人通过设有道口信号机的无人看守道口及人行过道时，必须停车或止步瞭望，确认两端无列车开来时，方准通行。

（8）通过电气化铁路道口时，车辆及其装载物不得触动限界架活动板或吊链；装载高度超过2米的货物上，不准坐人；行人手持高长物件，不准高举。

3. 乘车安全常识

（1）在车站候车时，要站在站台的安全线外，不可越线，更不可跳下站台。

（2）上车时要有秩序，不要争抢拥挤，要防止车门夹身；不能从车窗出入；严禁携带易燃易爆危险品上车。

（3）在车上要将行李平稳、牢靠地放在行李架上，以免掉下伤人；列车行驶中，不要将身体任何部位伸出车外，不要在车厢内随意走动、打闹。

4. 法律责任

（1）违反《铁路法》的规定，携带危险品进站上车或以非危险品品名托运危险品，导致发生重大事故的，依照《刑法》第一百二十五条的规定追究刑事责任。企业事业单位、国家机关、社会团体犯本款罪的，处以罚金，对其主管人员和直接责任人员依法追究刑事责任。

（2）携带炸药、雷管或非法携带枪支子弹、管制刀具进站上车的，依照《刑法》第一百三十条的规定追究刑事责任。

（3）故意损毁、移动铁路行车信号装置或在铁路线路上放置足以使列车倾覆的障碍物，尚未造成严重后果的，依照《刑法》第一百一十七条的规定追究刑事责任；造成严重后果的，依照《刑法》第一百一十九条的规定追究刑事责任。

（4）盗窃铁路线路上行车设施的零件、部件或铁路线路上的器材，危及行车安全，尚未造成严重后果的，依照《刑法》第一百一十七条破坏交通设施罪的规定追究刑事责任；造成严重后果的，依照《刑法》第一百一十九条破坏交通设施罪的规定追究刑事责任。

（5）聚众拦截列车不听制止的，对首要分子和骨干分子依照《刑法》第二百九十一条的规定追究刑事责任。聚众冲击铁路行车调度机构不听制止的，对首要分子和骨干分子依照《刑法》第二百九十条的规定追究刑事责任。聚众哄抢铁路运输物资的，对首要分子和骨干分子依照《刑法》第二百六十八条的规定追究刑事责任。铁路职工与其他人员勾结犯前款罪的，从重处罚。

（6）在列车内，抢劫旅客财物，伤害旅客的，依照《刑法》第二百六十三条的规定从重处罚。在列车内，寻衅滋事，侮辱妇女，情节恶劣的，依照《刑法》第二百四十六条的规定追究刑事责任；敲诈勒索旅客财物的，依照《刑法》第二百六十六条的规定追究刑事责任。

（7）倒卖旅客车票，构成犯罪的，依照《刑法》第二百二十七条的规定追究刑事责任。铁路职工倒卖旅客车票或与其他人员勾结倒卖旅客车票的，依照《刑法》第二百二十七条及第三百九十七条的规定追究刑事责任。

（8）擅自在铁路线路上铺设平交道口、人行过道的，由铁路公安机关或地方公安机关责令限期拆除，可以并处罚款。

（9）铁路运输企业违反《铁路法》规定，多收运费、票款或旅客、货物运输杂费的，必须将多收的费用退还付款人，无法退还的上缴国库。将多收的费用据为己有或侵吞私分的，依照《刑法》第三百九十六条的规定追究刑事责任。

（10）铁路职工利用职务之便走私、投机倒把的，或者与其他人员勾结走私、投机倒把的，依照《刑法》中对走私罪的相关规定追究刑事责任。铁路职工玩忽职守、违反规章制度造成铁路运营事故的，滥用职权、利用办理运输业务之便谋取私利的，给予行政处分；情节严重、构成犯罪的，依照《刑法》第三百九十七条的规定追究刑事责任。

（11）违反《铁路法》规定，尚不够刑事处罚，应当给予治安管理处罚的，依照《中华人民共和国治安管理处罚条例》（以下简称《治安管理处罚条例》）的规定处罚。

知识链接

《刑法》有关条款

第一百一十七条　破坏轨道、桥梁、隧道、公路、机场、航道、灯塔、标志或者进行其他破坏活动，足以使火车、汽车、电车、船只、航空器发生倾覆、毁坏危险，尚未造成严重后果的，处三年以上十年以下有期徒刑。

第一百一十九条　破坏交通工具、交通设施、电力设备、燃气设备、易燃易爆设备，造成严重后果的，处十年以上有期徒刑、无期徒刑或者死刑。

过失犯前款罪的，处三年以上七年以下有期徒刑；情节较轻的，处三年以下有期徒刑或者拘役。

第一百二十五条　非法制造、买卖、运输、邮寄、储存枪支、弹药、爆炸物的，处三年以上十年以下有期徒刑；情节严重的，处十年以上有期徒刑、无期徒刑或者死刑。

非法制造、买卖、运输、储存毒害性、放射性、传染病病原体等物质，危害公共安全的，依照前款的规定处罚。

单位犯前两款罪的，对单位判处罚金，并对其直接负责的主管人员和其他直接责任人员，依照第一款的规定处罚。

第一百三十条　非法携带枪支、弹药、管制刀具或者爆炸性、易燃性、放射性、毒害性、腐蚀性物品，进入公共场所或者公共交通工具，危及公共安全，情节严重的，处三年以下有期徒刑、拘役或者管制。

第二百二十七条　伪造或者倒卖伪造的车票、船票、邮票或者其他有价票证，数额较大的，处二年以下有期徒刑、拘役或者管制，并处或者单处票证价额一倍以上五倍以下罚金；数额巨大的，处二年以上七年以下有期徒刑，并处票证价额一倍以上五倍以下罚金。

倒卖车票、船票，情节严重的，处三年以下有期徒刑、拘役或者管制，并处或者单处票证价额一倍以上五倍以下罚金。

第二百四十六条　以暴力或者其他方法公然侮辱他人或者捏造事实诽谤他人，情节严重的，处三年以下有期徒刑、拘役、管制或者剥夺政治权利。

第二百六十三条　以暴力、胁迫或者其他方法抢劫公私财物的，处三年以上十年以下有期徒刑，并处罚金；有下列情形之一的，处十年以上有期徒刑、无期徒刑或者死刑，并处罚金或者没收财产：

（一）入户抢劫的；

（二）在公共交通工具上抢劫的；

（三）抢劫银行或者其他金融机构的；

（四）多次抢劫或者抢劫数额巨大的；

（五）抢劫致人重伤、死亡的；

（六）冒充军警人员抢劫的；

（七）持枪抢劫的；

（八）抢劫军用物资或者抢险、救灾、救济物资的。

第二百六十六条　诈骗公私财物，数额较大的，处三年以下有期徒刑、拘役或者管制，并处或者单处罚金；数额巨大或者有其他严重情节的，处三年以上十年以下有期徒刑，并处罚金；数额特别巨大或者有其他特别严重情节的，处十年以上有期徒刑或者无期徒刑，并处罚金或者没收财产。

第二百六十八条　聚众哄抢公私财物，数额较大或者有其他严重情节的，对首要分子和积极参加的，处三年以下有期徒刑、拘役或者管制，并处罚金；数额巨大或者有其他特别严重情节的，处三年以上十年以下有期徒刑，并处罚金。

第二百九十条　聚众扰乱社会秩序，情节严重，致使工作、生产、营业和教学、科研、医疗无法进行，造成严重损失的，对首要分子，处三年以上七年以下有期徒刑；对其他积极参加的，处三年以下有期徒刑、拘役、管制或者剥夺政治权利。

聚众冲击国家机关，致使国家机关工作无法进行，造成严重损失的，对首要分子，处五年以上十年以下有期徒刑；对其他积极参加的，处五年以下有期徒刑、拘役、管制或者剥夺政治权利。

多次扰乱国家机关工作秩序，经行政处罚后仍不改正，造成严重后果的，处三年以下有期徒刑、拘役或者管制。

多次组织、资助他人非法聚集，扰乱社会秩序，情节严重的，依照前款的规定处罚。

第二百九十一条　聚众扰乱车站、码头、民用航空站、商场、公园、影剧院、展览会、运动场或者其他公共场所秩序，聚众堵塞交通或者破坏交通秩序，抗拒、阻碍国家治安管理工作人员依法执行职务，情节严重的，对首要分子，处五年以下有期徒刑、拘役或者管制。

第三百九十六条 国家机关、国有公司、企业、事业单位、人民团体，违反国家规定，以单位名义将国有资产集体私分给个人，数额较大的，对其直接负责的主管人员和其他直接责任人员，处三年以下有期徒刑或者拘役，并处或者单处罚金；数额巨大的，处三年以上七年以下有期徒刑，并处罚金。

第三百九十七条 国家机关工作人员滥用职权或者玩忽职守，致使公共财产、国家和人民利益遭受重大损失的，处三年以下有期徒刑或者拘役；情节特别严重的，处三年以上七年以下有期徒刑。

练 习 题

一、填空题

1. _____是指设计开行时速 250 千米以上（含预留），并且初期运行时速 200 千米以上的铁路客运专线。

2. 中国第一条 350 千米/时的高速铁路京津城际铁路开通运营是在_____年。

3. "八纵"通道包括沿海通道、京港（台）通道、京哈—京港澳通道、_____、_____、_____、包（银）海通道、兰（西）广通道。

4. "八横"通道包括绥满通道、陆桥通道、沿江通道、_____、_____、_____、厦渝通道、广昆通道。

5. 规章按其性质、内容，可分为行政规章、_____、_____和一般规章。

6. 《规章制定程序条例》第六条规定：规章的名称一般称"规定""办法"，但不得称_____。

7. 由国务院所属各部、各委员会在它们的职权范围内，依据法律、法规制定的规范性文件，称为_____。

8. 铁路行车安全管理规定，禁止在铁路线路两侧_____米以内或铁路防护林地内放牧。

9. 铁路的标准轨距为_____毫米。

二、选择题

1. 世界上第一条真正意义上的高速铁路是（ ）。
    A. 日本东海道新干线   B. 上越新干线
    C. 东南 TGV 线   D. 罗马—佛罗伦萨线

2. 世界高速铁路的发展中，第一次浪潮是（ ）。
    A. 1900～1933 年   B. 1933～1964 年
    C. 1964～1990 年   D. 1990 年～20 世纪 90 年代中期

3. 连接东北、华北、华中、华南、港澳地区，贯通哈长、辽中南、京津冀、中原、长江中游、珠江三角洲等城市群的通道是（　　　）。

  A. 京港（台）通道　　　　　　　　B. 京哈—京港澳通道

  C. 京昆通道　　　　　　　　　　　D. 兰（西）广通道

4. 连接海峡西岸、中南、西南地区，贯通海峡西岸、长江中游、成渝等城市群的通道是（　　　）。

  A. 京兰通道　　B. 沪昆通道　　C. 夏渝通道　　D. 广昆通道

5. 组织规章的常用文种是（　　　）。

  A. 规定　　　　B. 办法　　　　C. 细则　　　　D. 章程

6. 根据自己组织的意愿和需要所制定的规章制度，称为（　　　）。

  A. 内部规章　　B. 地方规章　　C. 自主性规章　　D. 实施性规章

7.《××学院办学章程》属于（　　　）范畴。

  A. 行政规章　　B. 业务规章　　C. 组织规章　　D. 一般规章

8. 自铁路运输企业发出领取通知之日起满（　　　）日仍无人领取的包裹或到站后满（　　　）日仍无人领取的行李，铁路运输企业应当公告，公告满90日仍无人领取的，可以变卖。

  A. 30，30　　B. 60，60　　C. 90，90　　D. 60，90

9.《铁路法》于1990年9月7日第七届全国人民代表大会常务委员会第十五次会议通过，自（　　　）年5月1日起施行。

  A. 1991　　　B. 1992　　　C. 1993　　　D. 1994

10. 铁路运输企业逾期（　　　）日仍未将货物、包裹、行李交付收货人或旅客的，托运人、收货人或旅客有权按货物、包裹、行李灭失向铁路运输企业要求赔偿。

  A. 15　　　　B. 30　　　　C. 60　　　　D. 90

三、简答题

1. 简述高速铁路的特点与优势。

2. 我国铁路的"八纵八横"通道具体包括哪些？

3. 简述规章的分类。

4. 根据《规章制定程序条例》的规定，制定规章应当符合哪些要求？

5. 简述铁路运输企业的免责条款。

6. 发生铁路运输合同争议时，应如何处理？

7. 铁路安全管理的主要措施有哪些？

第2章
动车组旅客运输管理暂行办法

学习目标

1. 了解《动车组旅客运输管理暂行办法》的适用范围。
2. 熟悉动车组运营管理相关部门的职责。
3. 掌握站务管理、乘务管理、餐饮管理、保洁管理、人员管理的具体要求。
4. 掌握列车安全管理及车站安全管理的具体要求。
5. 掌握列车设备故障、列车晚点及列车运行中突发事件的应急处理措施。

《动车组旅客运输管理暂行办法》(铁运〔2008〕128号文件)于2008年7月15日由铁道部(2013年3月16日后改为铁路总公司)发布,自2008年8月1日起施行。铁道部前发《动车组列车旅客运输管理办法(暂行)》(铁运〔2007〕23号文件)同时废止。

《动车组旅客运输管理暂行办法》是为了适应动车组列车开行需要,不断满足旅客安全、快速、便利、优质的运输服务需求而制定的,适用于在既有线和客运专线使用CRH商标开行的动车组及与动车组运营有关的车站。其未尽事项按铁道部有关规定执行,由铁道部运输局负责解释。

知识链接

动 车 组

1. 动车组概述

动车组(multiple units,MU),全称动车组列车,是现代火车的一种类型,由至少两节带驱动力的车厢（简称动车）和若干节不带牵引力的车厢（简称拖车）共同组成。

动车组起源于机车重联，但与传统重联有所不同。重联一般用于货运列车，主要是解决牵引力不足的问题，仅仅是增加机车数量，没有改变车厢车皮的拖车性质。动车组几乎只用于客运列车，主要是解决加速度不足和最高速度受限的问题，驱动装置可以分别安放在多节载客车厢内部，使这些车厢成为动车，而火车头却可能成为只有操纵平台但没有驱动力的拖车，如中国的"复兴号"动车组。

2. 车次类型

现今，国家铁路属于动车组的列车班次有市域（市郊）车次、城际（城动）车次、普动车次和高动车次，分别以大写字母"S""C""D""G"开头。人们常说的"动车"（非科学说法），一般是指"D"字头车次的普通动车组。

（1）市域动车组：只在城市境内运营，速度在 160 千米/时以内，如和谐长城号、CRH6S 等。

（2）城际动车组：往返城市群间路线，速度大多不超过 200 千米/时，如 CRH1B、CRH6A 等，个别京津城列是高速动车组。

（3）普通动车组：通常跨省区域运行，速度在 250 千米/时之内，如 CRH3A、CRH5G 等。

（4）高速动车组：运输距离长短不一，速度不低于 300 千米/时，如 CRH2C、CRH380A、CR400BF 等。

CRH

CRH（China railway high-speed），即列车领域"中国铁路高速"的品牌标志（"中国铁路"区别于外国铁路，高速区别于快速），指中国铁路高速列车，是 2007 年铁道部对拥有自主知识产权的中国动车组列车（CRH 动车组）建立的品牌名称和划定的时速等级，它超越单动力的快速列车系列，划定为中国高速列车。通常用来指 2007 年 4 月 18 日起在中国铁路第六次大提速后开行的动车组列车。

CRH 动车组列车是指车厢自带动力的新式列车，动力分布式设计，车次前冠以字母"C""D""G"。

新型的动车组列车具有技术先进、安全可靠、乘坐舒适及环保等特点。实行固定售票专口、固定候车室专区、固定进站通道、固定乘降站台"四固定"的组织方式，以方便乘坐。动车组列车各部位均不得吸烟。动车组列车销售的食品、饮品，均实行全路统一采购、统一进价、统一销售价格。动车组列车原则上不发售站台票。

动车组列车分为以下三大级别。

（1）D 字头列车：CRH1 系列（时速 160～200 千米级别：运行速度 200 千米/时，最高速度 250 千米/时）、CRH2A/2B/2E（标准时速 200 千米，快铁级别）和 CRH6（城际动车组，时速 200 千米级别）。

（2）时速级别兼顾型：CRH2G 高寒型用于兰新快铁时速 200 千米，用于哈大高铁时速 250 千米及以上；CRH3A 型有时速 160 千米、200 千米、250 千米三个等级；CRH5 型也有多个等级。城际动车组列车标号"C"，有不同时速。

（3）G 字头即高速动车组列车：开始于 CRH2C（第一阶段，设计指标为持续运行时速 330 千米，最高运行时速 350 千米；第二阶段，列车持续运行时速提高至 350 千米，最高运行时速达到 380 千米），升级于 CRH3C（最高运行速度达 350 千米/时），后发展出 CRH380 系列（高速动车组列车，时速达 250～350 千米），又新研制出中国标准动车组（时速达 350～420 千米）。

2.1

运 营 管 理

2.1.1　相关部门职责

1. 铁路局职责

各铁路局应当建立客运、机务、车辆、调度、公安、保洁、餐饮等各部门、单位的协调机制和制度，加强信息沟通和协调配合，及时解决动车组运营中存在的问题。

2. 餐饮、保洁企业职责

餐饮、保洁企业应当遵守站、车和动车段（所）有关管理制度，加强对现场服务质量的监督检查。登乘列车监督检查应持有"动车组餐饮、保洁专用添乘证"供站车查验。监督检查应有检查记录。"动车组餐饮、保洁专用添乘证"由中国铁路总公司运输局填发，限登乘餐饮、保洁企业担当的列车。

3. 旅客运输有关部门职责

旅客运输有关部门应当吸收科学先进的运营管理和服务模式，树立"以人为本，旅客至上"的服务理念，创造动车组全新的品牌形象。

2.1.2　站务管理

1. 车站职责

车站应采取多种方式售票和订、送票，为旅客购票提供方便。

较大车站应设置动车组旅客专用候车室，有动车组停靠的中间站应设专用候车区。动车组旅客的候车室（区）设备设施和服务应符合软席候车室标准。

车站设置自动检票机（闸机）的，自动检票机的数量和布局应当与车站设施设备相协调，有利于划分动车组旅客专用区域和通道并满足旅客快速进出站的需要。使用自动检票机的车站应同时留有人工通道。

动车组车门验票由车站负责，通道和站台专用的车站可以不在车门验票。

站车要利用各种渠道大力宣传"CRH"品牌，用于为动车组旅客服务的用品、商品应有"CRH"图形标记。涉及动车组运营的站车经营服务环境需要发布广告的，必须经中国铁路总公司运输局批准。

2. 铁路职工乘车管理

持铁路乘车证的人员乘坐动车组列车时，应实名签证后方可乘车。

知识链接

关于修改《动车组列车旅客运输管理暂行办法》的通知

（铁运〔2012〕102号）

为加强铁路职工（含国铁控股合资铁路公司职工）乘坐动车组列车管理，有利于铁路运输生产，铁道部决定对《动车组列车旅客运输管理暂行办法》的有关规定进行修改。现将有关事项通知如下。

（1）将原第八条"持有各种铁路乘车证的铁路员工允许乘坐时速200千米动车组二等车，但须办理签证后乘车。除按规定持证检查工作人员以外，时速300千米动车组不能使用铁路乘车证"修改为"持铁路乘车证的人员乘坐动车组列车时，应实名签证后方可乘车。"

（2）本通知自2012年6月1日起执行。前发有关文件与本通知不一致的，以本通知为准。

2.1.3 乘务管理

列车多功能室只能用于照顾伤、病旅客，存放少量服务备品，由客运乘务人员管理，其他人员不得占用或改作他用。

1. 列车乘务组职责

列车乘务组由列车长、列车员、乘警和随车机械师组成。列车上保洁、餐饮由社会专业公司承担时，其员工视同列车乘务组成员。列车乘务组人员应当各司其职，在为旅客服务上，接受列车长统一领导。

2. 客运乘务组职责

客运乘务组根据交路实际需要采用轮乘或包乘制。客运乘务组由1名列车长和2名列车员组成，动车组重联时，按2个乘务组配备。编组16辆的动车组按1名列车长和4名列车员配备。对以上运行时间较长的动车组可适当增加客运乘务人员。

客运乘务组承担服务旅客、处理票务、检查列车保洁和餐饮工作质量等工作。发生影响旅客安全问题时，客运乘务组应当立即采取有效措施，保护旅客安全。

3. 列车长职责

动车组发车前，由列车长确认旅客乘降完毕后，根据不同车型要求通知司机或机械师关闭车门。动车组重联运行时，由两组列车长互相确认旅客乘降情况后，运行前方第一组的列车长负责通知司机或机械师。

列车长出乘除携带电报、客运记录、处理票务等必要的设备和处理业务资料外，不允许携带其他纸质资料台账。动车组列车运行中，列车长无须向添乘领导汇报工作。

4. 列车播放及通话要求

运行时间在 3 小时以内的列车，一般只播迎送词、服务设备介绍、安全提示、站名和背景音乐。运行时间超过 3 个小时的列车，可在不干扰旅客休息的前提下，适当增加播放内容。列车旅客信息服务及影音播放系统播放的内容应由客运部门提供，由车辆部门录入。

客运乘务人员配手持电台。动车组列车始发前，列车长的手持电台均应设置在频道1（CH1）与随车机械师、乘警或司机进行通话联络。运行途中，列车长需与列车员通话时，转为各自的专门频道进行通话。通话完毕，应转回频道 1 进行守候。

2.1.4　餐饮管理

列车餐饮服务由与铁路局签订餐饮服务合同的专业餐饮公司承担。为列车提供餐饮服务的企业必须通过 ISO 9000 或 HACCP 质量认证。列车销售的食品、饮品应当为全国名优产品并具有"QS"标志。

铁路局应当监督餐饮企业严格遵守国家卫生法律法规的规定，建立健全加工食品的场地、加工程序、设备、保管、运输、列车供餐服务质量、商品价格等环节的管理和考核制度。

列车上销售的食品和商品，必须由餐饮公司统一采购。餐饮公司销售人员应将上车食品、商品的出库单交列车长以备检查。列车上销售的食品和商品应当明码标价、一货一签，并有"CRH"标记。

加热后未售出的食品严格实行定时报废制度。在列车上，报废的食品在未处理前应醒目标明"报废"字样存放。

餐饮企业的乘务服务人员负责列车运行中餐车的清洁卫生。餐车展示柜布置应当美观丰满，其他商品、备品存放不得侵占通道和影响安全。列车到站、开车时，乘务服务人员应当在餐车门内立岗迎送旅客。

动车组供应的食品、饮品应当品种丰富、价格合理。餐饮企业应当经常征求旅客对饮食服务的意见，并根据旅客的意见调整供应品质、品种，改善服务质量。

2.1.5　保洁管理

列车保洁工作由与铁路局签订保洁合同的专业保洁公司承担。为动车组列车提供保洁服务的企业应当具有 ISO 9000 质量认证。

保洁作业应当爱护车辆设备，保洁使用的清洁剂类用品应当是经过认证机构认证的产品。铁路运输有关部门应当对保洁工作中涉及卫生环境质量和爱护车辆设备等进行检查指导。

动车段（所）应当将保洁工作纳入库内作业计划，并为列车保洁提供水、电和存放保洁机具、备品的条件。

列车要通过广播、图形标志、电子显示屏、文字提示等形式向旅客广泛宣传环境保护和禁止吸烟规定，提示旅客不得随意丢弃杂物。

2.1.6 人员管理

站车客运人员应当具备高中及以上文化程度，能够熟练使用计算机和站车相关设备设施，掌握服务类常用英语会话，具有良好的语言文字表达能力和服务技巧，身材匀称、五官端正，女性身高一般不低于 1.60 米，男性身高一般不低于 1.70 米。

站车客运人员应当按照规定岗位职责进行岗前培训，经考试合格取得上岗资格，由铁路局统一颁发上岗证，持证上岗并应当定期进行脱产培训。餐饮、保洁人员上岗前应当经过铁路安全知识、应急演练和设备操作培训。培训及考核发证由铁路局负责。

餐饮、保洁乘务组人员应当保持相对稳定。遇有人员变动应当通知列车担当铁路局客运处。

遇特殊情况需要餐饮、保洁人员便乘接车时，应当由铁路局客运处添发"餐饮保洁人员便乘单"乘车。持"餐饮保洁人员便乘单"乘车的人员不得与旅客争座位。

📝 **知识链接**

便乘单式样（190 毫米×150 毫米）

动车组列车便乘单如图 2-1 所示。

```
┌─────────────────────────────────┐
│          动车组列车便乘单          │
│                                 │
│                    编号：        │
│    姓   名：    （等人）          │
│    工作单位：                    │
│    乘车日期：   年   月   日      │
│    车   次：    次               │
│    乘车区间：  站至   站         │
│                                 │
│  铁路局客运处 （盖章）            │
│        20   年   月   日         │
│    本证盖章有效，凭证乘车、进出站  │
└─────────────────────────────────┘
```

图 2-1 动车组列车便乘单

铁路旅客乘车须知（用于车票背面）

（1）请按票面标明的日期、车次凭票乘车，并在规定时间内至到站。直达票中途下车，未乘区间失效。通票中途换乘需中转签证。不能按票面标明的日期、车次、开车时间乘车时，应提前到车站办理改签。

（2）免费携带品的上限为成人 20 千克、儿童 10 千克，长、宽、高相加不超过 160 厘米（动车组列车不超过 130 厘米）。超过规定需办理托运。不得携带危险品等可能威胁公共安全的禁止或限制运输物品、可能对其他旅客造成伤害的大件硬质物品、妨碍公共卫生及能够损坏或污染车辆的物品。

（3）车站在开车前提前停止检票，进站安检、验证排队人数较多，请提前至指定场所候车，以免耽误旅行。

（4）实名制车票须凭乘车人有效身份证件原件，票、证一致方可退票、换票、中转签证；票、证、人一致方可进站、乘车。

（5）对无票乘车、冒用身份信息购票及多次丢失车票有一票两用疑问的，铁路部门保留对其购票采取限制性措施的权利。

（6）铁路部门可能调整列车运行时刻，对已经购票的旅客将免费提供改签、退票服务，乘车前请查看 12306.cn 网站及车站公告，或拨打 12306 电话查询。

（7）未尽事项详见《铁路旅客运输规程》等有关规定或车站公告。

2.2
安 全 管 理

2.2.1 列车安全管理

时速 300 千米及以上的客运专线动车组和直通动车组列车不得超员；铁路局管内短途一等座车不得超员，二等座车最高超员率为 20%。

列车注水口处设有加锁式挡板门的动车组，上水人员在给列车注水结束后，应当锁闭挡板门并进行确认。

列车乘务人员在列车运行中应当注意对列车安全设备的管理，制止搬动、触碰安全设备等不安全行为。严禁任何人在列车正常运行中打开气密窗，禁止任何无关人员进入司机室。

列车各部位均不得吸烟。列车乘务员发现旅客吸烟应予以制止。

2.2.2　车站安全管理

动车组应当接入固定站台并停于固定位置。站台上应以颜色区别车型、标出车门位置。

站车有关工种应当紧密配合，组织旅客按照车厢号在标明车门位置处排队等候，有序乘降。

当站台邻靠正线，一侧有动车组通过时，站台另一侧应当停止组织旅客乘降或设防护栏进行防护。当一个站台两侧同时有动车组邻站台通过且没有防护措施时，除有人身安全防护措施的车站工作人员外，站台上不得再有候车旅客、其他工作人员和可移动物品。

有动车组停靠或通过的车站，应当对跨线候车室窗户或天桥进行封闭管理并有"禁止抛物"等相应的安全提示。没有立体跨线设备的车站，平过道应当有专人管理。旅客或作业车辆通过平过道时须有人引导。

车站、动车段（所）对进站、段（所）的餐饮、保洁人员和车辆进行安全管理。餐饮、保洁人员出、退乘和进出上述场所时，应当着统一服装、列队、佩戴工牌。车站和动车段（所）制发出入证件时，只能收取工本费。

2.3
应　急　管　理

2.3.1　列车设备故障管理

列车设备发生故障时，列车乘务员应及时通知随车机械师处理。车门发生故障时，应立即采取临时安全防护措施。车门紧急解锁拉手使用后必须复位并通知随车机械师。

2.3.2　列车晚点管理

列车运行晚点超过 15 分钟时，司机应当将原因及时通知列车长，列车长应当按照晚点处置有关规定向旅客说明情况，做好安全宣传并向旅客致歉。

列车晚点 1 小时以上并逢用餐时间时，在车站候车的旅客由车站免费为旅客供餐；在列车上逢用餐时间的，根据时间由中途或到达局客调安排车站向列车提供食品，列车免费为旅客供餐。免费供餐费用列入运输成本。需要餐饮公司免费提供食品的，餐饮公司应当积极配合。所用食品凭列车长签认单按成本价由列车担当单位向餐饮公司支付。

2.3.3　列车运行中突发事件管理

列车运行中遇有旅客因伤、病必须临时停车抢救时，列车长通过司机向列车调度员报告情况请求临时停车。列车调度员接到报告后，应尽快确定临时停车站，并向司机和停车站下达调度命令。有关站车接到命令后，应及时做好交接和救护等准备工作，客运乘务员不下车参与处理。

列车运行中发生火灾爆炸时，列车乘务人员应当立即使用紧急制动阀停车，并将旅客疏散到安全车厢，有防火隔断门的，应当关闭防火隔断门，并将情况通报司机及列车长、乘警，司机和列车长应当迅速启动应急预案。

运行中必须更换车底时，司机根据调度命令立即转告列车长并原则上应在车站更换。车站应当与列车一起组织旅客换车。只能在区间换车时，列车长接到司机通知后，以本务列车长为主，组织旅客安全换车。

2.3.4　应急保障

铁路局应当有技术设备条件、卫生状况、服务备品随时处于运营标准的热备动车组和乘务人员，以备应急。特殊情况下使用非动车组列车替代时，有关车站应备足票款、开足窗口，及时为旅客退还车票差价款。

启用热备车底时，列车调度员（动车调度）应通知客调、辆调、机调和客运处、机务处、车辆处，客调应通知相关站段和餐饮、保洁公司。

✅ **知识链接**

200～250 千米/时动车组突发事件客运应急救援工作程序

本工作程序适用于 200～250 千米/时动车组发生火灾爆炸事故时信息报告、旅客疏散、伤员救护、饮食供应等应急处置。

1. 信息报告

各级客调为接受报告和继续报告责任人。客调值班电话为地区号+24814。

2. 应急处置

发生火灾爆炸事故，现场工作人员要按以下规定处置。

（1）立即停车。运行中发生火灾时，发现火情的列车乘务员应立即按下报警按钮、紧急停车按钮或拉下紧急制动阀。紧急制动停车时，应注重避开桥梁、隧道、重要建筑物、油库和居民集中居住区。

（2）疏散旅客。列车紧急制动后，发现情况的乘务员应迅速报告列车长和乘警，传递信息时应注意避免引起旅客恐慌，防止事态扩大，并迅速组织旅客疏散到临近车厢或安全地带。对仍处在危险中的旅客要首先抢救使其脱离险境。对已经疏散的旅客，严禁返回事故车厢。

（3）迅速扑救。列车长、乘警在接到报告后，应立即组织人员赶赴现场，迅速判明原因，切断火源，本着先人员后财产的原则，统一指挥扑救。

（4）救护伤员。发现有人员受伤，应将伤者转移到安全处所，及时拨打 120 急救电话请求救护，并根据具体情况由红十字救护员或旅客中的医务工作者采取止血、简易固定、包扎等现场初期救护措施，为医院救治创造条件。

（5）及时报告。站长（在区间为列车长）应当尽快向事故发生地铁路局列车和客运调度员报告情况。报告内容主要包括车次、时间、区间、事故初步判断和是否需要救援。铁路运输企业应当根据事故等级及时、逐级向上级和地方政府报告。

（6）维持秩序。乘警应当采取措施，维护现场秩序，视情况需要设置警戒区，禁止实施救援以外的人员进入（对持有机要交通专用证，抢救保护机要文件的机要交通人员除外）。

乘务员要配合乘警，共同维护秩序，稳定旅客情绪，以免发生混乱。

（7）防止扩大。事故如果影响邻线行车或暂时不能恢复行车需要在本列车后方设置防护时，列车长应当按规定听从司机的指挥，处理有关行车、列车防护等事宜，以防止扩大事故损失和影响。

（8）保护证据。对事故现场和有关证据材料要采取有效措施妥善保护。除因救护伤员、开通列车等需要外，不得擅自移动现场任何物品。因上述原因必须移动现场物品时，应当绘制现场原状草图或拍摄照片。

（9）协助调查。列车乘务人员要积极协助公安人员了解情况，提供线索、协助调查。同时，要认真清点疏散旅客和伤员人数及伤害程度，登记旅客姓名、性别、年龄、单位、地址、国籍、车票、身份证号、其他证件及随身携带物品。

（10）确保供应。铁路各有关部门应当本着尽快开通运输的原则实施事故救援，具备开通条件的应当及时开通运输。如果短时间内不能开通，列车长应组织好对旅客的饮食供应并照顾好重点旅客。列车上食物储备不够时，应及时报告列车滞留所在地铁路局客调和附近车站，列车工作人员应提示旅客不买无证商贩的食品。

练 习 题

一、填空题

1．《动车组旅客运输管理暂行办法》由铁道部铁运〔2008〕128号文件发布，自_____年_____月_____日起施行。

2．旅客运输有关部门应当吸收科学先进的运营管理和服务模式，树立_____的服务理念，创造动车组全新的品牌形象。

3．列车乘务组由列车长、_____、_____和随车机械师组成。

4．客运乘务组由_____名列车长和_____名列车员组成，动车组重联时，按两个乘务组配备。

5．站车客运人员应当具备_____文化程度，能够熟练使用计算机和站车相关设备设施，掌握服务类常用英语会话，具有良好的语言文字表达能力和服务技巧。

6．遇特殊情况需要餐饮、保洁人员便乘接车时，应当由铁路局客运处添发_____乘车。

7. 时速＿＿＿＿＿＿＿的客运专线动车组和直通动车组列车不得超员。

8. 有动车组停靠或通过的车站，应当对跨线候车室窗户或天桥进行封闭管理并有＿＿＿＿＿＿＿等相应的安全提示。

二、选择题

1. 持有各种铁路乘车证的铁路员工允许乘坐时速（　　）千米的动车组二等车，但须办理签证后乘车。

　　A．200　　　　　　B．250　　　　　　C．300　　　　　　D．350

2. 运行时间在（　　）小时以内的列车，一般只播迎送词、服务设备介绍、安全提示、站名和背景音乐。

　　A．1　　　　　　B．2　　　　　　C．3　　　　　　D．4

3. 动车组列车销售的食品和商品应当明码标价、一货一签，并有（　　）标记。

　　A．"ISO"　　　　B．"CRA"　　　　C．"CH"　　　　D．"CRH"

4. 站车客运人员要求女性身高一般不低于（　　）米，男性身高一般不低于（　　）米。

　　A．1.55，1.65　　B．1.60，1.70　　C．1.65，1.70　　D．1.65，1.75

5. 铁路局管内短途一等座车不得超员，二等座车最高超员率为（　　）。

　　A．10%　　　　　B．20%　　　　　C．30%　　　　　D．35%

6. 列车运行晚点超过（　　）分钟时，司机应当将原因及时通知列车长，列车长应当按照晚点处置有关规定向旅客说明情况，做好安全宣传并向旅客致歉。

　　A．5　　　　　　B．10　　　　　　C．15　　　　　　D．20

7. 列车运行中遇有旅客因伤、病必须临时停车抢救时，列车长通过司机向（　　）报告情况请求临时停车。

　　A．列车乘务员　　B．乘警　　　　　C．随车机械师　　D．列车调度员

8. 列车晚点（　　）小时以上并逢用餐时间时，在车站候车的旅客由车站免费为旅客供餐。

　　A．1　　　　　　B．2　　　　　　C．3　　　　　　D．4

三、简答题

1. 简述客运乘务组的基本构成及主要职责。
2. 简述动车组站车客运人员的具体要求。
3. 动车组列车晚点的应急管理内容是什么？
4. 简述 200～250 千米/时动车组突发事件客运应急救援工作程序。

第 3 章

高速铁路客运运价

■ **学习目标**

1. 了解动车组票价的定价依据。
2. 掌握动车组不同席别公布票价的计算。
3. 掌握动车组列车特殊人群的票价计算。
4. 掌握票价执行的相关规定。
5. 熟悉客运杂费的管理办法。
6. 掌握客运杂费的收费标准。

《铁路客运运价规则》是铁道部发布的公告，1997 年 12 月 1 日开始实施。

国家铁路的旅客票价率和行李、包裹运价率由国务院铁路主管部门拟定，报国务院批准。客运杂费由国务院铁路主管部门规定。经国务院铁路主管部门商国家物价主管部门同意，特殊区段可实行特殊运价。在国务院批准的价格内，经国家物价主管部门同意，国务院铁路主管部门可根据运输市场的需求实行浮动价格；对在铁路局内运行的旅客列车的票、运价，可根据具体情况，赋予铁路局自行浮动的权力。

除另有规定者外，《铁路客运运价规则》是计算国家铁路的旅客、行李、包裹运输费用的基本依据。

3.1

动车组票价

在 2016 年之前，火车票价主要由国家发展和改革委员会制定。根据《铁道部关于取消强制保险后动车组列车票价》（铁运电〔2012〕102 号）、《关于动车组票价有关事项的通知》（铁运电〔2007〕75 号）、《关于动车组软卧票价有关事项的通知》（铁运电〔2008〕135 号）、《关于动车组高级软卧票价有关事项的通知》（铁运电〔2009〕108 号）、《关于明确动车组儿童卧铺票价计算有关事项的通知》（运营运价电〔2009〕3348 号）、《关于确定 CRH1、CRH2 和 CRH5 型动车组座车等级为软座车的通知》（运装客车〔2007〕169 号）的规定，动车组列车票价水平及相关事项具体如下。

3.1.1　定价依据

按《国家计委关于高等级软座快速列车票价问题的复函》（计价管〔1997〕1068 号）的规定，旅行速度达到每小时 110 千米以上的动车组列车软座票价基准价为每人公里一等座车 0.3366 元，二等座车 0.2805 元，可上下浮动 10%。

按《国家计委关于广深铁路运价的复函》（计价管〔1996〕261 号）的规定，广深线开行的动车组列车票价可在国铁统一运价为中准价上下浮动 50% 的基础上，再上下浮动 50%，由企业自主定价。

3.1.2　动车组公布票价

动车组是指运行速度在 200 千米/时及以上的列车。

1. 普通动车组座车公布票价

普通动车组座车公布票价的计算公式为

一等座车公布票价 = 0.3366 ×（1＋10%）× 运价里程
二等座车公布票价 = 0.2805 ×（1＋10%）× 运价里程

广深线上的动车组列车公布票价由企业在规定水平内自行确定。例如，京津城际铁路是中国第一条运行速度达 350 千米/时的高铁，其运营初期的全程票价是按照京津既有线里程（137 千米），在高等级软座快速列车费率（二等座 0.2805 元/千米，一等座 0.3366 元/千米）基础上上浮 50% 制定的。其计算公式为

二等座票价 = 137 × 0.2805 ×（1＋50%）= 57.64275 ≈ 58（元）
一等座票价 = 137 × 0.3366 ×（1＋50%）= 69.1713 ≈ 69（元）

2. 普通动车组软卧公布票价

普通动车组软卧公布票价的计算公式为

软卧上铺公布票价＝0.3366×（1＋10%）×1.6×运价里程

软卧下铺公布票价＝0.3366×（1＋10%）×1.8×运价里程

3. 普通动车组高级软卧公布票价

普通动车组高级软卧公布票价的计算公式为

高级软卧上铺公布票价＝0.3366×（1＋10%）×3.2×运价里程

高级软卧下铺公布票价＝0.3366×（1＋10%）×3.6×运价里程

4. 普通动车组列车特等座、商务座等席别公布票价

按不同席别占用面积和既有动车组列车票价，时速 200～250 千米的动车组列车特
等座、商务座、一等包座、观光座公布票价的计算公式为

特等座公布票价＝0.2805×（1＋10%）×1.8×运价里程

商务座公布票价＝0.2805×（1＋10%）×3×运价里程

一等包座、观光座按特等座公布票价执行。

5. 时速 300～350 千米动车组列车票价

对时速 300 千米及以上动车组列车实行票价浮动。

3.1.3　特殊人群票价

1. 动车组列车学生票价

学生票可享受动车组列车二等座票价优惠。动车组列车学生票价按二等座公布票价
的 75% 计算。

新生凭录取通知书、毕业生凭学校书面证明可购买一次学生票。

当计算出的动车组学生优惠票价高于动车组折扣票价时，动车组学生优惠票价按动
车组折扣票价执行。例如，北京—上海途经天津西站的 D31 次列车，二等座公布票价为
400 余元，目前执行的折扣价格为 7.2 折，但学生优惠票按公布票价的 75% 计算，相当
于 7.5 折，优惠票价高于动车组折扣票价，故按折扣票价执行。

2. 动车组列车儿童票价

按《铁路旅客运输规程》等有关规定享受减价优待的儿童、学生、伤残军人乘坐动
车组时，其票价均以公布票价为基础计算。

（1）动车组软座儿童票价按公布票价的 50% 计算。

（2）动车组软卧儿童票＝动车组软卧公布票价－动车组一等座公布票价÷2。

依据《关于明确动车组儿童卧铺票价计算有关事项的通知》，在运价里程不足 400

千米时，公式中扣减的动车组一等座公布票价均按 400 千米处公布票价计算。例如，上海—南京线路里程约 304 千米，动车组软卧下铺公布票价是 200 元，301 千米处一等座公布票价 112 元，400 千米处一等座公布票价 149 元。则动卧儿童票价＝200－149÷2＝125.5（元）。

当计算出的动车组儿童优惠票价高于动车组折扣票价时，动车组儿童优惠票价按动车组折扣票价执行。

3. 动车组列车伤残军人票价

（1）动车组软座、软卧伤残军人票价按公布票价的 50% 计算。

（2）当计算出的动车组伤残军人优惠票价高于动车组折扣票价时，动车组伤残军人优惠票价按动车组折扣票价执行。

知识链接

铁路旅客意外伤害险

按照《国务院关于修改和废止部分行政法规的决定》（国务院令第 628 号）的规定，《铁路旅客意外伤害强制保险条例》自 2013 年 1 月 1 日废止。

铁路旅客意外伤害险是强制投保险种，保险费包含在旅客交纳的车票价款中，金额为基本评价的 2%，并以旅客所持的客运车票为凭证。保险责任期间自来客检票进站后开始，至其抵达旅程终点缴销车票出站时终止，如需搭乘接送旅客的其他交通工具时，该运送期间也包括在保险期限内。

铁路旅客意外伤害是指铁路旅客持免费乘车证或有效客票自进站加剪后开始至到达终点站缴销车票时为止，遭受非自身责任的外来剧烈及明显的意外伤害（包括战争所致）。

运 价 里 程

计算旅客票价时，并不是完全按运输里程逐一计算的，而是考虑旅客较合理的值付票价，将运输里程分为若干区段，对同一里程区段，核收同一票价。

计算运价所应用的里程，称为运价里程。运价里程分为客运运价里程和货运运价里程。全路的客运运价里程以国务院铁路主管部门公布的《铁路客运运价里程表》为计算依据。

确定客运运价里程的依据如下：首先，从汉语拼音或笔画站名首站索引表中，查出站名索引表的页数；其次，从站名索引表中查出发、到站的里程表页数，并从站名里程表中确认到站有无营业办理限制；最后，根据规定的或旅客指定的乘车径路和乘坐列车车次，从铁路客运运价里程表中查出乘车里程，或分段计算出全部乘车里程，如发、到站在同一线路上时，用两站到本线路起点或终点的里程相减，即可求出两站间的里程；如发、到站跨及两条及以上线路时，应按规定的接算站接算。

高铁客票的起码里程是 20 千米，不足 20 千米的短途车票一律按 20 千米计费。

递远递减原则

如果乘车里程非常长，那么随着距离的增加，票价的基价会有所降低。

以北京—广州的 G65 次为例，全程是 300 千米/时的线路：

北京西—石家庄，128.5 元，281 千米，0.46 元/千米；

北京西—郑州东，309 元，693 千米，0.45 元/千米；

北京西—武汉，520.5 元，1229 千米，0.42 元/千米；

北京西—长沙南，649 元，1591 千米，0.41 元/千米；

北京西—广州南，862 元，2298 千米，0.38 元/千米。

并非所有线路所有车次都遵循这个原则，例如，上海虹桥—成都东的 D636 次就不符合递远递减的原则。

票 价 表

票价表是实际执行票价的汇总表，所有线路的票价最终都是查票价表得出的，基价×分段里程的算法只是铁路部门在定价过程中的参考，实际购票时仍然以票价表为准。

一些线路（如京沪高铁、沪宁高铁）的全部或部分席别按"三七作五、二八归零"原则将票价修约为 5 元的倍数。

按照《国务院关于修改和废止部分行政法规的决定》（国务院令第 628 号）规定，《铁路旅客意外伤害强制保险条例》（1951 年 4 月 24 日政务院财政经济委员会发布）自 2013 年 1 月 1 日起废止。按此，国家铁路局对《铁路旅客票价表》进行了修订，《铁道部关于重新公布〈旅客票价表〉的通知》（铁运函〔2012〕302 号）由铁道部于 2012 年 1 月 1 日发布，自 2013 年 1 月 1 日起施行。铁道部前发《旅客票价表》（铁运函〔2000〕435 号）同时废止。

3.1.4 浮动票价

《铁道部关于取消强制保险后动车组列车票价》（铁运电〔2012〕102 号）由铁道部于 2012 年 12 月 18 日发布，自 2013 年 1 月 1 日起施行。铁道部前发《关于旅客票价计算等相关事项的通知》（铁运电〔2010〕110 号）第一项内容同时废止。依据《铁道部关于取消强制保险后动车组列车票价》（铁运电〔2012〕102 号）及《关于旅客票价计算等相关事项的通知》（铁运电〔2010〕110 号）第二、三项内容，浮动票价的计算及相关事项规定如下。

（1）票价浮动时动车组列车以公布票价、其他列车以《旅客票价表》公布的票价为基础，按下列公式计算：

$$浮动票价 = 公布票价 \times (1 + \alpha)$$

式中，α 为上下浮动幅度，当下浮时，α 为负数。

（2）实行票价浮动的列车，均按上述第一项计算确定的浮动票价为该列车应收票价。对无票人员补收票款、按规定加收票款及退票核收退票费等情况，应按上述应收票价计算有关票款。

（3）按规定旅客变更席别、车次、径路等产生票价差额需退还时，票价差额按联合票价"应收－已收"原则计算。"应收"是指旅客变更前已乘及变更后将乘列车区间及席位按联合票价计算确定的票价，"已收"是指变更前原票面载明的列车区间及席位的票价。

知识链接

关于新建高速铁路动车组列车下浮票价的通知

（铁运电〔2011〕108 号）

各铁路局：

为贯彻落实国务院常务会议精神，增加高铁安全冗余，对降速运营的京津城际线、沪昆高速线沪杭段、宁蓉线合宁段和合武段、石太客专线获太段、昌九城际线、海南东环线、沪深线甬厦段、长吉城际线和既有线提速区段上开行的动车组列车，各席别票价在现行票价基础上下浮 5%，不足 1 元的尾数按四舍五入处理。

京津城际线和海南东环线票价下浮自 8 月 16 日起执行，其他线路自 8 月 28 日起执行。

铁道部

二〇一一年八月十二日

3.1.5 票价执行

（1）普通动车组座车票价可按公布票价打折，但应符合下列条件。

① 根据不同区域、不同季节、不同时段的市场需求，实行不同形式的打折票价。

② 二等座车公布票价打折后不得低于相同运价里程的新空软座票价。在短途，公布票价低于新空软座票价时，按公布票价执行。70 千米及以下运价里程的动车组不进行任何形式打折优惠，一律按公布票价执行。

③ 经过相同径路、相同站间、相同时段，不同车次应执行统一票价。

④ 同一车次，各经停站的票价在里程上不能倒挂。

⑤ 一等座车与二等座车的比价为 1：（1.2～1.25）。

（2）动车组软卧票价可按公布票价打折，但打折后不得低于相同运价里程的新空软卧票价。

（3）动车组高级软卧票价可按公布票价打折，但打折后不得低于相同运价里程的动车组软卧票价。

（4）动车组特等座、商务座、一等包座、观光座票价可按公布票价打折，但特等座折后票价不应低于一等座公布票价，商务座折后票价不应低于特等座公布票价。

（5）其他有关票价执行、管理权限和公布等均按《关于动车组票价有关事项的通知》（铁运电〔2007〕75号）和《铁路客运运价规则》等规定执行。

3.1.6　管理权限

公布票价由交通运输部决定。

折扣票价由铁路运输企业决定，并在公布前3天报交通运输部备案，但跨局开行的动车组列车、折扣率需低于6折时、铁路运输企业之间意见有分歧时，铁路运输企业要在公布前10天报交通运输部备案。

公布票价的折扣率和折后票价由上车站所在铁路局提出车次别、发到站别的动车组列车点到点票价，商有关担当铁路局后，按管理权限执行。

3.1.7　公布

按列车开行日期，至少提前7天在车站营业场所向旅客公布点到点公布票价，不公布价率。实行打折优惠时，车站除公布公布票价外，还要及时公布车次别点到点票价的折扣率和折后票价。

公布票价打折时，在票面上打印"折"字。

案例分析

无座票按列车最低票价执行

2013年1月，朱明建购买了一张从广州—河源的K229次列车无座火车票，票价为32.50元。但他发现，该列车的硬座票也是32.50元，站票和座票享受的服务待遇差别很大，但价格却一样，他觉得很不合理。于是，他在1月24日填写了铁道部信息公开申请表并快递给铁道部，要求铁道部公开"火车票的座票和站票是同一个价格的依据是什么，能否实行差价"，以及公开"2013年火车票网络购票、电话购票、窗口购票是否有预留比例，各占多少"。

思考： 火车票的座票和站票是同一个价铁的依据是什么？能否实行差价？

分析： 铁路客运票价执行的依据是《铁路客运运价规则》（铁运〔1997〕102号）、《铁路旅客票价表》（铁运〔2012〕302号）等相关规定。有关文件均已按规定程序向社会公布，铁路运输企业已通过车站公告、12306.cn网站等多种方式向社会公开了旅客列车具体票价水平。

长期以来，每当遇有节假日等铁路客运能力无法满足旅客出行需求的情况时，铁路运输企业应旅客急需并明确告知后，发售无座号车票，为此，铁路运输企业加大了投入，以保障运输安全。铁路客票发售是铁路运输企业的经营行为，售票信息不属于铁路总公司政府信息范畴，票价按该列车最低票价执行。

3.2

客 运 杂 费

客运杂费是指在铁路运输过程中,除旅客车票票价、行李包裹运价以外,铁路运输企业向旅客、托运人、收货人提供的辅助作业、劳务及物耗等所收的费用。

3.2.1　铁路旅客及行李包裹运输杂费管理办法

《铁路旅客及行李包裹运输杂费管理办法》由铁道部于 1991 年 11 月 21 日颁布,自 1992 年 1 月 1 日起实行。其适用于国家铁路,由铁道部负责解释。

（1）为贯彻执行《铁路法》,加强铁路旅客及行李包裹运输杂费（以下简称客运杂费）的统一管理,特制定《铁路旅客及行李包裹运输杂费管理办法》。

（2）铁路在旅客及行李包裹运输过程中,向旅客及行李包裹托运人、收货人提供辅助作业付出劳务,以及运输契约外占用铁路设备用具等所发生的费用或旅客、托运人、收货人违章所加收的款额均属客运杂费。客运杂费属铁路旅客运输收入的组成部分。

（3）客运杂费应依据成本、被作业物品价值、地区价格差异及运输条件的制约等因素,本着统一管理的基本原则并兼顾地区差别,因地制宜,合理收费。

（4）客运杂费的收费项目、收费标准及核收条件按照《铁路旅客及行李包裹运输规程》规定及铁道部下发的有关文件办理。如果有新产生并有确立必要的杂费项目,由铁路局拟定标准报铁道部核定。

（5）客运杂费的收费项目和收费标准,由铁道部根据国家政策、法令统一规定,归口管理。其他部门或单位均不得制定客运杂费的收费项目和收费标准。

（6）客运杂费的实行或修订,由铁道部以部文下达并在《铁路旅客运输专刊》上公布。各车站应将收费项目、服务内容和收费标准在其营业场所公布,未经公布不得施行。

（7）核收客运杂费的票据,属铁路旅客及行李包裹运输专用票据,其式样规格及用途,由铁道部在《铁路旅客及行李包裹运输规程》中规定,上述票据由铁路运营主管部门统一印制和管理,其他单位不得印制和使用。严禁伪造和倒卖上述票据。

（8）核收客运杂费,应按规定收费项目实际发生的内容收费,未发生的项目或未付出相应的劳务不准收费,更不准随意扩大、曲解收费范围。发生多收、少收、漏收杂费时,根据实际情况按照铁路有关规定办理退补,无法退还的应上缴。

（9）铁路局、分局要加强对客运杂费的收费及票据管理的监督检查,发现问题及时纠正,情节严重的应追究责任。

发现下列情况之一时，可视情节轻重，对违章单位和个人处以违章收入 5 倍以内的罚款。

① 擅自增设客运杂费收费项目或提高收费标准。

② 违反或改变收费条件。

③ 使用自行印制的收费票据。

④ 截留客运杂费收入。

本项罚款属个人责任的，从个人奖金中扣除；属单位的，从违章单位留利中扣除。对情节特别严重、造成重大影响的，要追究单位领导责任，构成经济犯罪的要依法处理。

（10）各运输营业单位要严格划分运输主业与多种经营的界限，属于运输主业经营的收费项目，不得转为多种经营，如有发生，按截留客运杂费收入处理。

3.2.2 客运杂费的种类

1. 付出劳务所核收的费用

付出劳务所核收的费用包括搬运费、送票费、手续费等。车站开展携带品搬运服务业务时，可核收搬运服务费。

2. 违反运输规定所核收的费用

违反运输规定所核收的费用包括各种无票乘车加收的票款及违章运输加倍补收的运费等。

3. 使用有关单据及其他用品所核收的物耗费用

使用有关单据及其他用品所核收的物耗费用包括货签费、安全标志费、其他用品等。

4. 为加强资金与物资管理所核收的费用

为加强资金与物资管理所核收的费用包括保价费、保管费等。车站开展携带品暂存服务业务时，可核收暂存费。

3.2.3 客运杂费的收费项目和收费标准

客运杂费的收费项目和收费标准由国务院铁路主管部门制定，部分客运杂费的收费项目和收费标准见表3-1。

表 3-1 客运杂费的收费项目和收费标准

收费项目	计费条件	收费标准	备注
手续费	列车上补票	2 元/人次	—

续表

收费项目	计费条件	收费标准	备注
退票费	按每张车票面额计算	开车前 15 天（不含）以上退票的，不收退票费。票面乘车站开车前 48 小时至 15 天内退票的，收取 5%退票费；开车前 24 小时至 48 小时内退票的，收取 10%退票费；开车前不足 24 小时及开车后的，收取 20%退票费	尾数以 5 角为单位，不足 2.5 角的尾数舍去、2.5 角以上小于 7.5 角的，计为 5 角，7.5 角以上的进整为 1 元。最低按 2 元计收
车票快递费	在服务区内的订票送票业务	按照地区不同收取费用，15～25 元/件不等	一件快递中不能超过 5 张车票，且仅限在一个地区
铁路客票销售服务费	在服务区内的订票送票业务	每张客票最高不得超过 5 元	—

知识链接

行李搬运服务收费标准

高铁站行李搬运服务的提供方不是同一公司，收费标准会有差异，以当地为准。例如，京沪高铁北京南站小红帽行李搬运服务收费标准为小件 5 元，中件 10 元，大件 20 元。具体规定如下。

（1）行李搬运服务以旅客自愿为原则。

（2）服务范围为北京南站进出站口、候车区到站台车厢门口。

（3）旅客携带行李长、宽、高相加 60 厘米以上 90 厘米以内的为小件，每件收费 5 元。

（4）旅客携带行李长、宽、高相加 90 厘米以上 120 厘米以内，重量在 20 千克以下的为中件，每件收费 10 元。

（5）旅客携带行李长、宽、高相加 120 厘米以上 160 厘米以内，重量在 20 千克以下的为大件，每件收费 20 元。

（6）旅客携带行李物品不符合铁路运输管理规定，北京南站不予提供服务，旅客须联系其他部门协助解决。

行李寄存收费标准

不同地方的高铁站行李寄存服务收费标准不同，以当地为准。

北京南站的行李寄存处设在二层候车区北安检处的东、西两侧及地下一层东一、东二通道内，有大号、中号两种规格寄存柜，大号柜可以放拉杆行李箱，旅客可根据行李大小选择不同规格的寄存柜存放。寄存收费标准如下。

中号柜：0～7 小时内 10 元，0～12 小时内 15 元，0～24 小时内 25 元。

大号柜：0～7 小时内 15 元，0～12 小时内 25 元，0～24 小时内 40 元。

3.3

关于改革完善高铁动车组旅客票价政策的通知

《关于改革完善高铁动车组旅客票价政策的通知》（发改价格〔2015〕3070 号）由国家发展和改革委员会于 2015 年 12 月 23 日发布，自 2016 年 1 月 1 日起执行。凡与本通知不相符的有关规定，以本通知为准。执行中出现的问题，及时报告国家发展和改革委员会。

2008 年以来，部分高铁动车组实行铁路运输企业自主制定试行票价，市场运行总体平稳，对促进旅客运输市场竞争、提升铁路客运服务水平、方便群众快捷舒适出行、吸引社会资本投入铁路建设等发挥了重要作用。依据《中华人民共和国价格法》（以下简称《价格法》）、《铁路法》、《中共中央国务院关于推进价格机制改革的若干意见》（中发〔2015〕28 号）和《中央定价目录》等规定，就改革完善高铁动车组旅客票价政策、同步加强价格行为监管有关事项通知如下。

（1）对在中央管理企业全资及控股铁路上开行的设计时速 200 千米以上的高铁动车组列车一等座、二等座旅客票价，由铁路运输企业依据价格法律法规自主制定；商务座、特等座、动卧等票价，以及社会资本投资控股新建铁路客运专线旅客票价继续实行市场调节，由铁路运输企业根据市场供求和竞争状况等因素自主制定。

（2）铁路运输企业制定高铁动车组一等座、二等座旅客票价时，应当制定无折扣的公布票价（以下简称公布票价），同时，可根据运输市场竞争状况、服务设施条件差异、客流分布变化规律、旅客承受能力和需求特点等实行一定折扣，确定实际执行票价。公布票价和实际执行票要按照明码标价制度规定，及时通过网络和售票窗口等渠道告知旅客。制定公布票价应当在售票前对外公告，调整公布票价应当提前 30 天对外公告。

对符合《中华人民共和国警察法》《军人抚恤优待条例》规定条件的伤残军人、人民警察及符合《铁路旅客运输规程》规定条件的学生，分别按照现行规定幅度实行票价优惠。

（3）铁路运输企业要依据《价格法》《铁路法》等法律法规规定，按照"合法、公平、诚信"原则，建立健全高铁动车组票价内部管理制度，明确制定、调整公布票价、执行票价的办法；要建立健全高铁动车组运输成本核算制度，强化内部成本管理，自觉规范定价行为。

（4）铁路运输企业要完善运输组织，保证与高铁动车组同方向的其他旅客列车种类不减少，并合理安排运力投入。要加强管理，优化客票销售、旅客进出站等服务流程，切实提升服务质量，不断满足广大旅客出行需要。

（5）中国铁路总公司要加强对高铁动车组票价和运输市场供求变化的监测分析，建立统计分析制度和评估体系，按季度将高铁动车组公布票价、执行票价、各区段旅客运量、旅客运输周转量和票价收入变动情况书面报告国家发展和改革委员会。要加强对所属铁路运输企业、客票销售代理单位的信用管理，研究推动建立企业信用信息共享平台，及时主动公开信用记录，接受社会监督。

（6）各级价格主管部门要加强对铁路运输企业价格行为的监督检查，依法查处价格欺诈、标价外另行收费、不执行优惠票价政策、不执行明码标价规定等各类价格违法行为，维护市场正常价格秩序。要充分发挥 12358 价格举报系统的作用，鼓励社会共同参与价格监督，认真及时查处群众举报。

练 习 题

一、填空题

1．动车组列车学生票票价规定中，新生凭＿＿＿＿＿可购买一次学生票。

2．当计算出的动车组伤残军人优惠票价高于动车组折扣票价时，动车组伤残军人优惠票价按＿＿＿＿＿票价执行。

3．票价执行管理规定，二等座车公布票价打折后不得低于相同运价里程的＿＿＿＿＿票价。

4．动车组软座、软卧伤残军人票价按公布票价的＿＿＿＿＿计算。

5．开车前＿＿＿＿＿天（不含）以上退票的，不收退票费。

6．《关于改革完善高铁动车组旅客票价政策的通知》自＿＿＿＿＿年＿＿＿＿＿月＿＿＿＿＿日起执行。通知规定，对在中央管理企业全资及控股铁路上开行的设计时速 200 千米以上的高铁动车组列车一等座、二等座旅客票价，由依据价格法律法规自主制定。

7．票价浮动时，动车组列车浮动票价的计算以＿＿＿＿＿为基础。

二、选择题

1．按《国家计委关于广深铁路运价的复函》（计价管〔1996〕261 号）的规定，广深线开行的动车组列车票价可在国铁统一运价为中准价上下浮动（　　）的基础上，再上下浮动（　　），由企业自主定价。

A．20%，20%　　　B．30%，50%　　　C．50%，50%　　　D．50%，60%

2．学生票可享受动车组列车二等座票价优惠。动车组列车学生票票价按二等座公布票价的（　　）计算。

A．25%　　　　B．50%　　　　C．65%　　　　D．75%

3．动车组软座儿童票价按公布票价的（　　）计算。

A．25%　　　　B．50%　　　　C．65%　　　　D．75%

4．公布票价由交通运输部决定。折扣票价由铁路运输企业决定，但是当铁路运输企业之间意见有分歧时，铁路运输企业要在折扣票价公布前（　　）天报交通运输部备案。

A. 5 B. 10 C. 20 D. 30

5. 票面乘车站开车前 48 小时至 15 天内退票的，收取（　　）退票费。

A. 5% B. 10% C. 15% D. 20%

6. 票面乘车站开车前 24 小时至 48 小时内退票的，收取（　　）退票费。

A. 5% B. 10% C. 15% D. 20%

7. 铁路异地售票手续费，每张车票最高不超过（　　）元。

A. 2 B. 5 C. 10 D. 15

三、简答题

1. 简述动车组票价的定价依据。

2. 动车组列车特殊人群票价有哪几种？分别是怎么计算的？

3. 简述票价执行的相关规定。

4. 客运杂费可以分为哪几种？

5. 描述三种客运杂费的收费标准。

第4章

高速铁路旅客运输

学习目标

1. 熟悉铁路旅客运输合同的相关内容。
2. 掌握旅客及承运人的权利和义务。
3. 了解车票的作用、分类及有效期。
4. 掌握车票发售的相关规定。
5. 掌握实名制售票、互联网售票、电话订票的相关规定。
6. 掌握旅客乘车的基本条件及特殊情况的处理。
7. 了解车票查验的相关规定。
8. 掌握车票改签、退票、变更径路等旅行变更的相关规定。
9. 熟悉旅客携带品的相关规定。

4.1

铁路旅客运输规程和铁路旅客运输办理细则

为适应铁路旅客运输发展，铁道部于 2010 年 12 月 1 日颁布《关于公布修改〈铁路旅客运输规程〉和〈铁路旅客运输办理细则〉内容的通知》（铁运〔2010〕190 号），修改的《铁路旅客运输规程》和《铁路旅客运输办理细则》，自 2010 年 12 月 1 日起施行。

1. 铁路旅客运输规程

为了维护铁路旅客运输的正常秩序，保护铁路旅客运输合同各方当事人的合法权益，依据《铁路法》制定《铁路旅客运输规程》。《铁路旅客运输规程》适用于中华人民共和国境内的铁路旅客和行李、包裹公共运输。

《铁路旅客运输规程》规定：铁路车站有关营业处所应有相应的票价表、运价表、杂费表、时刻表、旅客须知等内容。遇有变动，须于实施前通告，未经通告不得实施。时间以北京时间为准，从零时起计算，实行 24 小时制。

以上、以下、以前、以后、以内、以外：均含本数。

在不违反《铁路旅客运输规程》原则的前提下，铁路运输企业可根据具体情况制定补充规定在企业管辖范围内实行，并报国务院铁路主管部门备案。

2. 铁路旅客运输办理细则

为规范铁路运输企业内部办理旅客及行李、包裹运送工作，依据《铁路旅客运输规程》制定《铁路旅客运输办理细则》。《铁路旅客运输规程》内定义的用语意义适用于本细则。除另有规定者外，《铁路旅客运输办理细则》适用于国家铁路和与国家铁路办理直通运输业务的其他铁路。

《铁路旅客运输办理细则》规定：客运营业站启用、封闭和变更时，由所属铁路局（含集团公司，以下同）于实施前 60 天报国务院铁路主管部门审批。车站各营业处所除应有《铁路旅客运输规程》规定的揭示内容外，为方便旅客，还应有铁路旅行常识，全国铁路营业站示意图，严禁携带危险品进站、上车的图例或文字说明，列车开车、中转换乘时刻，全国主要站中转换乘时刻表。在候车区域或上、下车通道应设有相应的车次、车厢顺号指引牌、检票车次牌等导向标志。行李包裹承运处应有行包托运须知、行包包装标准、禁止托运和夹带违禁品的图例或文字说明、服务项目等。

要本着旅客至上的原则，坚持人民铁路为人民的服务宗旨，周到热情地为旅客服务。对旅客在旅行中发生的困难应千方百计予以解决。

站车服务设施和引导标志应采用《铁路客运服务图形标志》或国家标准规定的图形标志。标准没有规定时，自行设计的标志应易于识别并附加汉字。

在不违反《铁路旅客运输办理细则》的前提下，各铁路局可根据具体情况制定补充规定在铁路局管内实行。补充规定须报国务院铁路主管部门备案。

4.2 车　票

4.2.1　铁路旅客运输合同

1. 基本含义

铁路旅客运输合同是明确承运人与旅客之间权利义务关系的协议。起运地承运人依据本规程订立的旅客运输合同对所涉及的承运人具有同等约束力。

铁路旅客运输合同从售出车票时起成立，至按票面规定运输结束旅客出站时止，为合同履行完毕。旅客运输的运送期间自检票进站起至到站出站时止计算。

2. 乘车凭证

铁路旅客运输合同的基本凭证是车票。除车票外，还可以持铁路乘车证和特种乘车证乘车。

（1）铁路乘车证包括以下几种。

① 硬席全年定期乘车证。

② 软席全年定期乘车证。

③ 硬席临时定期乘车证。

④ 软席乘车证。

⑤ 硬席乘车证。

⑥ 就医乘车证。

⑦ 通勤乘车证。

⑧ 便乘证。

⑨ 探亲乘车证。

（2）特种乘车证包括以下几种。

① 全国铁路通用乘车证。

② 中央和各省、市、自治区机要部门使用的软席乘车证（限乘指定的乘车位置）。

③ 邮政部门使用的机要通信人员免费乘车证，包括押运员、检查员（只限乘坐邮车及铁路指定的位置）。

④ 邮局押运人员免费乘车证（只限乘坐邮车及铁路指定的位置）。

⑤ 邮局视导员免费乘车证（只限乘坐邮车及铁路指定的位置）。

⑥ 口岸站的海关、边防军、银行使用的往返免费乘车书面证明。

⑦ 我国铁路邀请的外国铁路代表团使用的中华人民共和国铁路免费乘车证。

⑧ 用于到外站装卸作业及抢险的调度命令。

为了加强对铁路运输企业执行国家政策法令的监督，国务院铁路主管部门邀请的其他政府部门和新闻单位检查铁路工作时，凭全国铁路免费乘车证可乘坐除国际列车以外各种等级、席别的列车。全国铁路免费乘车证由国务院铁路主管部门制发和管理。

3. 时效

铁路旅客运输合同从售出车票时起成立，至按票面规定运输结束旅客出站时止，为合同履行完毕。旅客运输的运送期间自检票进站起至到站出站时止计算。

4. 关于拒绝运送和运输合同终止的规定

（1）对无票乘车而又拒绝补票的人，列车长可责令其下车并编制客运记录（指在旅客或行李、包裹运输过程中因特殊情况，承运人与旅客、托运人、收货人之间需记载某种事项或车站与列车之间办理业务交接的文字凭证）交县、市所在地车站或三等以上车站处理（其到站近于上述到站时应交到站处理）。车站对列车移交或本站发现的上述人员应追补应收和加收的票款，核收手续费。

（2）对违反国家法律、法规，在站内、列车内寻衅滋事、扰乱公共秩序的人，站、车均可拒绝其上车或责令其下车；情节严重的送交公安部门处理；对未使用至到站的票价不予退还，并在票背面做相应的记载，运输合同即行终止。

4.2.2 旅客的权利和义务

旅客是指持有铁路有效乘车凭证的人和同行的免费乘车的儿童。根据铁路货物运输合同，押运货物的人视为旅客。

1. 权利

（1）依据车票票面记载的内容乘车。
（2）要求承运人提供与车票等级相适应的服务并保障其旅行安全。
（3）对运送期间发生的身体损害有权要求承运人赔偿。
（4）对运送期间因承运人过错造成的随身携带物品损失有权要求承运人赔偿。

2. 义务

（1）支付运输费用，当场核对票、款，妥善保管车票，保持票面信息完整可识别。
（2）遵守国家法令和铁路运输规章制度，听从铁路车站、列车工作人员的引导，按照车站的引导标志进、出站。
（3）爱护铁路设备、设施，维护公共秩序和运输安全。
（4）对所造成铁路或者其他旅客的损失予以赔偿。

4.2.3 承运人的权利和义务

承运人是指与旅客或托运人签有运输合同的铁路运输企业。铁路车站、列车及与运营有关人员在执行职务中的行为代表承运人。

1. 权利

（1）依照规定收取运输费用。

（2）要求旅客遵守国家法令和铁路规章制度，保证安全。

（3）对损害他人利益和铁路设备、设施的行为有权制止、消除危险和要求赔偿。

2. 义务

（1）确保旅客运输安全正点。

（2）为旅客提供良好的旅行环境和服务设施，不断提高服务质量，文明礼貌地为旅客服务。

（3）对运送期间发生的旅客身体损害予以赔偿。

（4）对运送期间因承运人过错造成的旅客随身携带物品损失予以赔偿。

知识链接

造成旅客身体伤害的处理情况

1. 铁路对造成旅客身体伤害不承担责任的情况

承运人应当对铁路运送期间发生的旅客人身伤害承担赔偿责任，但伤亡是不可抗力、旅客自身健康原因造成的，或者承运人证明伤亡是旅客故意、重大过失造成的，承运人不承担责任。

在铁路旅客运送期间因第三人原因造成旅客人身损害的，由第三人承担赔偿现任。承运人有过错的，应当在能够防止或者制止损害的范围内承担相应的补充赔偿责任。承运人承担补充赔偿责任后，有权向第三人追偿。

2. 在旅行途中发生人身伤害的处理办法

旅客在乘车旅行途中，如果发生人身伤害，应及时向站、车工作人员寻求帮助。

案例分析

铁路旅客运输合同纠纷上诉案

原告孙在辰诉称他于 2017 年 2 月 1 日购买了 4 张北京—盘锦的火车票，其中 3 张为硬座火车票，每张 81 元，1 张为卧铺火车票，票价是 144 元，合计 387 元。2 月 4 日，由于临时行程变动，他到北京火车站退票窗口将这 4 张火车票办理了退票手续。火车站方面却收取了高达 77 元的退票费。

孙在辰认为：铁路旅客运输合同在购票时依法成立，《铁路旅客运输规程》第四十八条也规定，旅客可以在发站开车前，特殊情况也可以在开车后 2 小时内，退还全部票价。所以，原告依法享有退票权。在原、被告之间没有约定违约金，而原告退票行为在没有给被告造成损失的情况下，被告应退还原告全部票款。

被告北京铁路局辩称，核收孙在辰退票费是贯彻执行政府定价的行为，依法有据。《价格法》第三条第六款规定："政府定价，是指依照本法规定，由政府价格主管部门或者其他有关部门，按照定价权限和范围制定的价格。"《铁路法》第二十五条规定："国家铁路的旅客、货物运输杂费的收费项目和收费标准由国务院铁路主管部门规定。"对于《铁路旅客运输规程》第四十八条，孙在辰断章取义故意遗漏了"旅客要求退票时，按下列规定办理，核收退票费"的前提，只是引用"1.在发站开车前，特殊情况也可在开车后 2 小时内，退还全部票价……"对于该条应该全面引用。

《关于修改行包运输计费及客运杂费有关规定的通知》只是修改了其中的收费标准，对于收费和运价规则《铁路法》都已做出规定，该通知也是公之于众的。

北京铁路运输法院根据所述事实和证据认为，本案所涉退票费系国家铁路客运杂费的一种。《铁路法》第二十五条规定："……国家铁路的旅客、货物运输杂费的收费项目和收费标准由国务院铁路主管部门规定……"《铁路旅客运输规程》及《铁路客运运价规则》对退票程序、条件、客运杂费收费项目和收费标准等做出明确的规定。《关于修改行包运输计费及客运杂费有关规定的通知》规定退票费按每张车票面额计算，收费标准为 20%（四舍五入到元）。原告在铁路旅客运输合同成立后，由于自身原因不能按票面指定的日期、车次乘车，而在发站开车前要求退票，被告按车票面额 387 元的 20%核收 77 元退票费符合上述相关规定。因《铁路法》是特别法，其明确规定国家铁路的旅客运输杂费的收费项目和收费标准由国务院铁路主管部门规定，而被告作为铁路运输企业在运输经营业务中执行上述规定是正当的，并无不妥之处。故驳回原告孙在辰的诉讼请求。案件受理费 25 元，由原告孙在辰负担。

思考：旅客退票的性质、行使退票权的条件及铁路收取 20%的退票费是否合法？

分析：火车票是铁路旅客运输合同的基本凭证，受票面的限制，火车票上载明的内容（发站到站、票价、车次、乘车日期、有效期等）并非是铁路旅客运输合同的全部内容而是主要内容，合同双方的其他权利义务由国家有关铁路旅客运输的法律、法规、规章，尤其由《铁路旅客运输规程》明确加以规定，并以公开出版发行等方式向社会公众公示告知，上述相关规定视为合同的内容，双方当事人应当共同遵守。

1. 关于旅客退票的性质问题

铁路旅客运输合同是明确铁路运输企业与旅客之间权利义务关系的协议，自承运人向旅客交付客票时成立，至按票面规定运输结束旅客出站时止，为合同履行完毕。铁路旅客运输合同的基本凭证是车票，合同一经成立既具有法律效力，当事人各方不得擅自变更和解除合同。旅客购买火车票后，负有按票面上载明的日期、车次乘车并在票面规定的有效期内乘车的义务，购票后又退票的行为实质上属于解除铁路旅客运输合同的行为。

2. 关于旅客行使退票权的条件问题

按照合同约定的时间乘坐列车，既是旅客的合同权利，也是旅客重要的合同义务。旅客因自身原因不能如约乘坐的，法律允许其办理退票手续。《合同法》第二百九十五条规定，旅客因自己的原因不能按照客票记载的时间乘坐的，应当在约定的时间内办理退票或变更手续。逾期办理的，承运人可以不退票款，并不再承担运送义务。根据该条规定，旅客由于自己的原因不能按照客票记载的时间乘坐要求退票的，必须在规定的时间内提出退票请求，即提出解除合同在时间上是有限制的。因此，旅客退票的权利是附条件的权利。如果旅客不能在上述规定的时间内申请退票，则丧失该项权利。

3. 铁路收取 20% 的退票费是否合法问题

旅客由于自身原因不能如约乘坐的，法律允许办理退票手续，而退票的时间及收取的手续费，一般由有关的运输法律、法规规定。对于铁路旅客运输合同而言，与退票有关的如退票条件、程序、收费标准等相关内容，则由《铁路法》《铁路旅客运输规程》《铁路客运运价规则》等予以规定。《铁路旅客运输规程》第四十八条明确做出了旅客退票时承运人核收退票费的规定。《铁路客运运价规则》中则明确规定了退票费为客运杂费收费项目，其收费标准由国务院铁路主管部门制定，按应退票价计算，开车前不足 24 小时及开车后退票的，收取 20% 退票费。北京铁路局作为铁路运输企业，依据上述规定，在为孙在辰办理退票手续时，按车票面额 387 元的 20% 核收 77 元退票费的行为，符合法律及相关规章的规定。综上，法院判决驳回原告诉讼请求是正确的。

4.2.4 车票的票面内容、作用和分类

1. 车票的票面（特殊票种除外）内容

（1）发站和到站站名。

（2）座别、卧别。

（3）径路。

（4）票价。

（5）车次。

（6）乘车日期。

（7）有效期。

（8）实名制车票的旅客姓名及身份证号。

车票票价为旅客乘车日的适用票价。承运人调整票价时，已售出的车票不再补收或退还票价差额。

2. 车票的作用

（1）车票是旅客乘车的凭证。

（2）车票是旅客和铁路缔结运输合同发生运输关系的依据。

（3）车票是旅客支付票价的单据。

3. 车票的分类

1）按材质分

（1）软纸票：红色底纹的计算机软纸车票。

（2）磁介质票：浅蓝色底纹的计算机磁介质车票。票面长宽尺寸为 85.6 毫米×53.98 毫米，四角倒圆。

为进一步方便旅客购票，增加服务旅客的信息，《中国铁路总公司关于公布新车票式样的通知》（铁总运〔2015〕182 号）规定 2015 年 8 月 1 日起全部使用新车票。新车票式样如图 4-1 和图 4-2 所示。

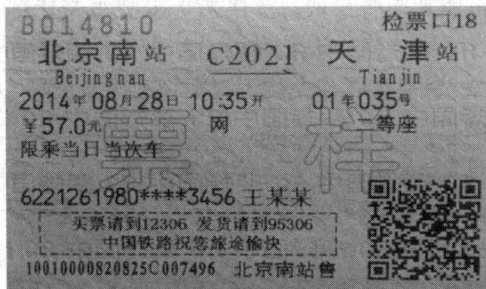

图 4-1 软纸车票新车票式样

图 4-2 磁介质车票新车票式样

（3）代用票：铁路站车工作人员手工填写、规定格式的代用票。

（4）铁路电子客票：在 12306.cn 网站在线购买的车票，是以电子数据形式体现乘车日期、乘车站、到站、车次、席别、票价和有效期等铁路旅客运输合同内容，以承运人接受的可识别特定载体作为有效乘车凭证，与普通车票具有同等法律效力。

2）按中转换乘方式分

（1）直达票：从发站至到站不需中转换乘的车票。票面载有发站至到站的车次和席位。

（2）通票：从发站至到站需中转换乘的车票。票面载有从发站至中转站的车次和席别，在中转站换乘时，须在车站售票窗口办理中转签证。通票按乘车里程计算有效期，旅客应持票在有效期截止前乘车至到站。

4.2.5 车票的有效期

各种车票的有效期按从指定乘车日起至有效期最后一日的 24:00 止计算。

1. 车票有效期的规定

（1）直达票当日当次有效，但下列情形除外。

① 全程在铁路运输企业管内运行的动车组列车车票有效期由企业自定。

② 有效期有不同规定的其他票种。

（2）通票的有效期按乘车里程计算：1000 千米为 2 日，超过 1000 千米的，每增加 1000 千米增加 1 日，不足 1000 千米的尾数按 1 日计算；自指定乘车日起至有效期最后一日的 24:00 止。

由于误售、误购、误乘或坐过站，在原通票有效期不能到达到站时，应根据折返站至正当到站间的里程，重新计算通票有效期。

2. 车票有效期的延长

遇有下列情况可延长通票的有效期。

（1）因列车满员、晚点、停运等原因，使旅客在规定的有效期内不能到达到站时，车站可视实际需要延长通票的有效期。延长日数从通票有效期终了的次日起计算。

因列车满员或意外事件列车停止运行，旅客不能按票面指定的日期、车次乘车时，车站应积极为旅客办理签证及通票有效期延长手续。办理时，应在通票背面注明"因××延长有效期×日"并加盖站名戳。如果旅客托运行李，还应在行李票上签注"因××原因改乘×月×日××车次"，加盖站名戳，作为到站提取行李时，计算免费保管日数的凭证。

（2）旅客因病中途下车、恢复旅行时，在通票有效期内，出具医疗单位证明或经车站证实时，可按医疗日数延长有效期，但最多不超过 10 天；卧铺票不办理延长，可办理退票手续；同行人同样办理。

知识链接

车 票 须 知

1. 车票可以用来报销

依据国家发票管理有关规定，铁路行业发票实行专业管理。原国务院铁路主管部门对铁路运输票据的式样、印制标准及填写、使用方法有较严格的规章制度，铁路部门出具的车票、区段票、代用票、客运运价杂费收据、退票费报销凭证、退票报销凭证、定额票、手续费等运输票据，具有发票属性，可用于报销。

2. 使用居民身份证直接检票乘车后，获取报销凭证

在 12306.cn 网站使用居民身份证购票，并且在具备条件的乘车站和下车站使用居民身份证通过自动检票机直接检票乘车后，要在自乘车之日起 31 天内，凭购票时所使用的居民身份证原件，到车站自动售（取）票机、售票窗口换取纸质车票；居民身份证无法识读的，须提供订单号码（E＋9 位数字），到车站售票窗口办理。逾期不再办理。换取的纸

质车票仅作报销凭证。

3. 对丢失车票的处理

旅客在开车前 20 分钟以上丢失车票应到购票车站或票面发站办理车票挂失补办手续，距离开车时间不足 20 分钟丢失车票应另行购票。在列车上应自丢失站起（不能判明时从列车始发站起）补收票价，核收手续费。旅客补票后又找到原票时，列车长应编制客运记录交旅客，作为在到站出站后向到站要求退还后补票价的依据，退票核收退票费。

依据国家发票管理有关规定，铁路部门出具的车票等运输票据具有发票属性，为了报销旅客丢失车票，不能补办。

4.3
车票发售的相关规定

车票应在承运人或销售代理人的售票处购买。在有运输能力的情况下，承运人或销售代理人应按购票人的要求发售车票。

承运人可以办理往返票、联程票、定期票、不定期票、储值票、定额票等多种售票业务，以便于购票人购票和使用。

知识链接

异地票、联程票和往返票

在有运输能力的情况下，旅客可以购买带有席位号的异地票、联程票和往返票。通俗来讲，异地票是指在一个车站购买发站为不同城市的另一个车站的车票。

如果从乘车站至目的站没有直接到达的列车，旅客购买从乘车站到换乘站的车票时，可以同时购买从换乘站至目的站的联程票。即在购票地能够买到换乘地或返回地带有席位、铺位号的车票。

往返票是指从乘车站同时购买往程（从乘车站去往目的站）和返程（从目的站返回乘车站）车票。

有计算机售票设备的车站，除系统设备故障等特殊情况外，不得发售手工票。车票发售按以下规定办理。

4.3.1 客票

（1）车站发售车票时，不能使用到站不同但票价相同的车票互相代替。

（2）动车组列车车票最远只发售至本次列车终点站。

（3）发售软座客票最远售至本次列车终点站，这是因为目前软座车的能力有限，还不能完全满足中转旅客的需要。

（4）发售去边境地区的车票时，应要求旅客出示国务院铁路主管部门、公安部规定的边境居民证、身份证或边境通行证。

4.3.2 儿童票

（1）承运人一般不接受儿童单独旅行（乘火车通往学校的学生和承运人同意在旅途中监护的除外）。

（2）随同成人旅行身高 1.2～1.5 米的儿童，可享受儿童票价；超过 1.5 米时应购买全价票。

（3）每一位成人旅客可免费携带一名身高不足 1.2 米的儿童，超过一名时，超过的人数应购买儿童票。

（4）儿童票的座别应与成人车票相同，其到站不得远于成人车票的到站。

（5）动车组儿童票价计算方法如下。

① 动车组软座儿童票价按公布票价的 50%计算。

② 动车组软卧儿童票＝动车组软卧公布票价－动车组一等座公布票价÷2。

（6）为测量儿童的身高，在售票窗口、检票口、出站口、列车端门口应涂有测量儿童身高的标准线。

（7）通往学校的小学生不论身高是多少，均按学生票办理。成人无论身高是多少，均应购买全价票。

4.3.3 学生票

1. 购买条件

在普通大专院校（含国家教育主管部门批准有学历教育资格的民办大学），军事院校，中学、小学和中等专业学校、技工学校就读，没有工资收入的学生、研究生，家庭居住地和学校不在同一座城市；华侨学生和我国港澳台学生按照学生票规定办理。

2. 票价

动车组列车只发售二等座车学生票，学生票价以公布票价的 75%计算。

3. 购票凭证

凭附有加盖院校公章的减价优待证的学生证（小学生凭书面证明），每年可享受家庭至院校（实习地点）之间 4 次单程学生票；新生凭录取通知书、毕业生凭学校书面证明可购买一次学生票。

4. 发售规定

（1）发售学生票时应以近径路或换乘次数少的列车发售。学生票应按近径路发售，但有直达列车或换乘次数少的远径路也可发售。学生购买联程票或乘车区间涉及动车组列车的，可分段购票。学生票分段发售时，由发售第一段车票的车站在学生优惠卡中划销次数，中转站凭上一段车票售票，不再划销乘车次数。

（2）在乘降所上车的学生（其减价优待证上注明上车地点为乘降所），可以在列车上售给全程学生票，并在减价优待证相当栏内，由列车长注明"×年×月×日乘××列车"，加盖名章，作为登记一次乘车次数。

（3）减价优待证记载的车站是没有快车或直通车停靠的车站时，离该站最近的大站（可以超过减价优待证规定的区间）可以发售学生票。

（4）超过减价优待证上记载的区间乘车时，对超过区间按一般旅客办理，核收全价。

（5）华侨学生和我国港澳台学生回家时，车票发售至边境车站。

（6）符合减价优待条件的学生无票乘车时，除补收票款外，同时应在减价优待证上登记盖章，作为登记一次乘车次数。

（7）乘车时间为每年的 6 月 1 日～9 月 30 日和 12 月 1 日～3 月 31 日。

（8）不能发售学生票的情况如下。

① 学校所在地有学生父或母其中一方时。

② 学生因休学、复学、转学、退学时。

③ 学生往返于学校与实习地点时。

④ 学生证未按时办理学校注册的。

⑤ 学生证优惠乘车区间更改但未加盖学校公章的。

⑥ 没有"学生火车票优惠卡"，"学生火车票优惠卡"不能识别或者与学生证记载不一致的。

4.3.4 伤残军人票

（1）中国人民解放军和中国人民武装警察部队因伤致残的军人（以下简称伤残军人）凭中华人民共和国残疾军人证，因公致残的人民警察凭中华人民共和国伤残人民警察证享受减价待遇。

（2）动车组软座、软卧伤残军人减价票价按公布票价的 50% 计算。

（3）中华人民共和国残疾军人证和中华人民共和国伤残人民警察证由国家有关部门颁发，铁路运输企业有权进行核对。

（4）持有其他抚恤证的人员，如革命工作人员残废证，参战民兵、民工残废证等，均不能享受减价待遇。

4.3.5　团体旅客票

（1）6 人及以上乘车日期、车次、到站、座别相同的旅客可作为团体旅客。

（2）团体旅客乘车时，车站在编制旅客日计划时应优先安排；如填发代用票时除代用票持票本人外，每人另发一张团体旅客证。

（3）按团体旅客办理的车票，改签、退票时，应不晚于开车前 48 小时。对团体票暂不提供"变更到站"服务。

（4）团体旅客的退票时间及一般旅客因不可抗力或伤、病（有医生证明）等特殊原因不能按票面标明时间、车次乘车的，按《铁路旅客运输规程》规定办理，但因上述特殊情况在开车后 2 小时内改签的车票不能再办理退票。

知识链接

在 12306.cn 网站上购买团体票的操作步骤

（1）申请登记，获取证书。订票人（包括企业或个人，下同）携带相关资料到各地团体票办理专窗进行团体订票申请，并签订相关承诺协议。完成资格审核后，车站为订票人办理授权证书。

（2）网上申报，输入信息。订团体票人根据车站提供的用户名、密码等资料登录 12306.cn 网站购买团体票网上受理渠道，再根据铁路部门公布的申报团体票计划的时间、车次、到站等，在指定时间里提报订票计划，并如实录入乘车人的有效身份信息，一个身份信息只能录入一次。

（3）审核配票，网上公布。铁路部门对订团体票人申报的团体计划根据运能进行匹配，完成订单的受理计划，并在网上公布订票信息。

（4）信息审核，确认提交。订票人根据铁路部门在网上公布的订单受理计划，核准订票信息（乘车日期、车次、发到站、张数、席别、乘车人身份）后，按指定的日期在网上确认提交，对在指定时间内订票人未在网上确认提交的，视为自动取消受理计划，铁路部门将不再兑现票额。

（5）兑现票额，制票取票。铁路部门根据订团体票人提交的确认订单信息，指令客票系统安排计划，兑现票额。互联网订票兑现后订票人在规定时间内，凭资格证书原件及复印件、订票人身份证原件及复印件、所订团体票的流水号到指定地点办理取票手续，暂不支持网上支付。

4.3.6　代用票

代用票是根据需要临时填发的票据。

1. 需填写代用票的情况

（1）计算机售票故障或移动售票机发生故障。

（2）办理团体旅客乘车。

（3）包车及旅行变更。

（4）列车内补收票价、杂费。

（5）承运人误撕车票重新补办车票。

（6）办理旅游专列。

2. 发售代用票时的注意事项

发售代用票时乙页应按票价"合计"栏的款额在"款额剪断线"的相当款额右侧剪断，将实收款额留本页交旅客，剩余部分粘贴在丙页上报。收回原票换发代用票时，应将原票随丙页上报。

3. 填写代用票要求

应按规定从上至下、从左至右逐项填写，项目填写齐全，不用栏划斜线。填写字体要清晰，票面填写禁止涂改，如遇填写错误，应划"×"作废。以票据的账户人为准，站、车都应加盖规定的名章。发、到站间有两条及其以上径路和发、到站间涉及两条线路时，应填写经由；发、到站均在一条线路上时，一般情况下不必填写经由。

4. 代用票填写方法

（1）在"事由"栏填写相应的略语。

① 客票略写为"客"。

② 加快票略写为"普快"或"特快"。

③ 卧铺票略写为"卧"。

④ 客快联合票普快或特快略写为"客快"或"客特快"。

⑤ 客快卧联合票略写为"客快卧"或"客特快卧"。

⑥ 儿童超高略写为"超高"。

⑦ 丢失车票略写为"丢失"。

⑧ 变更座别、铺别、径路略写为"变座""变铺""变径"。

⑨ 无普快或无特快略写为"无快"或"无特快"。

⑩ 改乘高等级列车略写为"补价"。

⑪ 乘车日期、车次、径路不符略写为"不符"。

⑫ 误撕车票略写为"误撕"。

⑬ 不符合减价规定略写为"减价不符"。

⑭ 有效期终了略写为"过期"。

⑮ 退加快票略写为"退快"。

⑯ 退卧铺票略写为"退卧"。

⑰ 持站台票来不及下车略写为"送人"。

⑱ 空调、包车、无票、越席、误售、误购、越站、分乘、团体按本项定语填写。

（2）"原票"栏按收回的原票转记。

（3）"乘车区间"栏填写发到站站名、经由、乘车里程。

（4）"人数"栏按实际购票人数分别填写在"全价""半价""儿童"栏内，用大写字体填写；不用栏划"＃"。

（5）"票价"栏按收费种别分别填写在适当栏内。其他费用应在空白栏内注明收费种别和款额，"卧铺"栏前加"上、中、下"，不用栏划斜线，"合计"栏为所收款总计。补收过程中有退款相冲抵时，退款金额前用减号表示。发生退款时在"空白"栏注明退款种别，在"合计"栏的金额数前用减号表示退款额。

（6）"记事"栏内记载下列事项。

① 发售学生票时，记载"学"字。

② 发售包车时，注明包车的车种、车号和定员数。

③ 办理团体票时，注明团体旅客证的起止号。

④ 在列车上发生退款时，应注明"到站净退××元"。

⑤ 其他需记载的事项。

4.4 特种方式售票

4.4.1 实名制售票

1. 实名制车票

为了确保旅客运输安全有序，铁路运输企业依照国家有关规定实行了车票实名制管理。车票实名制的实行范围、售票及验证检票方式以车站公告为准。购买实名制车票时，需提供乘车人的有效身份证件。

购票人可以使用有效身份证件原件或复印件购买车票，也可以持乘车人的有效身份证件原件或复印件替乘车人购买车票。

2. 实施范围

实名制售票的实施范围为动车组列车、直通快车、始发站实行实名制的旅客列车。

2012年1月1日（乘车日期）起，全国所有旅客列车实行车票实名制，需凭乘车人有效身份证件原件或复印件购买车票，并持车票及购票时所使用的乘车人本人有效身份证件原件进站、乘车，但免费乘车的儿童及持儿童票乘车的儿童除外。从2012年5月10日起，实名制火车票如果丢失可以挂失补办。

3. 有效身份证件的种类

有效身份证件包括居民身份证、临时身份证、户口簿、旅行证、军人保障卡、军官证、武警警官证、士兵证、军队学员证、军队文职干部证、军队离退休干部证、按规定可使用的有效护照、港澳居民来往内地通行证、往来港澳通行证、台湾居民来往大陆通行证、大陆居民往来台湾通行证、外国人居留证（含外国人永久居留证）、外国人出入境证、外交官证、领事馆证、海员证、外交部开具的外国人身份证明、地方公安机关出入境管理部门开具的护照报失证明、铁路公安部门开具的乘坐旅客列车临时身份证明等24种，1.5米以上16岁以下未成年人有效身份证件还包括学生证。为了提高购票、验证速度，我国公民应使用居民身份证购票。

铁路职工乘坐动车组列车、办理签证时，铁路全年定期乘车证、铁路通勤乘车证和不带照片的铁路乘车证、各种特种乘车证、铁路专用定期票与工作证同时使用，均视为有效身份证件。

知识链接

凭有效身份信息购票

1. 购买实名制车票的方法

在铁路售票窗口，除身高1.5米以上、16岁以下的学生可以凭本人的学生证购票外，其他学生应凭规定的有效身份证件购票。

在12306.cn网站，应按照网站提示填写有效身份证件和学生信息。如果注册用户本人是学生，应在"个人资料"中修改并完善自己的学生信息。如果代其他学生购票，应先把要买票的学生信息加入自己的"常用联系人"中。在学生票乘车期间之外购票或不符学生票优惠条件时，应在选择车次后将"票种"由"学生票"修改为"成人票"，再提交订单。

2. 办理乘坐旅客列车临时身份证明的方法

旅客购票时或购票后、乘车前因有效身份证件未携带、丢失等原因无法出示有效证件时，可以至车站铁路公安制证口办理乘坐旅客列车临时身份证明。办理时，要符合下列条件之一，并携带一张一寸照片。

（1）出具所在地公安机关的户籍证明信。

（2）学生旅客出具所在学校的证明信。

（3）中国人民解放军、武警部队现役军人持所在部队出具的证明信。

（4）外籍旅客持当地使领馆出具的证明信。

（5）凭其他有效证件购买车票的旅客持发证部门出具的证明信。

（6）通过其他方式能够证明本人身份的。

证明信内容包括旅客姓名、性别、出生年月、籍贯、有效身份证件号码等信息，并加盖证明单位公章。购票后丢失有效身份证件的，应确认证明信内容与车票票面记载的旅客身份信息一致。

乘坐旅客列车临时身份证明仅供旅客购票、退票、中转签证、验证检票及乘车使用，应妥善保管。

同城车站均实行实名制时，乘坐旅客列车临时身份证明可以通用。

4. 身份信息核验

为了进一步完善铁路实名制购票工作，自 2014 年 3 月 1 日起，12306.cn 网站对互联网注册用户和常用联系人（乘车人）进行身份信息核验。注册用户可登录 12306.cn 网站"我的 12306"→"查看个人信息""常用联系人"中分别查看注册用户、常用联系人的身份信息核验状态。

1）二代居民身份证注册用户和常用联系人状态种类及含义

（1）"已通过"是指注册用户、常用联系人的身份信息已经通过核验，其中姓名、证件类型和证件号码三项身份信息不可修改。

"待核验""未通过"注册用户不能添加常用联系人。

"已通过"的常用联系人在 180 天内不能删除。

"已通过"注册用户可为"已通过"常用联系人购票。"未通过"和"待核验"注册用户和常用联系人不可购票。

（2）"待核验"是指注册用户、常用联系人的身份信息未经核验，需持二代居民身份证原件到车站售票窗口或铁路客票代售点办理核验。

办理"待核验"手续时，遇有姓名超长、生僻字、繁体字等情形，仅可在车站售票窗口办理，注册用户还要提供手机号后 4 位或注册邮箱前 3 位，常用联系人还要提供注册用户注册时填写的有效身份证件号码。

（3）"未通过"是指注册用户、常用联系人的身份信息经过核验但未通过，需修改 12306.cn 网站所填写的身份信息内容，并与二代居民身份证原件完全一致，将其保存后状态显示"待核验"时，需持二代居民身份证原件到车站售票窗口或铁路客票代售点办理核验。二代居民身份证不能通过二代证自动识读设备自动读取的，不予办理，需到发证机关换证后再予办理。

办理"未通过"手续时，遇有姓名超长、生僻字、繁体字等情形，仅可在车站售票窗口办理，注册用户还要提供手机号后 4 位或注册邮箱前 3 位，常用联系人还要提供注册用户注册时填写的有效身份证件号码。

2）护照、港澳居民来往内地通行证、台湾居民来往大陆通行证的注册用户和常用联系人状态种类及含义

（1）"已通过"是指注册用户、常用联系人的身份信息已经通过国家身份认证权威部门核验，其中姓名、国籍、证件类型和证件号码 4 项身份信息不可修改。

（2）"请报验"是指注册用户、常用联系人的身份信息未经核验，需持在本网站填写的有效身份证件原件到车站售票窗口办理预核验。

（3）"预通过"是指注册用户、常用联系人的身份信息已经通过车站售票窗口预核验，其中姓名、国籍、证件类型和证件号码 4 项身份信息不可修改。

（4）"未通过"是指注册用户、常用联系人的身份信息经过核验但未通过。

"已通过""预通过""请报验"注册用户均可在本网站正常添加护照、港澳居民来往内地通行证、台湾居民来往大陆通行证的常用联系人。"未通过"注册用户不能添加常用联系人。

注册用户（包括二代居民身份证注册用户）添加"请报验"的常用联系人时，不能超过 5 人。"请报验"常用联系人购票后身份信息（包括国籍、姓名、证件类型和证件号码）不可被修改和删除。

"已通过""预通过""请报验"的常用联系人 180 天内不能删除。注册用户名下原有的二代居民身份证常用联系人可以删除。

"已通过""预通过""请报验"注册用户仅可为"已通过""预通过""请报验"的持护照、港澳居民来往内地通行证、台湾居民来往大陆通行证常用联系人（乘车人）购票；但"请报验"注册用户的购票总数不超过 20 张（含已改、已退车票）。

注册用户（包括二代居民身份证注册用户）为"请报验"常用联系人购票时，每个"请报验"常用联系人不超过 4 张（含已改、已退车票）。

"未通过"注册用户和常用联系人不可购票。

5. 不同订票方式下的证件要求

（1）电话订票时，须根据语音提示输入订票人的有效身份证件号码，取票时须凭订票人有效身份证件原件、订单号码及实际乘车人有效身份证件原件或复印件到窗口取票。目前受理居民身份证、港澳居民来往内地通行证、台湾居民来往大陆通行证、按规定可使用的有效护照四种证件。

（2）在自动售票机，使用居民身份证购票。购票后，须及时取回车票和居民身份证。在自动售票机，可以购买直达票、异地票，但学生票、残疾军人票等需减价优惠（优待）凭证购票的除外。

（3）互联网购票，凭乘车人的四种有效身份证件（中华人民共和国居民身份证、港澳居民来往内地通行证、台湾居民来往大陆通行证、护照）信息便可办理铁路电子客票的销售、改签、退票等业务。

（4）窗口购票（含代售点）。在铁路售票窗口购票时，可以使用居民身份证、临时身份证、户口簿、旅行证、军人保障卡、军官证、武警警官证、士兵证、军队学员证、军队文职干部证、军队离退休干部证、按规定可使用的有效护照、港澳居民来往内地通行证、往来港澳通行证、台湾居民来往大陆通行证、大陆居民往来台湾通行证、外国人居留证（含外国人永久居留证）、外国人出入境证、外交官证、领事馆证、海员证、外交部开具的外国人身份证明、地方公安机关出入境管理部门开具的护照报失证明、铁路公安部门开具的乘坐旅客列车临时身份证明等 24 种，1.5 米以上 16 岁以下未成年人的有效身份证件还包括学生证。

6. 实名制车票办理改签、变更到站、退票的证件要求

变更到站服务，即旅客购票后，可根据行程变化，重新选择新的目的地，在车票预

售期内变更到站及乘车日期、车次、席位。

实名制车票改签或变更到站不需出示有效身份证件，但是在 12306.cn 网站购票的旅客，在车站售票窗口改签或变更到站时，使用居民身份证购票的，应提供购票时所使用的乘车人有效居民身份证原件；居民身份证无法自动识读或使用居民身份证以外的其他有效身份证件购票的，应出示购票时所使用的乘车人有效身份证件原件和订单号码。

办理退票时，需核实火车票票面身份信息和有效身份证件的一致性，票、证一致时，铁路部门方予办理。

7. 实名制售票、乘车的相关规定

为维护铁路旅客运输秩序，保障广大旅客合法权益，按照《铁路安全管理条例》的有关规定，实名制售票、乘车有关事项规定如下。

（1）旅客在 12306.cn 网站购票时，应准确填写有效身份证件的类型、姓名、号码等信息。

（2）网购车票换票时，有效身份证件类型、姓名、号码与购票时所填写的内容完全一致的方予换票；不一致的不予换票。

（3）一张有效身份证件同一乘车日期同一车次只能购买一张实名制车票（儿童票除外）。

（4）购买学生票、残疾军人票、使用残疾人专用票额的车票均需乘车人的有效身份证件及规定的证件原件，经核实后，方可购票、乘车。学生票按规定核减次数。

（5）进行实名制验证时，车票所载明的旅客身份信息与有效身份证件原件信息及旅客本人不一致的，不得进站乘车。

4.4.2　铁路互联网售票

12306.cn 网站提供用户注册、列车时刻表查询、余票查询、票价查询、购票（含网上支付）、订单查询、改签、退票等服务。12306.cn 网站每日 7:00～23:00 提供服务。

1. 基本规定

（1）铁路互联网售票是指通过 12306.cn 网站销售铁路电子客票及其改签、变更到站、退票等业务。

（2）铁路互联网售票范围、购票方式及铁路电子客票的使用范围、使用方式、办理铁路电子客票业务的售票窗口等事项以 12306.cn 网站和车站公告为准。

（3）铁路电子客票是以电子数据形式体现的铁路旅客运输合同，与纸质车票具有同等法律效力。

（4）在 12306.cn 网站，购买铁路电子客票以确认交易成功的时间作为铁路旅客运输合同生效的时间，退票以网站确认交易成功的时间作为铁路旅客运输合同终止的时间，改签、变更到站按照购票、退票处理。

（5）旅客或购票人应当妥善保管铁路电子客票信息及购票时所使用的有效身份证件。

2. 售票的规定

12306.cn 网站对注册用户提供网上购买火车票服务。在 12306.cn 网站购票前，应先注册为 12306.cn 网站用户（以下简称"用户"）。一张有效身份证件可以注册一个用户，用户注册时，须准确提供真实信息，以便顺利购票乘车及享受 12306.cn 网站提供的各项服务。购票时，使用用户自行设定的用户名和密码登录。

（1）在 12306.cn 网站购买铁路电子客票时，应当注册并准确提供乘车人的有效身份证件信息。

（2）购买儿童票的乘车儿童没有办理有效身份证件的，应当使用同行成年人的有效身份证件信息。

（3）一张有效身份证件同一乘车日期同一车次只能购买一张车票，但同时购买同行儿童的儿童票除外。

（4）在 12306.cn 网站购买学生票、残疾军人票时，应当符合规定的减价优惠（待）条件。

（5）在 12306.cn 网站购票应当在车票预售期内且不晚于开车前 30 分钟，并在提示的支付时间内完成网上支付。

（6）网上支付应使用 12306.cn 网站支持的在线支付工具。

（7）12306.cn 网站收到在线支付工具支付成功的信息后，进行购票交易确认；收到在线支付工具支付失败的信息或超过规定的支付时间未收到在线支付工具支付成功信息的，取消购票交易，席位不再保留。

（8）12306.cn 网站确认购票交易成功后，根据购票人提供的手机、电子邮箱将所购车票信息以短信、电子邮件的方式通知购票人。购票人应及时通知乘车人，并妥善保管有关信息。

3. 换取纸质车票的规定

（1）在 12306.cn 网站购票后，遇到以下情形，应当在购票后、开车前换取纸质车票后再进站乘车。

① 使用居民身份证购票但乘车站或下车站不具备居民身份证检票条件的。

② 使用居民身份证购票但进站检票时无法出示居民身份证原件或居民身份证无法在自动检票机上识读的。

③ 使用居民身份证以外的其他有效身份证件购票。

④ 使用同行成年人有效身份证件信息购买儿童票的。

⑤ 购买学生票、残疾军人票的。

⑥ 按所购车票的乘车日期、车次在中途站进站乘车的。

（2）旅客换取纸质车票后，不能再在 12306.cn 网站办理改签、变更到站、退票，应凭纸质车票办理改签、变更到站、退票，以及进站乘车过程中实名制验证、检票、验票。

（3）换取纸质车票时，按如下规定办理。

① 使用居民身份证购票的，可凭购票时所使用的乘车人有效居民身份证原件到车站售票窗口、铁路代售点或车站自动售票机上办理。

② 居民身份证无法自动识读或使用居民身份证以外的其他有效身份证件购票的，需出示购票时所使用的乘车人有效身份证件原件和订单号码，到车站售票窗口或铁路运输企业授权的铁路代售点，由售票员录入证件号码和订单号码并核实后办理。

③ 学生凭购票时所使用的有效身份证件、订单号码和附有学生火车票优惠卡的学生证，在购票后、开车前，到装有学生优惠卡识别器的车站售票窗口或铁路客票代售点取票。

④ 残疾军人票凭购票时所使用的有效身份证件和中华人民共和国残疾军人证、中华人民共和国伤残人民警察证（均为原件）到车站售票窗口办理。

⑤ 有效身份证件信息、订单号码等经核实一致的，予以换票；不一致的，不予换票。学生票、残疾军人票同时核对减价优惠（待）凭证。学生票还应核减优惠乘车次数。

（4）购票后、换票前，有效身份证件丢失的，乘车人本人应到乘车站铁路公安制证口办理临时乘车身份证明，并出示临时乘车身份证明和订单号码，到车站售票窗口或铁路运输企业授权的铁路代售点，由售票员录入证件号码和订单号码并核实后办理换票。

提供的证明（信）的内容应包括旅客姓名、性别、出生年月、籍贯、有效身份证件号码等信息，与购票所使用的有效身份证件信息一致，并加盖证明单位公章。

车站铁路公安部门办理的临时乘车身份证明一式两联，载明旅客姓名、性别、年龄、有效身份证件类型和号码等内容，一联为公安部门留存，另一联供旅客换票、改签、变更到站、退票、验证检票及乘车使用，由旅客自行妥善保管，站车不予收回。

（5）纸质车票票面载明购票时所使用的乘车人有效身份证件号码和姓名，并标记"网"字。

（6）旅客应当妥善保管车票，保持票面信息清晰、可识读，并妥善保护票面身份信息。

知识链接

在售票窗口换取纸质儿童车票的方法

在 12306.cn 网站购票后，使用儿童本人居民身份证购票且乘车站、下车站都具备居民身份证检票条件的，该儿童可以使用本人的居民身份证直接通过车站自动检票机办理进出站检票；属于其他情形的，应在购票后、乘车前换取纸质车票。

换取纸质车票时，使用同行成年人或儿童本人有效身份证件信息购买儿童票的，应提供该同行成年人或儿童本人的有效身份证件原件和订单号码；如果儿童没有办理居民身份证，而使用了居民户口簿所载的儿童有效身份证件号码购买儿童票时，应提供居民户口簿原件或车站铁路公安制证口开具的乘坐旅客列车临时身份证明。儿童本人或所使用的同行成年人身份信息核验状态为"请报验"的，在 12306.cn 网站购票后，应持购票时所使用的港澳居民来往内地通行证、台湾居民来往大陆通行证或按规定可使用的有效护照（均为原件）到车站售票窗口办理身份信息核验，通过预核验后（身份信息核验状态变更为"预通过"），可以换取纸质车票。

成年人持儿童票进站、乘车时，车站发现的，应当拒绝其进站、乘车；列车发现时，按无票处理。

4. 使用居民身份证进站乘车

（1）在 12306.cn 网站使用居民身份证购票且乘车站和下车站都具备居民身份证检票条件的，可凭购票时所使用的乘车人有效居民身份证原件，直接通过车站自动检票机办理进、出站检票手续。在指定线路上，可以购买并使用铁路乘车卡（中铁银通卡或广深铁路牡丹信用卡）进站、乘车。

自动检票机在识读居民身份证时所做的进站、出站记录分别为铁路旅客运输合同运送期间的起、止证明。

（2）旅客在所购车票乘车区间中途站出站的，自动检票机验证后予以放行。

（3）列车验票时，应核对旅客所持的居民身份证原件及车票等信息；经确认没有旅客车票信息的，应当先行补票。旅客因居民身份证丢失、补票后，又找到居民身份证的，经列车确认后开具客运记录交旅客，旅客持客运记录和居民身份证原件到下车站退票窗口退还后补车票，不收退票费。客运记录应填写旅客居民身份证号码、姓名、席位等有关内容。

（4）到站检票时，确认旅客没有车票信息的，应当按规定补票。

（5）旅客乘车后需换取纸质车票的，不晚于自车票所载乘车日期之日起 31 日，逾期不予办理，换取的纸质车票仅作报销凭证。

（6）使用居民身份证作为乘车凭证的旅客，在车站、列车发生意外伤害事故的，站车工作人员应当在客运记录中记录其居民身份证号码等身份信息，事故案卷中应附有居民身份证复印件。

知识链接

中铁银通卡

中铁银通卡（图 4-3）是由中铁银通支付有限公司发行的双介质预付卡，可在指定线路上直接刷卡检票乘车，也可以作为普通银行卡用于购票付款。此卡属于预付卡，类似公交一卡通，已经在高铁线路率先使用。试行中铁银通卡刷卡进站乘车、一站式服务，逐步在全路推广电话订票，探索网上售票和电子客票服务。

图 4-3 中铁银通卡式样

广深铁路牡丹信用卡

广深铁路牡丹信用卡（图 4-4）是广深铁路股份公司与中国工商银行联合推出的双介质信用卡，可以在广深线直接刷卡检票乘坐动车组列车，也可以作为普通信用卡使用。

图 4-4 广深铁路牡丹信用卡式样

5. 改签、变更到站和退票

（1）持有铁路电子客票可以在 12306.cn 网站或车站售票窗口办理改签、变更到站、退票。

（2）旅客在 12306.cn 网站购票后，没有换取纸质车票的，可以在 12306.cn 网站办理铁路电子客票改签、变更到站、退票；已经换取纸质车票的，只能在车站售票窗口办理。在 12306.cn 网站办理时，改签、退票应不晚于开车前 30 分钟，变更到站不晚于开车前 48 小时。

（3）在有运输能力的前提下，开车前 48 小时（不含）以上，可改签、变更到站预售期内的其他列车；开车前 48 小时以内至开车前 30 分钟（不含），可改签开车前的其他列车，也可改签开车后至票面日期当日 24:00 之间的其他列车，不办理票面日期次日及以后的改签。开车之后，旅客仍可改签当日其他列车，但只能在票面发站办理改签。改签、变更到站均只能办理一次，但改签不能改变发站和到站，"变更到站"不能改变发站。已经办理"变更到站"的车票，不再办理改签。对已改签的车票、团体票及通票暂不提供"变更到站"服务。开车前 48 小时至 15 天，改签或变更到站至距开车 15 天以上的其他列车，又在距开车 15 天前退票的，仍核收 5%的退票费。改签或变更到站后的车票乘车日期在春运期间的，退票时一律按开车时间前不足 24 小时标准核收退票费。

（4）同一订单中相同日期、车次、发站、到站、席别的车票可以批量改签。

（5）已经换取纸质车票或在开车前 30 分钟之内退票的，应携带购票时所使用的乘车人有效身份证件原件到车站售票窗口办理；居民身份证无法自动识读或使用居民身份证以外的其他有效身份证件购票的，应提供订单号码。

（6）旅客在车站售票窗口办理铁路电子客票改签、变更到站、退票的，应当到车站售票窗口按照电子客票换取纸质车票的相关规定办理。

发生以下情形的，按规定到车站售票窗口并比照电子客票换取纸质车票的相关规定办理。

① 已经换取纸质车票的，凭纸质车票按现行规定办理改签、变更到站、退票。

② 在具备居民身份证检票条件的乘车站，持居民身份证已经办理进站检票但未乘车的，经车站确认后按规定办理改签、退票。

③ 乘车站和下车站均具备居民身份证检票条件，持居民身份证检票乘车，因伤、病或承运人责任中途下车的，凭列车长出具的客运记录在下车站按规定办理退票。

（7）改签或变更到站时，新车票票价高于原车票、需补收票价差额的，在 12306.cn 网站应当使用购票时所使用的在线支付工具（银行网银支付、银联网银支付、银联快捷支付、支付宝支付、微信支付）、在车站售票窗口应当使用带有银联标志的银行卡支付新车票全额票款，同一订单使用一个在线支付工具一次性支付。原票款按购票时所使用的在线支付工具相关规定退回原在线支付工具；新车票票价低于原车票的，退还差额，对差额部分核收退票费并执行现行退票费标准，应退票款按购票时所使用的在线支付工具相关规定退回原在线支付工具。退票时，应退票款同样退回原在线支付工具。

（8）在车站售票窗口办理铁路电子客票改签或变更到站后，出具纸质车票。

（9）在 12306.cn 网站办理改签、变更到站、退票后，需退票费报销凭证的，应当凭购票时所使用的有效身份证件原件在办理退票之日起 10 日内（含当日）到车站退票窗口索取。

案例分析

互联网时代，春运期间抢票

中国铁路总公司 2016 年 12 月 23 日售票信息显示，当日各渠道发售火车票达到 1167.2 万张。其中，互联网发售车票 855.6 万张，占总售票的 73.3%，创系统上线以来日售票量新高，较前一天增加 34.2 万张，其中手机 APP 售出 576.2 万张，占互联网售票量的 67.3%，占总售票的 49.4%。

铁路部门表示，春节前一周为春运客流最高峰。在此期间，记者发现多趟车次的高铁二等座票、中短途普速坐票、长途普速卧铺票短短几分钟便售罄。从北京去往哈尔滨、沈阳、西安、武汉、太原、济南等热门方向的车票多数被抢光。

思考： 在互联网时代，春运期间如何提高抢票的成功率？

分析： 很多人为春运购买火车票发愁，为了提高春运期间抢票的成功率，可以从以下三个方面入手。

1. 注意抢票成功率最高时段

抢票成功率最高的时间段通常在放票的 30 秒内。春运期间，每天售票时间的整点、半点都可能有余票放出，其中 12:00、13:00、18:00 的概率较大。另外，开车前 3 天的 19:00～20:00 及开车前 1 天的 12:00～13:00 出现余票的概率也较大。多关注铁路增开列车的情况，获取更多信息，也能提升抢到票的概率。

2. 留意退票高峰期

在第一时间没有抢到车票的旅客，可以关注三个捡漏时间点。

（1）起售时间 45 分钟后。有网上购票经验的乘客知道，火车票起售的 45 分钟内是乘客的支付时间，如果未及时支付，这些票源将会返回票仓，而一般来说，放票后 45 分钟是第一个退票高峰期。

（2）开车前 15 天。据以往经验，开车前 15 天是退票高峰期，22:00～23:00 是退票的高峰时间。

（3）开车前 24～48 小时。因为有些旅客担心买不到回家的票，所以在回家时间尚未确定的情况下提前买票，等确定后再变更车票，所以发车前 1～2 天也会出现一定数量的退票。如果第一时间没有抢到票，可以稍加等候，多留意这些时间段。

3. 熟悉掌握购票渠道

正确购票途径分别为拨打电话 95105105 订票、登录 12306.cn 网站购票、手机 12306 客户端购票、火车站窗口购票、火车票代售点及火车站自动售票机购票。在同一开售日当天，不同车站开售的时间是不一样的，具体车站开售时间可以通过 12306.cn 网站、电话和官方微信号咨询。

要特别注意的是，首次在 12306.cn 网站购票的乘客，需要提前持身份证到购票窗口办理身份核实，否则无法在线购票。

4.4.3　电话订票

电话订票是指全国使用统一的接入号码 95105105，通过铁路客户服务中心区域级语音平台自助预订车票的一种购票方式。

1. 电话订票受理的有效身份证件

目前电话订票受理居民身份证、港澳居民来往内地通行证、台湾居民来往大陆通行证、按规定可使用的有效护照四种证件。

2. 电话订票、取票时间规定

（1）电话订票服务时间：每天的 7:00～23:00。

（2）电话订票预订时间：办理开车前 4～60 日（含购票当日）内的车票。

（3）电话订票成功后，应注意取票时间：当日 12:00 前预订的，订单保留至次日 12:00；当日 12:00 后预订的，订单保留至次日 24:00。逾期未取票的，取消订单。

3. 电话订票的其他规定

（1）通过电话订票，可以购买直达票，但学生票、残疾军人票等需减价优待凭证购票的除外。

（2）拨打订票电话时，除电信运营商收取话费外，铁路部门不另行收费。

（3）一个有效身份证一天只能订票一次，一次可订同日期、同车次、同席别的车票不超过 3 张，全国通订通取。

（4）旅客在电话订票时须输入有效身份证件号码，如出现字母（X），以电话键"*"代替；购买多张车票时，应依次输入多个乘车人有效身份证件号码，其中购买儿童不需要输入证件号码。

（5）电话订票成功后，在取票时支付车票票款。取票时，须凭订单号及订票时使用的乘车人有效证件（原件或复印件）进行取票；在车站售票窗口取本地乘车站车票时，不收取任何服务费；取其他乘车地车站车票时，每张车票收取 5 元异地售票手续费。在铁路代售点查询窗口取票时，每张车票收取 5 元客票销售服务费；在自动售（取）票机取票时，不收取任何服务费。

（6）查询订单信息或取消订单时，除输入订单号码外，还需输入订票所用的身份证号；订单内有多张车票时，应逐张输入订票时使用的乘车人有效证件号码。

（7）电话订票系统与互联网售票系统，目前是相互独立的系统，12306.cn 网站暂不提供电话订票信息查询、支付等服务。

4. 电话订票流程

（1）拨通 95105105 电话订票特服号，按"1"键进入"订票"流程。

（2）根据语音提示选择：1，订票须知；2，动车组直达车车票；3，高铁车票；4，普通列车车票；5，各类列车车票；6，学生票；7，不限车次车票等来选择相应级别列车。例如，订普通列车车票按"4"键。

（3）根据语音提示选择：1，按车次订票；2，按发到站订票。例如，按车次订票选择"1"。

（4）根据语音提示输入 4 位乘车日期，并按"#"键结束，如 2011 年 1 月 1 日，则按"0101#"键。

（5）根据语音提示输入除字母以外车次按#号结束，如输入"270#"后，继续选择所需乘车相对应的编号，如选"1，K270"，则按"1#"键。

（6）根据语音提示选择乘车站编号按"#"键结束，如"1，洛阳；2，济源；3，月山……"，可按"1#"键选择洛阳。

（7）根据语音提示输入到站编号按"#"键结束，如"1，北京西；2，保定；3，石家庄……"，可按"1#"键选择北京西。

（8）根据语音提示选择席别编号按"#"键结束，如"1，硬座；2，软座；3，硬卧……"，可按"3#"键选择硬卧。

（9）根据语音提示输入所要预订的车票总张数，订票总张数不能超过 3 张；如果没有特殊票种要求则按"*"键，如果有则按"0"键选择学生票或儿童票。

（10）系统将根据输入的信息进行核实，确认信息按"1"键，修改订票信息按"2"键，如果订票不成功，则表明需要的车票已售完，可以尝试预订其他日期的车票；订票成功后，系统将要求输入身份证号，以"#"结束，并按"1"键进行确认。

（11）以上操作通过后，系统将分配一个订单号码。务必牢记订单号码，否则将无法取到预订的车票。

（12）订票成功后，务必按系统要求，在规定时间内到携带相关证件和订单号码到火车站售票大厅和各代售点取票。

4.5 旅客乘车条件

4.5.1 旅客乘车的基本条件

（1）旅客须按票面载明的日期、车次、席别乘车，并在票面规定有效期内到达到站。

（2）持通票的旅客中转换乘时，应当办理中转签证手续。持通票的旅客在乘车途中有效期终了、要求继续乘车时，应自有效期终了站或最近前方停车站起，另行补票，核收手续费。定期票可按有效使用至到站。

（3）对乘坐卧铺的旅客，列车可以收取车票并予集中保管。收取车票时，应当换发卧铺证；旅客下车前，凭卧铺证换回车票。成人带儿童或儿童与儿童可共用一个卧铺。

（4）烈性传染病患者、精神病患者或健康状况危及他人安全的旅客，站、车可以不予运送；已购车票按旅客退票的有关规定处理。在列车上发现此类旅客时，列车长编制客运记录交车站。必要时，应通知铁路防疫部门处理污染现场。

4.5.2 不符合乘车条件的处理

针对不同情形，对不符合乘车条件的旅客，铁路有以下三种处理方式。

（1）按规定补票，核收手续费，加收已乘区间应补票价 50%的票款，并有权对其身份进行登记。具体包括以下情况。

① 无票乘车的。持失效、伪造、涂改车票乘车或持站台票上车在开车 20 分钟后仍不声明的，按无票处理。其中对持伪造、涂改车票的，送交公安部门处理。

② 持用低等级的车票乘坐高等级列车、铺位、座席的。

③ 旅客持儿童票、学生票、残疾军人票没有规定的减价凭证或不符合减价条件时，按照全价票价补收票价差额。

（2）按规定补票，核收手续费。具体包括以下情况。

① 应买票而未买票及身高超过 1.5 米使用儿童票乘车的儿童。

② 持站台票上车送客未下车但及时声明并于前方停车站下车的。

③ 主动补票或者经站、车同意上车补票的。

（3）只核收手续费。具体包括以下情况。

① 旅客在票面指定的日期、车次开车前乘车的，应补签。

② 旅客所持车票日期、车次相符但未经车站剪口的，应补剪。

③ 持通票的旅客中转换乘应签证而未签证的，应补签。

实行车票实名制时，票、证、人不一致或无法出示有效身份证件原件的旅客，不得进站乘车（无法出示有效身份证件原件的旅客，应到车站铁路公安制证口办理临时乘车身份证明后，方可进站乘车）。列车验票时，同时核对旅客、其所持车票及票面所载的有效身份证件原件。票、证、人不一致的，按无票处理。成年人持儿童票的，视为票、证、人不一致。

4.5.3　特殊情况的处理

1. 误售、误购对车票的处理

因站名相似或口音不同发生误售、误购车票时，站、车均应积极主动处理。

对误售、误购车票，应按下列规定补收或退还已收票价与正当票价的差额，不收取手续费或退票费。

（1）在发站，收回原票，换发新票。

（2）在中途站、原票到站或列车内补收票款时，收回原票，换发代用票，补收票价差额；应退还票款时，站、车应编制客运纪录，连同原票交旅客，作为乘车至正当到站要求退还票价差额的凭证，并以最方便的列车将旅客运送至正当到站。

在铁路售票窗口购买车票，发现乘车日期、车次、发站、到站、席别、姓名、身份等票面信息有误时，应当场向售票人员提出；未当场核对、过后提出的，自行负责。

在 12306.cn 网站购票后，发现乘车人身份信息错误的，应在 12306.cn 网站退票，并按规定收取退票费；乘车人的姓名、有效身份证件号码等身份信息正确，但乘车日期、车次、发站、到站、席别等错误的，可以按规定在 12306.cn 网站或车站售票窗口办理改签、变更到站、退票。

2. 误售、误购或误乘对旅客的安排

由于旅客没有确认车次或上、下行方向坐错车，或乘车中坐过站，统称为误乘。

（1）旅客因误售、误购、误乘或坐过站需送回时，列车长经确认后，应编制客运记录交前方停车站。车站应在车票背面注明"误乘"字样并加盖站名戳，指定最近列车（国际旅客列车除外）免费返回。

（2）在免费送回区间中途下车的，按返程所乘列车等级分别核收往返区间的票价，核收一次手续费。

3. 丢失车票的处理

1）一般规定

（1）在旅客购票后乘车前未办理车票挂失补办手续或乘车后丢失车票的，应当另行购票。

（2）在乘车中丢失，应自丢失站起（不能判明时从列车始发站起）补收票价，核收手续费。

（3）旅客补票后又找到原票时，在发站按退票处理；在列车上经列车长确认后，列车长应编制客运记录，连同原票和后补车票一同交旅客，作为在到站出站前向到站要求退还后补票价的依据。旅客在到站出站后提出的，不予退票。

列车长与车站办理交接时，车站不得拒绝。处理站在办理时，填写退票报告，并核收退票费，列车编制的客运记录随报告联一并上报。

（4）在 12306.cn 网站使用二代居民身份证购票，且在具备二代居民身份证检票条件的车站直接使用二代居民身份证检票乘车的，在列车上因二代居民身份证丢失、无法确认车票信息的，应当先行补票。旅客补票后，又找到二代居民身份证的，经列车确认后开具客运记录交旅客，旅客持客运记录和二代居民身份证原件到下车站退票窗口退还后补车票，不收退票费。

（5）由于站车工作人员工作失误，造成旅客车票丢失时，站、车均应填写代用票，在"记事"栏内注明"因××原因丢失"，将款额沿剪断线全部剪下随丙联上报。

2）实名制车票的挂失补办规定

（1）旅客购买实名制车票后丢失的，符合以下条件，可到车站售票窗口办理挂失补办。

① 提供购票时所使用的有效身份证件原件、原车票乘车日期和购票地车站名称。

② 不晚于票面发站停止检票时间前 20 分钟。

（2）如遇以下情形，车站不予办理挂失补办。

① 超过规定时间提出的。

② 原车票已经退票的。

③ 已经挂失补办的。

（3）车站确认旅客身份、车票等信息无误后，旅客应按原车票车次、席位、票价重新购买一张新车票。新车票票面标记"挂失补"字样。

（4）新车票发售后，原车票失效。新车票不能改签或变更到站，但可以退票；退票时按规定核收补票的手续费。新车票退票后，原车票效力恢复。

（5）旅客持新车票乘车时，应向列车工作人员声明。到站前，列车长确认该席位使用正常的，开具客运记录（即退票证明）交旅客作为到站退票的凭证。若发现持原车票乘车的旅客，应按已失效车票处理，按规定补收票款。

（6）旅客挂失补办后持"挂失补"车票乘车，如果中途下车时，列车长应在下车前开具客运记录交给旅客。下车站核实客运记录、"挂失补"车票、购票时所使用的有效身份证件原件及旅客本人一致后，按"挂失补"车票票面乘车区间及票价办理退票，核收补票的手续费。

（7）旅客到站后 24 小时内，凭客运记录、新车票和购票时所使用的有效身份证件原件，至退票窗口办理新车票退票，按规定核收补票的手续费。超过规定时间提出的、原车票已经退票的或已经挂失补办的，不办理挂失补办手续。办理时，原车票已经改签的按改签后的车票办理挂失补办手续。

（8）若在乘车前办理"挂失补"车票退票手续的，只可在购票地车站或票面发站办理，在乘车后办理的，到站或下车站应收回客运记录和"挂失补"车票，随退票报告上报收入部门。

（9）"挂失补"车票退票均只按规定核收补票的手续费，不收退票费。

4.5.4　车票查验

1. 一般规定

（1）车站应当在开车前提前停止检票，但应当在本站营业场所通告停止检票的提前时间。

（2）按照国家有关规定，车站对进出站的旅客和人员应检票，车站办理实名制验证时，将对旅客、所持车票和票面所载的有效身份证件原件进行查验。票、证、人不一致（含成年人持儿童票的情形）或无法出示有效身份证件原件的旅客，不得进站乘车。无法出示有效身份证件原件的旅客，可到车站铁路公安制证口办理乘坐旅客列车临时身份证明。

（3）按照国家有关规定，列车对乘车旅客应验票。实行车票实名制的列车验票时，同时核对旅客、所持车票及票面所载的有效身份证件原件。对必须持证购买的减价票和各种乘车证的旅客应当核对相应的证件，验票应打查验标记。票、证、人不一致的（含成年人持儿童票的情形），按无票处理。

（4）铁路稽查人员凭稽查证件、佩戴稽查臂章可以在车内验票。铁路稽查执行任务时，应事先与列车长取得联系，特殊情况下可先执行任务。列车长、乘警及其他列车工作人员对稽查的工作应予以配合。

2. 实名制车票验证的范围

所有进京、进疆、进藏列车，直达特快列车、直通特快列车和动车组列车实行 100%实名制验证。

4.6

旅 行 变 更

在乘车途中，旅客要求办理旅行变更的情况经常发生，站、车工作人员应积极主动地按规定予以办理。

4.6.1　车票改签

改签是指旅客变更乘车日期、车次、席（铺）位时需办理的签证手续。改签不变更发站和到站（同城车站除外）。

所需改签的车票必须在已经发售且当日其他列车有余票的情况下才能改签。

旅客不能按票面指定的日期、车次乘车时，应当在票面指定的日期、车次开车前办理一次提前或推迟乘车签证手续。

1. 改签时间规定

在有运输能力的前提下，改签时间规定如下。

（1）开车前 48 小时（不含）以上，可改签预售期内的其他列车。

（2）开车前 48 小时以内，可改签开车前的其他列车，也可改签开车后至票面日期当日 24:00 之间的其他列车，不办理票面日期次日及以后的改签。

（3）开车之后，旅客仍可改签当日其他列车，但只能在票面发站办理改签，且开车后改签的车票不能退。

（4）团体旅客不应晚于开车前 48 小时。

2. 改签操作规定

（1）在车站售票预售期内且有运输能力的前提下，车站应予办理，收回原车票，换发新车票，并在新车票票面注明"始发改签"字样（在开车后改签的注明"开车后改签不予退票"字样）。

（2）原车票已托运行李的，在新车票背面注明"原票已托运行李"字样并加盖站名戳。

（3）改签只能办理一次，且只能改签乘车日期、车次、席（铺）位，发站、到站、乘车人姓名等信息是无法更改的。往返票、联程票不能办理改签。

（4）已经办理"变更到站"的车票，不再办理改签。开车前 48 小时至 15 天内，改签至距开车 15 天以上的其他列车，又在距开车 15 天前退票的，仍核收 5%的退票费。改签后的车票乘车日期在春运期间的，退票时一律按开车时间前不足 24 小时标准核收退票费。

（5）旅客在中途站办理签证不需补差价时，只打印签证号；需补差价时，发售有价签证票。

（6）除售票系统设备故障等特殊情况外，不得手工改签车票。

3. 改签票价差额规定

（1）始发改签。旅客在发站办理改签时，改签后的车次票价高于原票价时，核收票价差额（不收手续费）；改签后的车次票价低于原票价时，退还票价差额（核收退票费），并执行现行退票费标准。

原车票使用现金购票的，新车票票价高于原车票时，补收差额；新车票票价低于原车票时，退还差额，并对差额部分核收退票费并执行现行退票费标准（均为现金）。

原车票在铁路售票窗口使用银行卡购票，或者在 12306.cn 网站使用在线支付工具购票的，按发卡银行或在线支付工具相关规定，新车票票价高于原车票时，应使用银行卡支付新车票全额票款，原车票票款在规定时间退回原购票时所使用的银行卡或在线支付工具；新车票票价低于原车票时，退还差额，对差额部分核收退票费并执行现行退票费标准，应退票款在规定时间退回原购票时所使用的银行卡或在线支付工具。

（2）中转改签或列车补签、变更席（铺）位。旅客办理中转签证或在列车上办理补签、变更席（铺）位时，签证或变更后的车次、席（铺）位票价高于原票价时，核收票价差额（中转改签补价不收手续费，列车上补签、变更席（铺）位补差核收手续费）；签证或变更后的车次、席（铺）位票价低于原票价时，票价差额部分不予退还。

（3）因承运人责任使旅客不能按票面记载的日期、车次、座别、铺别乘车时，站、车应重新妥善安排。重新安排的列车、座席、铺位高于原票等级时，超过部分票价不予补收。低于原票等级时，应退还票价差额，不收退票费。

4.6.2　退票

1. 旅客责任退票

（1）旅客要求退票时，应在票面载明的开车时间前到车站办理，退还全部票价，核收退票费。特殊情况下，经购票地车站或票面乘车站站长同意的，可在开车后 2 小时内办理。团体旅客不晚于开车前 48 小时。

（2）原票使用现金购买的，应退票款退还现金。原票在铁路售票窗口使用银行卡购买或在 12306.cn 网站使用在线支付工具购买的，按发卡银行或在线支付工具的相关规定，应退票款在规定时间退回原购票时所使用的银行卡或在线支付工具。

（3）旅客开始旅行后不能退票，但如果因伤、病不能继续旅行时，凭列车开具的客运记录，可退还已收票价与已乘区间票价差额，核收退票费；已乘区间不足起码里程时，按起码里程计算；同行人同样办理。

（4）退还带有"行"字戳迹的车票时，应先办理行李变更。

（5）开车后改签的车票不退，站台票售出不退。

（6）退票费除按表 3-1 中所述收取外，还有以下规定。

① 开车前 48 小时至 15 天，改签或变更到站至距开车 15 天以上的其他列车，又在距开车 15 天前退票的，仍核收 5%的退票费。

② 办理车票改签或"变更到站"时，新车票票价低于原车票的，退还差额，对差额部分核收退票费并执行现行退票费标准。

③ 改签后的车票乘车日期在春运期间的，退票时一律按开车时间前不足 24 小时标准核收退票费。

2. 铁路责任退票

因铁路责任（如列车超员、列车晚点、车辆故障途中甩车、行车事故等原因）造成旅客退票时，无论在发站、中途站还是到站，均应积极为旅客办理，不得互相推诿，继续给旅客造成困难。同时产生应补收时不补收，按下列规定办理，不收退票费。

（1）在发站，退还全部票价。

（2）在中途站，退还已收票价与已乘区间票价差额，已乘区间不足起码里程时，退还全部票价。

（3）在到站，退还已收票价与已使用部分票价差额。未使用部分不足起码里程按起码里程计算。

（4）空调列车因空调设备故障在运行过程中不能修复时，应退还未使用区间的空调票价。

发生线路中断，旅客要求退票时，在发站（包括中断运输站返回发站的）退还全部票价，在中途站退还已收票价与已乘区间票价差额，已乘区间不足起码里程时，按起码里程计算，不收退票费，但因违章加收的部分和已使用至到站的车票不退。如果线路中断系承运人责任时，则按上述规定处理。

3. 办理退票时需提供的证件

（1）在铁路售票窗口购票，到车站售票窗口办理退票。

① 乘车人本人办理的，应提供车票和购票时所使用的本人有效身份证件原件；无法出示本人有效身份证件原件的，应到车站铁路公安制证口办理乘坐旅客列车临时身份证明后，办理退票。

② 代乘车人办理的，应提供车票和购票时所使用的乘车人有效身份证件原件；没有购票时所使用的乘车人有效身份证件原件的，应提供车票及代办人本人的有效身份证件原件和购票时所使用的乘车人有效身份证件复印件。

车站售票窗口收取退票费时，出具退票（费）报销凭证。依据国家发票管理有关规定，旅客可用来报销。

（2）在12306.cn网站购票，在车站售票窗口办理退票。退票时需提供购票时所使用的乘车人有效身份证件原件；居民身份证无法自动识读或使用居民身份证以外的其他有效身份证件购票的，则提供订单号码。

在12306.cn网站办理退票之日起10日内，凭购票时所使用的乘车人有效身份证件原件到车站售票窗口索取退票费报销凭证。依据国家发票管理有关规定，旅客可用来报销。

4.6.3 变更径路

变更径路是指改变经过的线路，而发站和到站不变。

（1）旅客在中途站或列车内，可要求变更一次径路，但变径时应在分歧站以前提出声明，并在客票有效期间内，能到达到站时方可办理。办理时收回原票，换发代用票，补收或退还从分歧站起算的新旧径路里程差额的票价。不足起码里程时，只补收不退还，并核收手续费。退还票价时注明"由到站退款"。持加快票的旅客，变径后新径路没有快车或乘坐低等级列车时，不退还加快票价差额。变径后的客票有效期间，从办理站起按新里程重新计算。

（2）旅客要求变径需补收票价时，车站可使用常备专用补价票或计算机票补价。补价时，应收回原票。

（3）符合使用原票乘车规定时，可在原票背面注明"变更经由××站"，加盖站名戳或列车长名章，凭原票乘车。

（4）变径同时变座时，先变径后变座。

4.6.4　变更到站

为了满足旅客变更行程的需求，进一步方便旅客出行，自 2015 年 6 月 10 日起，铁路部门推出"变更到站"服务。有关事项规定如下。

（1）在原车票开车前 48 小时以上，旅客可任意选择有余票的列车。已取得纸质车票的，可在车站指定售票窗口办理；未换取纸质车票的，也可在 12306.cn 网站办理。

（2）办理"变更到站"不收取手续费。

（3）"变更到站"只办理一次。已经办理"变更到站"的车票，不再办理改签。对已改签车票、团体票及通票暂不提供此项服务。

（4）在车站售票窗口办理"变更到站"后，出具纸质车票。

（5）列车和到站不能办理"变更到站"。旅客未办理"变更到站"而乘车去往新到站时，所乘列车途经新到站和原到站的，对原车票按规定办理补签等变更手续，新到站超过原到站的乘车区间按越站办理；所乘列车不经原到站的，应重新购票，原车票可按规定办理改签、变更到站或退票。

（6）原车票使用现金购票的，新车票票价高于原车票时，补收差额；新车票票价低于原车票时，退还差额，并对差额部分核收退票费并执行现行退票费标准（均为现金）。

（7）原车票在铁路售票窗口使用银行卡购票，或者在 12306.cn 网站使用在线支付工具购票的，按发卡银行或在线支付工具相关规定，新车票票价高于原车票时，应使用银行卡支付新车票全额票款，原车票票款在规定时间退回原购票时所使用的银行卡或在线支付工具；新车票票价低于原车票时，退还差额，对差额部分核收退票费并执行现行退票费标准，应退票款在规定时间退回原购票时所使用的银行卡或在线支付工具。

4.6.5　越站乘车

越站乘车是指旅客原票即将到达，由于旅行计划的变更，要求超越原票到站至新到站乘车。

旅客在原票到站前要求越站乘车时，在本列车有能力的条件下给予办理，办理时核收越站区间的票价和手续费（不足起码里程时，按起码里程计算），但最远不能超过本列车的终到站。

旅客同时提出变更座别、铺别和越站时，应先办理越站，后办理变更，使用一张代用票，核收一次手续费。遇有下列情况不能办理越站乘车。

① 列车严重超员。

② 乘坐卧铺的旅客买的是给中途站预留的卧铺。

③ 乘坐的回转车，途中需要甩车。

在同一城市内有两个以上的车站，旅客由于不明情况，发生越站乘车时，如票价相同，原票按有效办理；票价不同，按客票越站乘车办理，只补收客票票价及手续费，不补加快票价、卧铺票价和空调价。

4.6.6　旅客分乘

两名以上旅客共持一张代用票要求办理分票乘车，称为旅客分乘。站、车应从方便旅客出发予以办理，收回原票，换发代用票，办理时按分票的张数核收手续费。

分乘与旅行变更同时发生时，则按变更人数核收一次手续费。

分乘同时变座时，先分乘后变座；分乘同时变径时，先分乘后变径；分乘同时越站时，先分乘后越站。

分乘同时退票时，先分乘后退票，并核收退票费。

4.7

旅客携带品

考虑到旅客旅行生活的便利，旅客可以将旅行中需要的物品带入乘坐的客车内，携带品由旅客自行负责看管。但为了适应铁路公共安全工作面临的新形势、新情况，确保广大旅客安全旅行，必须对旅客携带品的范围有所限制。

铁路部门规定，旅客不能违规携带禁止和限制携带的物品进站乘车。对违规携带的，将依照国家法律法规进行处理。

4.7.1　旅客携带品的规定

1. 重量规定

每名旅客免费携带品的重量是成人 20 千克，儿童（含免费儿童）10 千克，外交人员 35 千克。

2．体积规定

每件物品外部尺寸长、宽、高之和不超过 160 厘米，杆状物品不超过 200 厘米，但乘坐动车组列车不超过 130 厘米。残疾人旅行时代步的折叠式轮椅可免费携带并不计入上述范围。

3．物品规定

（1）为了维护铁路公共安全和车内卫生，下列物品不得带入车内。

① 国家禁止或限制运输的物品。

② 法律、法规、规章中规定的危险品、弹药和承运人不能判明性质的化工产品。

③ 动物（导盲犬除外）及妨碍公共卫生（包括有恶臭等异味）的物品。

④ 能够损坏或污染车辆的物品。

⑤ 规格或重量超过体积及重量规定的物品。

另外，管制刀具及管制刀具以外的，可能危及旅客人身安全的菜刀、餐刀、屠宰刀、斧子等利器、钝器；警棍、催泪器；防卫器、弓、弩等其他器具及可能干扰列车信号的强磁化物禁止携带入车内。

（2）为了方便旅客旅行，在保证安全和卫生的条件下，可限量携带下列物品。

① 安全火柴 2 小盒；普通打火机 2 个。

② 不超过 20 毫升的指甲油、去光剂、染发剂；不超过 120 毫升的冷烫精、摩丝、发胶、杀虫剂、空气清新剂等自喷压力容器。

③ 军人、武警、公安人员、民兵、猎人凭法规规定的持枪证明佩带的枪支子弹。

④ 初生雏 20 只。

⑤ 每名旅客最多可携带 50 条香烟，超过数量需出示相关部门出具的携带证明。

⑥ 自 2015 年 5 月 1 日起，视力残疾旅客可以携带导盲犬进站乘车，在进站、乘车时，需主动出示以下证件：购票时所使用的有效身份证件、残疾人证、导盲犬工作证（载有导盲犬使用者信息，盖有公安部门或残疾人联合会公章，或带有国际导盲犬联盟标识"IGDF"）、动物健康免疫证明。

4.7.2 旅客违章携带品的处理

发现旅客违章携带物品（包括几人同时携带一件超重或超大物品）时，在车站，应拒绝进站或动员旅客办理托运；对已带入车内的，应补收运费，妥善安排，必要时可放入行李车内。具体规定如下。

1．对危险品的处理

发现危险品或国家禁止、限制运输的物品、妨碍公共卫生的物品、损坏或污染车辆的物品，按该件全部重量加倍补收乘车站至下车站四类包裹运费。危险物品由值乘的公安人员妥善保管，移交前方停车站处理，必要时移交公安部门处理；车站不设公安派出所的，由列车长编制客运记录，移交车站处理。对有必要就地销毁的危险品（如发令纸、鞭炮类）就地销毁，使之不能为害并不承担任何赔偿责任。没收危险品时，向被没收人出具书面证明。携带危险品进站上车，造成事故时，按国家有关规定处理。

2．对带入宠物的处理

对已带入车内的猫、狗、猴等宠物，应安排在列车通过台由旅客自己照看，宠物发生意外或伤害其他旅客时，由携带者负责。

3．对超大、超重物品的处理

对超过免费重量或规定的外部尺寸的物品，在发站应按规定办理托运手续，不准带上车；在车内或下车站，对超过免费重量的物品，其超重部分补收四类包裹运费。对不可分拆的整件超重、超大物品、动物，按该件全部重量（即不扣除免费重量）补收上车站至下车站四类包裹运费。

4．补收运费的规定

如果旅客携带的超重、超大的物品价值低于运费，可按物品价值的50%核收运费。补收运费时，不得超过本次列车的始发站和终点站。

对违章携带的物品补收运费时，一律填写客运运价杂费收据，注明日期、发到站、车次、事由、件数、重量。具体处理过程中，应本着实事求是的态度，区别不同的违章情况，妥善处理。对携带品超重不足5千克时，应免收运费。

4.7.3　旅客携带品的暂存

为了方便旅客，三等及其以上车站应设携带品暂存处。暂存处应公布收费标准和注意事项。暂存物品需包装良好，箱袋必须加锁，包装不良的，不予存放。

办理暂存手续时，必须填写暂存票，注明品名、包装、日期、件数等。提取时还应注明提取日期、寄存日数和核收款额，并在暂存票乙票上加盖戳记后交给旅客。暂存票应按顺号装订，保管一年。

4.7.4　旅客遗失物品的处理

旅客乘降车时遗留在站、车内的携带品，应设法归还原主。如旅客已经下车，应编制客运记录，详细注明品名、件数等移交下车站，不能判明旅客下车站时，移交列车终点站。如车站或列车拾到现金时，应开具"客运运价杂费收据"（以下简称"客杂"）上交，并在登记簿上注明"客杂"收据号码，当失主来领取时，开具退款证明书办理退款。

客流量较大的车站应设旅客遗失物品招领处，遗失物品招领处应有明显的招领揭示。对遗失物品应妥善保管，正确交付。失主来领取时，应查验有效身份证件，核对时间、地点、车次、品名、件数、重量，确认无误后，由失主签收，并记录有效身份证件号码。

车站对本站发现或列车移交的遗失物品，应在遗失物品登记簿上详细登记，注明日期、地点、移交车次、品名、包装，以及内含物品、数量、重量、交物人、经办人、处理结果等内容。

遗失物品需要通过铁路向失主所在站转送时，内附清单，物品加封，填写客运记录和行李、包裹交接证，交列车行李员签收。物品在5千克以内的免费转送；超过5千克时，到站按品类及实际重量填发客运运价杂费收据补收运费。

遗失物品中的危险品、国家禁止或限制运输的物品及动物、妨碍公共卫生或污损车辆的物品及食品、机要文件应立即移交公安机关或有关部门处理，不办理转送。

鲜活易腐物品和食品不负责保管和转送。

练习题

一、填空题

1．铁路旅客运输合同的基本凭证是_____。

2．旅客运输的运送期间自_____起至到站出站时止计算。

3．每一位成人旅客可免费携带一名身高不足_____米的儿童。

4．动车组列车只发售二等座车学生票，学生票价以公布票价的_____计算。

5．车站铁路公安部门办理的临时乘车身份证明一式两联，载明旅客姓名、_____、_____、有效身份证件类型和号码等内容。

6．电话订票可购买开车前_____日（含购票当日）内的车票。

7．持失效、伪造、涂改车票乘车或持站台票上车在开车_____分钟后仍不声明的，按无票处理。

8．票、证、人不一致的，按_____处理。

9．在乘车中丢失，应自_____起（不能判明时从列车始发站起）补收票价，核收手续费。

10．已经办理"变更到站"的车票，不再办理_____。

11．每名旅客免费携带品的重量是成人_____千克，儿童（含免费儿童）千克，外交人员_____千克。

12．如果旅客携带的超重、超大的物品价值低于运费，可按物品价值的50%核收运费。对携带品超重不足_____千克时，应免收运费。

二、选择题

1．下列不是车票票面应载明内容的是（　　）。

A．发站和到站站名　　　　　　B．票价

C．车次　　　　　　　　　　　D．电话号码

2．随同成人旅行身高（　　）米的儿童，可享受儿童票价。

  A．1.1～1.3   B．1.2～1.3   C．1.2～1.4   D．1.2～1.5

3．（ ）人及以上乘车日期、车次、到站、座别相同的旅客可作为团体旅客。

  A．3   B．5   C．6   D．10

4．按团体旅客办理的车票，改签、退票时，应不晚于开车前（ ）小时。

  A．48   B．36   C．24   D．12

5．注册用户（包括二代居民身份证注册用户）为"请报验"常用联系人购票时，每个"请报验"常用联系人不超过（ ）张（含已改、已退车票）。

  A．2   B．3   C．4   D．6

6．12306.cn 网站每日（ ）提供服务。

  A．6:00～23:00 B．6:00～24:00 C．7:00～23:00 D．7:00～24:00

7．在 12306.cn 网站购票应当在车票预售期内且不晚于开车前（ ）分钟，并在提示的支付时间内完成网上支付。

  A．30   B．60   C．90   D．120

8．旅客乘车后需换取纸质车票的，不晚于自车票所载乘车日期之日起（ ）日，逾期不予办理，换取的纸质车票仅作报销凭证。

  A．30   B．31   C．60   D．90

9．在有运输能力的前提下，开车前（ ）小时（不含）以上，可改签、变更到站预售期内的其他列车。

  A．12   B．24   C．48   D．72

10．开车前 48 小时至 15 天，改签或变更到站至距开车 15 天以上的其他列车，又在距开车 15 天前退票的，仍核收（ ）的退票费。

  A．5%   B．10%   C．15%   D．20%

11．改签后的车票乘车日期在春运期间的，退票时一律按票价的（ ）标准核收退票费。

  A．5%   B．10%   C．15%   D．20%

12．乘坐动车组列车的旅客，携带品每件外部尺寸长、宽、高之和不超过（ ）厘米。

  A．120   B．130   C．150   D．160

13．为了方便旅客旅行，在保证安全和卫生的条件下，可限量携带安全火柴（ ）小盒、普通打火机（ ）个。

  A．1，1   B．2，2   C．3，3   D．5，5

三、简答题

1．简述车票的票面内容及车票的作用。

2．哪些情况不能发售学生票？

3．简述实名制售票、乘车的相关规定。

4．简述电话订票的基本流程。

5. 在 12306.cn 网站购票可使用的有效身份证件有哪些？

6. 简述铁路企业对不符合乘车条件旅客的处理方式。

7. 简述车票改签的操作规定。

8. 旅客责任造成的退票，其退票费的收取规定有哪些？

9. 旅客违章携带危险品时应如何处理？

四、案例分析题

春运期间，旅客小刘要乘坐郑州开往上海的 D308 次列车回家，由于堵车，小刘到车站检票口时已经是 22:37，车票上发车时间为 22:41。检票员告知其错过检票时间，小刘情绪很激动，强烈要求进站上车。

思考：你对于上述情况应如何应对？是否能够放行让旅客进站台上车？

五、情景演练题

准备一些日常行李，全班同学分成几个小组，每个小组 6~8 人。分小组演练，一组学生扮演旅客，一组学生扮演车站工作人员，查验旅客携带品。

第 5 章

高速铁路旅客运输服务质量规范

学习目标

1. 熟悉高铁车站服务的相关专业术语及含义。

2. 掌握高铁中型及以上车站的客运安全、设备设施、文明服务、客运组织、商业广告经营、基础管理、人员素质的服务质量规范。

3. 掌握高铁小型车站的客运安全、设备设施、文明服务、客运组织、商业广告经营、基础管理、人员素质的服务质量规范。

4. 掌握动车组列车的安全秩序、设备设施、服务备品、整备、文明服务、应急处置、列车经营、高铁快件、基础管理、人员素质的服务质量规范。

《铁路旅客运输服务质量规范》由中国铁路总公司印发，自 2015 年 1 月 1 日起施行。它由高铁中型及以上车站服务质量规范、高铁小型车站服务质量规范、普速大型车站服务质量规范、普速中型车站服务质量规范、普速小型车站服务质量规范、动车组列车服务质量规范、空调列车服务质量规范、非空调列车服务质量规范八个部分组成，下面主要介绍高铁车站服务质量规范和动车组列车服务质量规范。

5.1

高铁车站服务质量规范

高铁车站服务质量规范包括《高铁中型及以上车站服务质量规范》和《高铁小型车

站服务质量规范》。

《高铁中型及以上车站服务质量规范》对中国铁路总公司所属铁路运输企业的高铁特大型、大型、中型车站旅客运输服务提出了质量要求。办理动车组列车客运业务的特等、一等普速车站，其动车组列车和普速列车旅客共用区域，以及实行物理隔离的动车组列车旅客专用售票窗口、候车室、检票口、站台等区域的管理、作业和服务比照适用《高铁中型及以上车站服务质量规范》。

《高铁小型车站服务质量规范》对中国铁路总公司所属铁路运输企业的高铁小型车站旅客运输服务提出了质量要求。办理动车组列车客运业务的二等、三等普速车站，其动车组列车和普速列车旅客共用区域，以及实行物理隔离的动车组列车旅客专用售票窗口、候车室、检票口、站台等区域的管理、作业和服务比照适用《高铁小型车站服务质量规范》。

5.1.1　术语和定义

1.　高铁中型及以上车站

高铁中型及以上车站是指办理动车组列车客运业务，建筑规模为特大型、大型、中型的高速铁路（含客运专线）车站。

2.　高铁小型车站

高铁小型车站是指办理动车组列车客运业务，建筑规模小的高速铁路（含客运专线）车站。

3.　动车组列车

动车组列车是指由若干带动力和不带动力的车辆以固定编组组成、两端设有司机室的一组列车。

4.　重点旅客

重点旅客是指老、幼、病、残、孕旅客。特殊重点旅客是指依靠辅助器具才能行动等需特殊照顾的重点旅客。

5.　普速车站

普速车站是指办理普速旅客列车客运业务的车站。

6.　普速旅客列车

普速旅客列车是指运送旅客或行包、邮件的非动车组列车。

7.　照度（平面照度）

照度（平面照度）是指单位面积的光通量，单位为勒克斯。

　　下面介绍《高铁中型及以上车站服务质量规范》对客运安全、设备设施、文明服务、客运组织、商业广告经营、基础管理、人员素质的规定。《高铁小型车站服务质量规范》的规定与《高铁中型及以上车站服务质量规范》大致相同，不再赘述。

5.1.2　客运安全

　　（1）安全制度健全有效，安全管理职责明确，能满足安全生产需要。

　　① 有安全生产责任制、安全检查和安全质量考核、劳动安全、消防管理、食品安全、设施设备、安检查危、实名验证、结合部、现金票据安全、站台作业车辆安全、旅客人身伤害处理等管理制度和办法。

　　② 有旅客候车、乘降、进出站、高铁快件保管和装卸等安全防范措施。

　　③ 与保洁、商业、物业、广告、安检、高铁快件等结合部有安全协议。

　　④ 有恶劣天气、列车停运、大面积晚点、启动热备车底、突发大客流、设备故障、客票（服）系统故障、火灾爆炸、重大疫情、食物中毒、作业车辆（设备）坠入站台、旅客人身伤害等非正常情况下的应急预案。

　　（2）安全设备设施配备齐全到位，作用良好。

　　① 按规定配备危险品检查仪、安全门、危险品处置台、手持金属探测器、防爆罐等安全检查设施设备，正常启用，显示器满足查验不同危险品的需求。危险品检查仪、安全门、危险品处置台、防爆罐设在旅客进站流线、高铁快件营业场所适当位置，不影响旅客通行。危险品检查仪延长端适当。

　　② 按规定配备消防设备、器材，定期检测维护，合格有效。

　　③ 应急照明系统覆盖进出站、候车、售票、站台、天桥、地道等处所，状态良好。

　　④ 备有喇叭、手持应急照明灯具、应急车次牌、隔离设施等应急物品，定点存放。有应急食品储备或定点食品供应商联系供应机制。

　　⑤ 安全标志使用正确，位置恰当，便于辨识。电梯、天桥、地道口、楼梯踏步、站台有引导、安全标志；落地玻璃前有防撞装置和警示图形标志。

　　⑥ 电梯、天桥、楼梯悬空侧按规定设置防护装置，高度不低于 1.7 米。

　　（3）执行安全检查。

　　① 配备安检人员，有引导、值机、手检、处置。开启的危险品检查仪数量满足旅客进站需求。

　　② 每位旅客都应通过安全门和手持金属探测器检查，每件携带品都应过机。安检口外开设的车站小件寄存处对寄存物品进行安全检查。

　　③ 安检人员持证上岗，佩戴标志。

　　④ 对检查发现和列车移交的危险物品、违禁品按规定处理。

　　（4）站区实行封闭式管理，旅客进出站乘降有序，站内无闲杂人员。进出站通道流线清晰，有管理措施。站台两端设置防护栅栏并有"禁止通行"标志。夜间不办理客运业务时，可关闭站区相应服务处所，但应对外公告。疏散通道、紧急出口、消防车通道等有专人管理，无堵塞。

（5）作业车辆及移动小机具、小推车的作业要求。进入站台的作业车辆及移动小机具、小推车不影响旅客乘降，不堵塞通道；停放在指定位置，与列车平行，有制动措施；行驶或移动时，不与本站台的列车同时移动，不侵入安全线，速度不超过 10 千米/时。无非作业车辆进入站台。

（6）安全使用电源，无违规使用电源、电器。

（7）工作人员要求。工作人员人人通过生产作业、消防、电器、电气化、卫生防疫、劳动人身等安全培训，特定岗位工作人员按规定通过相应岗位安全培训。安全培训有计划、记载、考核。

（8）旅客伤亡事故的处理。发生旅客人身伤害、突发疾病或接受列车移交的伤、病人员时，及时联系医疗机构；造成旅客死亡或涉及违法犯罪的，及时报告（通知）公安机关。

5.1.3　设备设施

1. **基础设施设备要求**

基础设施设备符合设计规范，定期维护，作用良好，无违规改造和改变用途。

（1）有售票处、公安制证处、候车室、补票处、高铁快件营业场所、天桥或地道、站台、风雨棚、围墙（栅栏）等基础设施，地面硬化平整，房屋、风雨棚、天桥、地道无渗漏，墙面、天花板无开裂翘起脱落，扶手、护栏、隔断、门窗牢固完好，楼梯踏步无缺损，独立进出站楼梯有行李坡道。

（2）有通风、照明、广播、供水、排水、防寒、防暑、空调等设备设施。

2. **图形标志要求**

图形标志符合标准，齐全醒目，位置恰当，安装牢固，内容规范，信息准确。

（1）有位置标志、导向标志、平面示意图、信息板等引导标志，指引准确。站台两端各设有一个站名牌，进出站地道围栏、无障碍电梯、广告牌、垃圾箱（桶）、基本站台栅栏等站台设施设有便于列车内旅客以正常视角快速识别的站名标志。各站台设有出站方向标志。

（2）根据各服务处所和服务设备设施的功能、用途设置揭示揭挂，采取电子显示屏、公告栏等方式公布规章文电摘抄、旅客乘车安全须知、客运杂费收费标准、客运服务质量规范摘要、高铁快件办理范围等服务信息。

（3）电子显示引导系统信息显示及时，每屏信息的显示时间适当，便于旅客阅读。

（4）售票处、候车区（室）、出站检票处和补票处设有儿童票标高线。

（5）售票窗口、自动售（取）票机、自动检票机前设置黄色"一米线"，宽度为10厘米。

（6）采用中、英文；少数民族自治区车站可按规定增加当地通用的民族语言文字。

（7）办理动车组列车旅客乘降业务的普速车站，设有动车组旅客专用的售票窗口、候车室，相关标志含有"和谐号"、CRH 图标、图形符号内容三个基本元素，"和谐号"的字体为隶书、加粗，字号大于标志中的其他文字；高铁快件营业场所相关标志含有"高铁快递"、CRHE 图标和高铁图形符号内容三个基本元素。

3. 旅客服务系统要求

旅客服务系统运行稳定可靠，自动检票、导向、广播、时钟、查询、监控等旅客服务设备设施齐全，状态良好。

（1）有管理平台，采用"铁路局集中控制、大站集中控制、车站独立控制"模式，有用户管理和安全保密制度。

（2）售票处、候车区、站台有时钟，显示时间准确。

（3）广播覆盖各服务处所，具备无线小区广播和分区广播功能；音箱（喇叭）设备设置合理，音响效果清晰。

（4）有电子显示引导系统，满足温度环境使用要求，室外显示屏具有防雨、防湿、防寒、防晒、防尘等性能。

① 特大、大型车站进站大厅（集散厅）设置进站显示屏，显示车次、始发站、终到站、开车时刻、候车区（检票口）、状态等发车信息。

② 候车区内设置候车引导屏，显示车次、始发站、终到站、开车时刻、检票口、状态等信息。

③ 检票口处设置进站检票屏，显示车次、终到站、开车时刻、站台、状态等信息。

④ 天桥、地道内设置进、出站通道屏，显示当前到发列车车次、始发站、终到站、站台、到开时刻、编组前后顺位等信息。

⑤ 站台设置站台屏，显示当前车次、始发站、终到站、实际开点（终到站为到点）、列车前后顺位编组、引导提示等信息。

⑥ 出站口外侧设置出站屏，显示到达车次、始发站、到达时刻、站台、状态等信息。

⑦ 待机状态显示站名、安全提示、欢迎词等信息。

（5）售票处、候车区有自助查询终端，内容完整、准确。

（6）视频监控系统覆盖车站各服务处所，具备自动录像功能。录像资料留存时间不少于 15 天，涉及旅客人身伤害、扰乱车站公共秩序等重要的视频资料为一年。

（7）特大、大型车站候车等场所能为旅客提供无线互联网接入服务。

4. 售票设施设备要求

售票设施设备满足生产需要，作用良好。

（1）售票窗口配备桌椅、计算机、制票机、居民身份证阅读器、双向对讲器、窗口屏、保险柜、验钞机等售票设备及具有录像、拾音、录音功能的监控设备，发售学生票、残疾军人票的窗口配备学生优惠卡、残疾军人证的识读器，退票、改签窗口配备二维码扫描仪，电子支付窗口配备 POS 机。

① 在窗口正上方设置窗口屏，显示窗口号、窗口功能、工作时间或状态等信息。

② 有对外显示屏，同步显示售票员操作的售票信息。

③ 设置工号牌或采用电子显示屏，显示售票人员姓名、工号、本人正面二寸工作服彩色白底照片等信息。

（2）有剩余票额信息显示屏，及时、正确显示日期、车次、始发站、终到站、开车时刻、各席别剩余票额等售票信息。

（3）配备自动售、取票机，自动售票机具备现金或银行卡支付功能。

（4）补票处邻近出站检票机，配备桌椅、计算机、制票机、保险柜、验钞机、学生优惠卡识读器等售票设备和衡器，有防盗、报警设施。

（5）有存放票据、现金的处所和设备，具备防潮、防鼠、防盗、监控和报警功能。

5. 候车区布局配置要求

候车区布局合理，方便旅客。

（1）配备适量座椅，摆放整齐，不影响旅客通行。

（2）设有问讯处（服务台、遗失物品招领处），位置适当，标志醒目，配备信息终端和存放服务资料、备品的设备。

（3）设有饮水处，配备电开水器，有加热、保温标志，水质符合国家标准要求。可开启式箱盖的电开水器加锁，箱盖与箱体无间隙。

（4）设有卫生间，厕位适量。有通风换气和洗手池、干手器等盥洗设备，正常使用，作用良好。厕位间设置挂钩。

（5）电梯正常启用，作用良好。安全标志醒目，遇故障、维修时有停止使用等提示，操作人员持证上岗（仅操作停止、启动、调整方向的除外）。

（6）省会城市所在地高铁特大、大型车站为商务座旅客设置独立的贵宾候车区，其他车站提供候车区域。

（7）检票口设自动检票通道和人工检票通道，配备自动检票机。已检票区域与候车区有围栏，封闭良好。

6. 车站验证区域要求

实施车站全封闭实名制验证的，设有相独立的验证口、验证区域、验证通道和复位口，并配备验证设备。

7. 高铁快件营业场所设施要求

高铁快件营业场所外有机动车作业场地和停车位。办理窗口有桌椅、计算机、制票机、扫描枪，使用行包信息系统，配有电子衡器和装卸搬运机具，电子支付窗口配备 POS 机。有施封钳等包装工具；有专用箱、集装袋、锁等包装材料。高铁快件作业场地分区合理，有防火、防爆、防盗、防水、防鼠设备。

8. 站台设施要求

站台设有响铃设备，作用良好；地面标志站台安全线或安装安全门（屏蔽门），内侧铺设提示盲道；安全线内侧或安全门（屏蔽门）左侧设置上下车指示线标志，位置准确，醒目易识；设置的座椅、垃圾箱（桶）、广告灯箱等设施设备安装牢固，不影响旅客通行。

9. 给水站配置要求

给水站按规定设置水井、水栓，给水系统作用良好，水源保护、水质符合国家标准。按规定办理吸污作业的车站有吸污设备。

10. 客运人员电台配备要求

客运人员每人配置手持电台，其他岗位按需配备，作用良好，具备录音功能。站台客运人员手持电台具备与司机通话功能。

11. 设备管理制度要求

有设备管理制度和设备登记台账。有巡视检查、维护保养记录。发生故障立即报告，及时维修，影响旅客使用时设有提示。

5.1.4 文明服务

客运人员应提供以下文明服务。

（1）仪容整洁，上岗着装统一，干净平整。

① 头发干净整齐、颜色自然，不理奇异发型、不剃光头。男性两侧鬓角不得超过耳垂底部，后部不长于衬衣领，不遮盖眉毛、耳朵，不烫发，不留胡须；女性发不过肩，刘海长不遮眉，短发不短于两寸。

② 面部、双手保持清洁，指甲修剪整齐，长度不超过指尖 2 毫米，身体外露部位无文身。女性淡妆上岗，保持妆容美观，不浓妆艳抹，不染彩色指甲。

③ 换装统一，衣扣拉链整齐。着裙装时，丝袜统一，无破损。系领带时，将衬衣束在裙子或裤子内。外露的皮带为黑色。佩戴的外露饰物款式简洁，可戴一只手表、一枚戒指，女性还可佩戴发夹、发箍或头花及一副直径不超过 3 毫米的耳钉。不歪戴帽子，不挽袖子和卷裤脚，不敞胸露怀，不赤足穿鞋，不穿尖头鞋、拖鞋、露趾鞋，鞋跟高度不超过 3.5 厘米，跟径不小于 3.5 厘米。

④ 佩戴职务标志（售票员除外），胸章牌（长方形职务标志）戴于左胸口袋上方正中，下边沿距口袋 1 厘米处（无口袋的戴于相应位置），包含单位、姓名、职务、工号等内容。菱形臂章佩戴在上衣左袖肩下四指处。按规定应佩戴制帽的，在执行职务时戴上制帽，帽徽在制帽折沿上方正中。

（2）表情自然，态度和蔼，用语文明，举止得体，庄重大方。

① 使用普通话，表达准确，口齿清晰。服务语言表达规范、准确。使用"请""您好""谢谢""对不起""再见"等服务用语。对旅客、货主称呼恰当，统称为"旅客们""各位旅客""旅客朋友"，单独称为"先生""女士""小朋友""同志"等。

② 旅客问讯时，面向旅客站立（售票员、封闭式问讯处工作人员办理业务时除外），目视旅客，有问必答，回答准确，解释耐心。遇有失误时，向旅客表示歉意。对旅客的配合与支持，表示感谢。

③ 坐立、行走姿态端正，步伐适中，轻重适宜。在旅客多的地方先示意后通行；与旅客走对面时，主动让路，面向旅客侧身让行，不与旅客抢行。列队出（退）勤时，按规定线路行走，步伐一致。多人行走时，两人成排，三人成列。

④ 立岗姿势规范，精神饱满。站立时，挺胸收腹，两肩平衡，身体自然挺直，双臂自然下垂，手指并拢贴于裤线上，脚跟靠拢，脚尖略向外张呈"V"字形。女性可双手四指并拢，交叉相握，右手叠放在左手之上，自然垂于腹前（图5-1）；左脚靠在右脚内侧，夹角为45°呈"丁"字形（图5-2）。

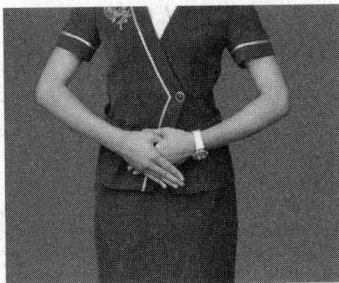

图 5-1　立岗姿势示意 1

图 5-2　立岗姿势示意 2

⑤ 迎送列车时，足踏安全线，不侵入安全线外，面向列车方向目迎目送，以列车进入站台开始，开出站台为止。办理交接时行举手礼，右手五指并拢平展，向内上方举手至帽檐右侧边沿，小臂呈45°。

⑥ 清理卫生时，清扫工具不触碰旅客及其携带的物品，挪动旅客物品时，征得旅客同意。需要踩踏座席时，戴鞋套或使用垫布。占用洗脸间洗漱时，礼让旅客。

⑦ 不高声喧哗、嬉笑打闹、勾肩搭背，不在旅客面前吃食物、吸烟、剔牙齿和出现其他不文明、不礼貌的动作，不对旅客评头论足，接班前和工作中不食用异味食品。

📖 课堂小练习

"筷子法"训练微笑

用两颗门牙轻轻地咬住木筷子，把嘴角对准木筷子，两边都要翘起，并观察连接嘴角两端的线是否与木筷子在同一水平线或略高于此水平线，露出6～8颗门牙，不要露出牙龈。保持这种状态10秒。

在这一状态下，轻轻地拔出木筷子之后，练习维持这种状态。

✔ 知识链接

文明用语礼仪

1. 查验票用语

（1）需要查验车票时要提示乘客"您好！请出示您的车票"。

（2）对持有效票证乘客，查验后应说"谢谢""请收好"。

2. 温馨提示用语

（1）开关车门提示："站在车门处的乘客，请您注意，（我）要开（关）车门了。"

（2）车内、外安全提示："车辆拐弯，请您扶好坐好""车辆进站，请您注意安全。"

（3）车内防盗提示、携带物品提示："各位乘客，请您携带（保管）好随身物品，以免丢失。"

3. 道歉用语

当妨碍、打扰乘客时应说"抱歉""对不起""请原谅""不好意思""请多包涵"等礼貌用语。

（3）站容整洁，环境舒适。

① 干净整洁，窗明地净，物见本色。

a. 地面干净无垃圾；玻璃透明无污渍；墙壁无污渍、涂鸦。电梯、扶手、护栏、座椅、台面、危险品检查仪、危险品处置台等处无积尘、污渍。卫生间通风良好，干净无异味，地面无积水，便池无积便、积垢，洗手池清洁无污垢。饮水处地面无积水，饮水机表面清洁无污渍，沥水槽无残渣。站台、天桥、地道等地面无积水、积冰、积雪，股道无杂物。

b. 各服务处所设置适量的垃圾箱（桶），外皮清洁，内配的垃圾袋材质符合国家标准、厚度不小于 0.025 毫米，无损、渗漏，每日消毒一次。垃圾车外表无明显污垢，垃圾不散落，污水不外溢。垃圾及时清运，储运密闭化，固定通道，日产日清。

c. 保洁工具定点隐蔽存放。设有供保洁作业使用的水、电设施和存放保洁机具、清扫工具的处所，不影响旅客候车、乘降。

d. 由具备资质的专业保洁企业保洁，使用专业保洁机具和清洁工具，清洗剂符合环保要求，不腐蚀、污染设备备品。保洁人员经过保洁专业知识和铁路安全知识培训合格，持证上岗。墙壁、玻璃、隔断、护栏等 2 米以下的部位每日保洁，2 米以上的部位及顶、棚等设施定期保洁。车站对保洁作业进行检查、考核。

② 通风良好，温度适宜，空气质量符合国家规定。室内温度冬季为 18～20℃、夏季为 26～28℃。无空调的服务处所室内温度冬季不低于 14℃，夏季超过 28℃时使用电风扇。高寒地区站房出口处有门斗和风幕（防寒挡风门帘）。

③ 照明充足，售票处、问讯处（服务台）、高铁快件营业场所照明照度不低于 150

勒克斯，候车区照明照度不低于 100 勒克斯，站台、天桥及进出站地道照明照度不低于 50 勒克斯。

④ 各服务处所按规定开展消毒、杀虫、灭鼠工作，蚊、蝇、蟑螂等病媒昆虫指数及鼠密度符合国家规定。

⑤ 服务备品齐全完整，质地良好，符合国家环保规定。卫生间配有卫生纸、芳香球、洗手液（皂）、擦手纸（干手器），坐便器配一次性坐便垫圈，及时补充。落客平台、站台设置的垃圾箱（桶）上有烟灰盒。分设照明开关，使用节能灯具，根据自然光照度及时开启或关闭照明。用水处有节水宣传揭示。

（4）广播语音清晰，音量适宜，用语规范，内容准确，播放及时。

① 通告列车运行情况、检票等信息，禁止携带危险品进站上车，旅行安全常识，公共卫生和候车区禁止吸烟等宣传。

② 使用普通话。少数民族自治地区车站可根据需要增加当地通用的民族语言播音。特大、大型车站使用普通话和英语双语播报客运作业信息，中型车站可增加英语播报客运作业信息。

③ 采用自动语音合成方式，日常重点内容播音录音化。

（5）全面服务，重点照顾。

① 无需求无干扰。配备自动售（取）票机、自动检票机、电子显示屏等服务设备，通过广播、揭示揭挂、电子显示等方式宣传服务设备的使用方法，方便旅客自助服务。

② 有需求有服务。售票处、候车区公布中国铁路客户服务中心客户服务电话（区号＋电话号码），特大、大型车站设有服务品牌，受理旅客咨询、求助、投诉，专人负责，及时回应。实行首问首诉负责制，旅客问讯时，有问必答，回答准确；对旅客提出的问题不能解决时，将其指引到相应岗位，并耐心解释。接听电话时，先向旅客通报单位和工号。

③ 重点关注，优先照顾，保障重点旅客服务。

a．按规范设置无障碍设施设备。售票厅设置无障碍售票窗口。特大、大型车站候车室设有重点旅客候车区和特殊重点旅客服务点（可与问讯处、服务台等合设），位置醒目、便于寻找，并配备轮椅、担架等辅助器具；特大型车站内设置相对封闭的哺乳区；在检票口附近等方便的区域设置黄色标志的重点旅客候车专座。卫生间设置无障碍厕所。设有无障碍电梯，正常使用。盲道畅通无障碍。

b．重点旅客优先购票、优先进站、优先检票上车。

c．根据需求为特殊重点旅客提供帮助，有服务，有交接，有通报。

④ 尊重民族习俗和宗教信仰。少数民族自治区车站可按规定在图形标志增加当地通用的民族语言文字，可根据需要增加当地通用的民族语言播音。

⑤ 旅客在站内遗失物品时，帮助其（或广播）查找；收到旅客遗失物品及时登记、公告，登记内容完整，保管措施妥当，处置措施合法。

知识链接

旅　客　需　求

旅客需求可以分成三大类：天然性需求、社会性需求和精神性需求。

1. 天然性需求

旅客的天然性需求主要包括生理需求和安全需求。这是因为旅客出门在外，首先必须保证机体的生存和健康，才能顺利进行各种活动以达到预定目的。因此，旅客不仅要求车站、列车提供充足的食品和饮料，而且要求候车室、站台和车厢内环境舒适，以使休息得到一定的保障，否则旅客就会产生不良情绪，如烦闷、焦躁不安等，从而对铁路服务产生不满。

旅客的安全需求是多方面的，主要是人身安全和财产安全。

2. 社会性需求

社会性需求主要表现在进行社会交往时，需要得到别人，特别是客运职工的尊重和理解。每个人都有进行社会交往的需要，旅客也不例外，尽管他们在外的时间长短不一，但由于远离家乡和亲人，难免会有寂寞和孤独感，所以希望与接触到的人建立和谐友好的人际关系，交流感情，减轻同亲人分离的痛苦或焦虑。

尊重的需要包括自我尊重和得到别人的尊重，旅客特别希望听到对他们的尊称，希望得到热情而有礼貌的服务，满足自己的意愿和要求，尤其是有生理缺陷或有过错的旅客，更希望得到客运职工的尊重。

3. 精神性需求

旅客的精神性需求主要有追求猎奇的需要、对艺术的需要及对美好事物的追求三种。追求猎奇的需要指增加见闻，扩充知识面；对艺术的需要指喜欢欣赏有风格的东西；对美好事物的追求，既包括对优秀歌曲、文娱节目的追求，也包括对客运服务人员优质服务及好人好事的追求。这些都会使他们产生美的感受。

掌握和运用旅客心理的方法

要想掌握和运用旅客的心理，必须了解不同层次旅客的心理状态和需求，从不同层次旅客心理需求和调查分析来看，铁路要在以下四种服务理念上彻底转变。

1. 从管理旅客到服务旅客

把过去那种管理旅客的职能和一系列"不准"的硬性要求，换成亲情、和善的提示，充分体现铁路总公司提出的"以人为本、活动自由、休息充分、人格化、特殊化服务"的要求。

2. 从领导认可到旅客满意

改变"服务工作不怕旅客不满意、就怕领导不认可"的错误观念，把尊重旅客人格、研究旅客需求、赢得旅客满意作为衡量工作的标尺。

3. 从大多数旅客满意到每个旅客满意

对每一名旅客都要做到用心服务，根据他们的需求心理，制定个性化、特殊性服务标准，使每位旅客满意。

4. 从传统服务方式到勇于创新

根据市场的变化和旅客的需求，不断改进服务内容和方式，提高旅客满意率。针对不同旅客的身份、层次、年龄、旅行目的等方面的差异，采取不同的服务方式，满足旅客对个性服务的要求，让旅客乘车时有新鲜感、旅途中有舒适感、下车后有回味感。要重新规范服务用语，根据服务对象的不同灵活应对，哪种交流方式能使旅客感到亲切、舒适、习惯，就采取哪种交流方式，切忌千篇一律、生搬硬套。

服务是客运的重要工作，而客运服务工作的对象是成千上万的旅客，因此，在客运服务工作中，研究旅客心理、掌握旅客的心理活动规律是十分重要的。旅客的心理活动是千差万别的，他们来自四面八方，动机不一，需要各异，呈现着各种各样的心理活动及其特征，掌握和应用心理学的一些基本知识，探索和研究旅客的心理活动及其变化发展规律，就能加强客运服务工作的主动性、针对性，使旅客高兴而来，满意而归。

总之，要想提高车站客运服务质量，就必须提高客运服务人员的自身素质，这不仅是工作的需要，也是塑造自身形象、提高自身价值的需要。

5.1.5 客运组织

1. 售票

（1）提供窗口、自动售（取）票机、铁路客票代售点等多种售票渠道，售票网点布局合理，管理规范。

① 售票窗口和自动售（取）票机设置、开放的数量适应客流量，日常窗口排队不超过 20 人。

② 办理售票、退票、改签、换票、取票、挂失补办、中转签证等业务，发售学生票、残疾军人票、乘车证等各种车票，支持现金、银行卡等支付方式。

（2）在售票处醒目位置公布售票时间和停售时间，开窗时间不晚于本站首趟列车开车前 1 小时，关窗时间不早于本站最后一趟列车办理客运业务后 30 分钟。工作时间内暂停售票时设有提示。用餐或交接班时间实行错时暂停售票。

（3）自动售（取）票机及时补充票据、零钞和凭条。设备故障等异常状况处置及时。

（4）票据、现金妥善保管，票面完整、清晰。票据填写规范，内容准确、无涂改，按规定加盖站名戳和名章。

2. 进站、候车、检票组织

（1）按规定实行实名制验证，核验车票、有效身份证件原件、旅客的一致性。无法实施全封闭实名制验证的在检票口组织验证。验证与检票分离的车站对热门车次在检票口进行二次验证。

（2）秩序良好，通道畅通，安检日常旅客排队进站等候时间不超过 5 分钟。

（3）候车室（区）旅客可视范围内有客运人员，及时巡视、解答旅客咨询、妥善处置异常情况。特大、大型车站设有值班站长。贵宾候车区按规定配备专职服务员及验票终端等服务设备，提供免费小食品、饮品、报纸、刊物等服务。

（4）开始、停止检票时间的设置适应客流量和站场条件，进站口有提前停止检票时间的提示。开始检票或列车到站前，通告车次、停靠站台等检票信息。

（5）自动检票机通道和人工检票通道正常启用，通道数量适应客流情况，并设有商务座旅客快速检票通道。设两侧检票口的，对长编组、重联动车组列车同时开启。按照先重点、后团体、再一般的原则，引导旅客通过自动检票机、人工检票通道分别排队等候、检票进站，宣传自动检票机的使用方法，提醒旅客拿好车票或身份证，防止意图不轨者尾随。具备居民身份证自动识读检票条件的自动检票机正常启用。人工检票口核验车票和其他乘车凭证，对车票加剪。

（6）对无票、日期车次不符、减价不符、票证人不一致等人员按规定拒绝进站、乘车。

（7）停止检票前，通告候车室，无漏乘；停止检票时，关闭检票口，通告候车室和站台。

3. 站台组织

（1）站台客运人员提前到岗，检查引导屏状态和显示内容、站台及股道情况。

（2）按站台车厢位置标志在站台安全线或屏蔽门内组织旅客排队等候，有序乘降。铃响时巡视站台，无漏乘。

（3）办理站车交接，短编组动车组列车在 4、5 号车厢之间；长编组动车组列车在 8、9 号车厢之间；重联动车组列车在列车运行方向前组 7、8 号车厢之间。

（4）开车时间前 30 秒打响开车铃，铃声时长 10 秒。

（5）同一站台有两趟动车组同时进行乘降作业时，有宣传，有引导，无误乘。站台一侧邻靠线路有动车组列车通过时，另一侧停止旅客乘降或设防栏防护。

4. 出站组织

（1）出站检票人员提前到岗，检查自动检票机、出站显示屏状态和内容。

（2）引导旅客通过自动检票机和人工检票通道检票出站，具备居民身份证自动识读检票条件的自动检票机正常启用。人工检票口核对车票及其他乘车凭证，对未加剪的车票补剪，秩序良好，防止尾随。

（3）为违章乘车旅客及违章携带品正确处理，票款收付准确。

（4）列车出站后及时清理，站台、通道无滞留人员。

（5）换乘客流大的车站根据需要设置站内换乘流线，配备相应的设备和引导标志。

5. 高铁快件作业

（1）设置承运、交付办理窗口，提供托运单、高铁快件快递面单和必要的填写用具。

（2）承运高铁快件及时准确，品名相符，实名验证，逐件安检，正确检斤、制票，唱收唱付。"站到站"和"站到门"高铁快件按到站和服务产品正确分拣、装箱。

（3）装卸、搬运高铁快件轻搬轻放，堆码整齐。装车时，合理计划，按方案装载，站、车认真核对、准确交接，装车完毕及时确认信息，做到不逾期、不破损、不丢失。

（4）运输过程中发生高铁快件包装松散、破损时，有记录、有交接。

（5）到站卸车提前到位，立岗接车，准确交接。集装件外包装、施封破损或集装件短少的，凭客运记录或现场检查，核实现状，办理交接。

（6）到达高铁快件核对票据，妥善保管，及时通知，正确交付。"站到站"和"站到门"集装件双人拆箱，一箱一清。对无法交付的高铁快件按规定处理。

（7）认真处理站间运输高铁快件差错，发生高铁快件损失比照行李包裹损失处理有关规定执行，先赔付、后定责。

（8）作业区无闲杂人员出入，无非高铁快件工作人员查找、搬运。发现非工作人员持集装件出站时应当场制止。

（9）高铁快件装卸人员经过装卸作业知识、技能和铁路安全知识培训合格、持证上岗。

案例分析

快递坐高铁，同时坐到家

云南顺丰速运有限公司与中铁快运昆明分公司于 2017 年 4 月 26 日正式达成合作，启用昆明到贵阳的高铁动检车 DJJ5422。从此，顺丰从云南发往贵州的快件可坐上动车，大大缩短云南至贵州的运输时间。特别值得一提的是，运输时间缩短了，但是寄递的费用不变。

快递就是对客户货物进行快速投递。近几年，随着电子商务的蓬勃兴起，加之能承担快递任务的门槛不高，各类大小快递公司纷纷出现。

高铁快递由中铁快运组织，利用的主要是日常开行的高铁列车，货物的运送时限包括当日达、次日达等方式，能抵达的城市较多。市民寄件只需拨打客服电话下单，工作人员就会上门取件，再通过高铁迅速送达目的城市。发件成功后，寄件人可登录相关网站，利用快递单号随时查询快件状态，或拨打客服电话进行人工查询。

现今中国的高铁网络已覆盖全国大部分地区，还将进一步延展完善。而快递"快"的要求正是高铁的优势，加上近年来高铁在客运服务上赢得的良好口碑，占尽了"天时、地利、人和"，可谓优势一览无遗，前景一片光明。

思考：高铁快运的优势主要有哪些？

分析：高铁是运送快件理想的途径之一。高铁运输具有公交化方式、天气影响小、准点率高、和谐服务的优势。高铁运送快件不受交通堵塞、航空管制等因素影响，除极端天气外，高铁快递准点率高，能准时准点发车并到达目的地。快递货物有专门的安检通道和装卸作业路线，不会影响旅客上下车和动车组正常运行。同时，高铁快递的出现也将与空运快递进行良性竞争。相比机场来说，货物抵达火车站后运到顾客手中会更加方便。

![知识链接]

中铁快运股份有限公司

中铁快运股份有限公司简称中铁快运，是中国铁路总公司直属控股企业。在中国大陆地区设有 18 个区域分公司、13 个省市分公司（中心营业部）、7 个控股子公司，在全国 1564 个县级以上城市设有 3200 多个营业机构，"门到门"服务网络覆盖所有市、县。

中铁快运依托遍布全国的高铁列车（动车组）、旅客列车行李车、铁路特快班列、快速班列、公路干支线、综合运用铁路、公路、航空各类运力资源，以及经营网络、仓储与配送网络、电子商务平台，为广大客户提供高铁快运、普通快运、货物快运、物流总包、冷链运输、国际物流和行李包裹业务等。根据客户个性化需求，提供接取送达、货物包装、保价保险、签单返回、运费到付、信息追踪等增值服务。

中铁快运在全国开通使用 95572 客户服务电话和 95572 短信服务，建立起 7×24 小时统一客户服务网络和集信息追踪查询、业务办理、电子商务于一体的服务平台。

高铁快运增值服务

高铁快运是时效快、品质优、标准高的"门到门"小件快运服务，为广大客户提供限时服务（当日达、次晨达、次日达）和标准服务（经济快递、同城快递）。根据客户个性化需求，主要提供保价保险运输、安全包装、短信通知、签单返回、送货服务、保管业务、运费到收，冷链服务等增值服务。

1. 保价保险运输

保价保险运输是指中铁快运与客户共同确定的以托运人声明货物价值为基础的一种特殊运输方式。客户向中铁快运声明其托运货物的实际价值，若货物出险，即可获得中铁快运公司的相应赔偿。

（1）适用对象：所有客户。

（2）办理方法：只需在运单的"是否保价□是□否"栏打"√"，在"声明价值"栏填写保价金额数（元），即完成该票货物的保价操作。

（3）收费标准：保价费率为托运货物实际价值的 1%。

（4）理赔原则。

① 办理货物保价服务：货物全部灭失，按货物保价声明价值赔偿；货物部分毁损或灭失，按声明价值和损失比例赔偿；声明价值高于实际价值的，按实际价值赔偿。

② 未办理货物保价服务：货物最高按 15 元（人民币）/千克赔偿。依照以上方式计算得出的赔偿超过货物实际价值的部分无效。

2. 安全包装

根据客户所寄快件外包装状况，中铁快运对外包装不符合运输要求的货物提供专用箱、冷链箱、纸箱、木箱、集装袋、打包带、缠绕膜等加固包装服务，专业打包人员会依据客户的货物需求进行安全包装。

3. 短信通知

实时跟踪，让货物信息尽在掌握。短信通知是中铁快运为客户提供的关于货物信息的服务，主要包含两个方面：一是客户下订单后，系统自动向客户发送订单成功的短信；二是货物抵达收货城市所在地时，系统向收货人发送到货短信，提醒客户自提或注意接听配送电话。

4. 签单返回

应客户需求，中铁快运在成功派送快件后，将寄件方客户提供的需收件方客户签名的收条或收货单等单据返回寄件方客户。

（1）适用对象：所有客户。

（2）办理方法：只需在运单的"□签单返还"栏打"√"，并填写快运回单的运单号，即完成该票货物的操作。

（3）收费标准：原件签收单返回类每票收取3元。传真件签收单返回类不收取费用。

（4）结算方式：寄付月结、寄付现结、寄付转第三方月结。

5. 送货服务

客户所在区域与中铁快运最近营业网点不超过30千米的，为标准派送范围，可根据客户需求，将货物送至指定的地方。如果超出公司免费送货范围，可根据送货地点分级收费后进行送货。

6. 保管业务

为客户的货物提供三天免费保管服务，因客户原因导致货物超过三天未收货或未提货则需收取一定的保管费用。

收费标准：为10元/立方米/天，最低收取5元/票，最高1000元/票。货物出现异常情况（破损、少货、晚到等）在处理期间不计费。

7. 运费到收

托运人与收货人商定货物运到目的地后由收货人支付运费的特殊服务。运费到收业务只限于办理到站为公司所属的直管站营业部、非直管站营业部和无轨城市营业部（不含周边送货城市）。具体办理可拨打95572客服电话或咨询当地中铁快运营业部。

8. 冷链服务

通过使用准时、高效的运力资源，专业的包装和信息设备为客户提供符合行业规范的医药温控全程一体化运输服务。

中铁快运禁运品须知

1. 爆炸品

中铁快运禁运的爆炸品包括烟花、鞭炮、摄影用闪光弹、发令纸、摄影用闪光粉、射钉枪子弹、爆炸式铆钉、子弹、炮弹、雷管、手榴弹、炸药、火药，部分品类如图5-3所示。

(a) 烟花　　(b) 鞭炮　　(c) 摄影用闪光粉　　(d) 子弹

(e) 雷管　　(f) 火药　　(g) 手榴弹

图 5-3　中铁快运禁运的部分爆炸品

2. 气体制品

中铁快运禁运的气体制品包括氢气球、发胶摩丝、气体杀虫剂、空气清新剂、碧丽珠、压缩气体的喷雾罐、打火机、充气罐、灭火器、液化气体、冷气罐、高压气瓶、氧气瓶、液化气罐，部分品类如图5-4所示。

(a) 氢气球　　(b) 发胶摩丝　　(c) 打火机　　(d) 气体杀虫剂

(e) 灭火器　　(f) 液化气罐　　(g) 氧气瓶

图 5-4　中铁快运禁运的部分气体制品

3. 易燃液体

中铁快运禁运的易燃液体包括胶粘剂、汽油、柴油、石油制品、皮革光亮剂、皮革光滑剂、纽扣磨光剂、香精、香料、香水、指甲油、洗甲水、去光水、印刷油墨、记号笔墨水、氧化锌静电复印油墨、塑料油墨、影印油墨、传真纸黏合剂、打字蜡纸改正液、打字机洗字水、脱漆剂、地板油、油漆、涂料、底漆、填料、松香水、油画调色油、油画上光油、汽车防冻水、乙醇、乙醚、汽车门窗胶、汽缸床垫胶、刹车油、染皮鞋水、环氧树脂、有机硅树脂、酒精饮料、皮肤防护膜、鸡眼水、松节油、松香油、牙托水、癣药水、照相用显影液、照相红碘水、碘酒、镜头水、照相用清除液、涂底液、修像（相）油、贴胡胶、发动机冷起动液、引擎开导剂、电子数码管石墨乳、塑料印油、塑料薄膜油墨、电子束光刻胶、快干助焊剂、擦铜水、淡金水、发光油、鱼鳞光、FT-901 堵固剂、聚氨酯化学灌浆料、乳香油、阳离子表面活性洗涤剂、尼龙丝网感光浆、二硫化钼润滑膜、桉叶油、氢化可的松涂膜剂、硫汞白癜风搽药、医用羊肠线、着色渗透剂、荧光探伤液、半干型防锈油、薄层防锈油、不饱和聚酯树脂、三聚氰胺树脂、无油醇酸树脂、硅钢片树脂，部分品类如图 5-5 所示。

（a）胶粘剂　（b）汽油　（c）石油制品　（d）皮革光亮剂

（e）香精　（f）香料　（g）香水　（h）指甲油

（i）印刷油墨　（j）油漆　（k）汽车防冻水　（l）乙醇

（m）碘酒　（n）涂底液

图 5-5　中铁快运禁运的部分易燃液体

4. 易燃固体、易于自燃的物质、遇水放出易燃气体的物质

中铁快运禁运的易燃固体、易于自燃的物质、遇水放出易燃气体的物质包括固体酒精、锂电池、胶片、火补胶、铝银粉、蚊香料、木炭粉、安全火柴、冰片、塑料粒、湿棉花、干棉花、油布、油绸及其制品、樟脑、硅粉、易燃金属、生松香、废橡胶、拷纱、油麻丝、硝化棉、保险粉、碳，部分品类如图 5-6 所示。

(a) 固体酒精　　　　(b) 锂电池　　　　(c) 胶片　　　　(d) 蚊香料

(e) 木炭粉　　　　(f) 安全火柴　　　　(g) 干棉花

图 5-6　中铁快运禁运的部分易燃固体、易于自燃的物质、遇水放出易燃气体的物质

5. 氧化性物质和有机过氧化物

中铁快运禁运的氧化性物质和有机过氧化物包括过氧化氢、过醋酸、高锰酸钾、漂白粉、面粉增白剂、皮革鞣制剂、肉制品着色剂、化肥、土荆芥油，部分品类如图 5-7 所示。

(a) 过氧化氢　　　　(b) 高锰酸钾　　　　(c) 漂白粉　　　　(d) 面粉增白剂

(e) 皮革鞣制剂　　　　(f) 化肥　　　　(g) 肉制品着色剂

图 5-7　中铁快运禁运的部分氧化性物质和有机过氧化物

6. 毒性物质和感染性物质

中铁快运禁运的毒性物质和感染性物质包括照相显影剂、生漆、大漆、服装干洗剂、消毒剂、一氧化铅、马钱子碱、烟碱、铅汞合金、砒霜、锌汞合金、镀铜、镀锌、镀锌药水、粮库蒸熏剂、煤焦沥青、农药、除草剂，部分品类如图 5-8 所示。

（a）照相显影剂　　（b）服装干洗剂　　（c）消毒剂　　（d）锌汞合金

（e）农药　　（f）镀铜　　（g）镀锌

图 5-8　中铁快运禁运的部分毒性物质和感染性物质

7. 放射性物质

中铁快运禁运的放射性物质包括夜光粉、发光剂、放射性同位素，如图 5-9 所示。

（a）夜光粉　　（b）发光剂　　（c）放射性同位素

图 5-9　中铁快运禁运的放射性物质

8. 腐蚀性物质

中铁快运禁运的腐蚀性物质包括蓄电池、酸铅蓄电池、甲醛溶液、汞、无机液体黏合剂、强酸、强碱、石灰，部分品类如图 5-10 所示。

（a）蓄电池　　（b）酸铅蓄电池　　（c）甲醛溶液　　（d）汞

（e）无机液体黏合剂　　（f）强酸　　（g）石灰

图 5-10　中铁快运禁运的部分腐蚀性物质

9. 杂项危险物质和物品

中铁快运禁运的杂项危险物质和物品包括石棉、蓖麻籽、蓖麻粉、化学品箱、急救箱，如图 5-11 所示。

（a）石棉　　　　　　（b）蓖麻籽　　　　　　（c）蓖麻粉

（d）化学品箱　　　　　（e）急救箱

图 5-11　中铁快运禁运的杂项危险物质和物品

10. 违禁品

中铁快运禁运的违禁品包括非法出版书籍、非法音像制品、管制刀具、枪械、无准运证香烟（3 条及以上）、无运输证明麻醉类药品、毒品、猛兽、超过 20 千克活动物、尸体、骨灰，部分品类如图 5-12 所示。

（a）管制刀具　　　（b）枪械　　　（c）无准运证香烟（3 条及以上）　　（d）无运输证明麻醉类药品

（e）毒品　　　　　（f）猛兽　　　　　（g）骨灰

图 5-12　中铁快运禁运的部分违禁品

6. 列车给水、吸污作业

（1）给水站根据给水方案配备给水人员，防护用具应齐全，给水人员按指定线路提前到指定位置接送车，有人防护，同去同回。

（2）按规定程序及时上水，始发列车每辆装满水，中途站按给水方案补水，有注水口的挡板锁闭，水管回卷到位（管头插入上水井内）。吸污站按规定进行吸污作业，保持作业清洁。作业完毕，向站台客运人员报告。

7. 应急处置

（1）遇恶劣天气、列车停运、列车大面积晚点、启动热备车底、突发大客流、设备故障、客票（服）系统故障、火灾爆炸、重大疫情、食物中毒、作业车辆（设备）坠入站台、旅客人身伤害等非正常情况时，及时启动应急预案，掌握售票、候车、旅客滞留、高铁快件等情况，维持站内秩序，准确通报信息，做好咨询、解释、安抚等善后工作。

① 列车晚点 15 分钟以上时，根据调度通报，公告列车晚点信息，说明晚点原因、晚点时间，广播每次间隔不超过 30 分钟。电子显示屏实时显示。按规定办理退票、改签或提供免费饮食品，协调市政交通衔接。

② 遇列车在车站空调失效时，站车共同组织；必要时，组织旅客下车、换乘其他列车或疏散到车站安全处所。到站后按规定退还票价差额。

③ 遇车底变更时，车站按车底变更计划调整席位，组织旅客换乘，告知列车，并按规定办理改签、退票。

④ 遇售票、检票系统出现故障时，组织维护部门进行故障排查，按规定启用应急售票、换票程序，组织人工办理检票。

⑤ 遇列车故障途中需更换车底时，在车站换乘的，由客调通知换乘站、高铁快件到站，由换乘站组织集装件换车。在区间换乘的，集装件不换至救援车，由故障车所在地铁路局根据救援方案一并安排随车运送至动车所所在地高铁车站，动车所所在地高铁车站编制客运记录并安排最近车次运送至目的车站。

（2）有应急预案培训和演练，有记录，有结果，有考核。

（3）春、暑运等客流高峰时期，换票、验证、安检、进站等处所设有快速（绿色）通道。

案例分析

应急措施要快，后续处置要稳

2016 年 4 月 13 日，6 岁的小伟和家人乘坐 G7305 次列车前往杭州旅行。小伟坐在父母中间，看着窗外的风景，高兴地吃着三明治，吃着吃着，突然抽搐起来，脸色越来越白，嘴唇发紫、眼睛暴突，小伟的妈妈吓得手足无措。

"快来救救我的儿子啊……快来人啊……"

思考：面对以上突发情况，如果你是工作人员，该如何处置？

分析：列车上遇旅客突然发病或食物中毒等非正常情况时，应及时启动应急预案，掌握旅客基本情况，维持站内秩序，准确通报信息，做好咨询、解释、安抚等善后工作。

例如，本案例的具体处置方法如下：正在巡视的列车员小黄听到哭喊声，立即赶到现场了解情况，并用对讲机向列车长小张汇报了情况。随即，列车上响起了紧急寻医的广播声，不一会儿，列车长小张拎着药箱，带着旅客杨医生赶至小伟所在的车厢。

经杨医生诊断，小伟生病是被食物噎住所致。在杨医生的指导下，乘务人员对小伟进行了催吐。他将口中的食物吐出来后便恢复了呼吸，脸色也渐渐好转。车厢内响起了热烈的掌声。

虽然小伟没有了险情，但乘务人员不敢放松，一路上协助杨医生量血压、听心跳，密切观察小伟的情况。列车长小张拨通了杭州站值班室的电话，要求联系救护车进站接车。列车到达杭州站，救护车和急救人员已经在站台上等候，最后小伟被送上救护车，并被送入最近的医院进行救治。

5.1.6　商业广告经营

1. 站内商业场所规划要求

站内商业场所、位置、面积、业态布局统一规划，不占用旅客候车空间，不影响旅客乘降流线；统一标志、统一服务内容、统一服务标准，有商业经营管理规范，对经营行为有检查、有考核。

2. 经营单位要求

经营单位持有效经营许可证，经营行为规范，明码标价。文明售货，提供发票。不出售禁止或限量携带等影响运输安全的商品，不出售无生产单位、无生产日期、无保质期、过期、变质及口香糖等严重影响环境卫生的食品。代搬行李服务无诱导旅客消费。

3. 餐饮食品经营要求

餐饮食品经营场所环境卫生符合要求，用具清洁，消毒合格，生熟分开。销售散装熟食品时，有防蝇、防尘措施，不徒手接触食品。

4. 站内广告设置要求

站内广告设置场所、位置、面积、形式统一规划，广告设施安全牢固，形式规范，内容健康，与车站环境相协调。不挤占、遮挡图形标志、业务揭示、安全宣传等客运服务信息，不影响客运服务功能，不影响旅客安全。旅客通道内安装的广告牌使用嵌入式灯箱，突出墙面部分不超过 200 毫米，棱角部位采取打磨、倒角处理。除围墙、栅栏外，无直接涂写、张贴式广告。广播系统不发布音频广告。播放视频时不得外放声音。

5.1.7　基础管理

（1）管理制度健全，有考核、有记载。定期分析安全和服务质量状况，有针对性具体整改措施。

（2）业务资料配置到位，内容修改及时、正确。

（3）各工种按岗位责任各司其职，相互协作，落实作业标准。

（4）业务办理符合规定，票据、台账、报表填写规范、清晰。营运进款结算准确，票据、现金入柜加锁，及时解款。

（5）定期召开站区结合部协调会，有监督、有检查、有考核。

（6）定期开展职业技能培训，培训内容适应岗位要求，评判准确。

5.1.8 人员素质

（1）身体健康，五官端正，持有有效健康证明。新入职人员具备高中（职高、中专）及以上文化程度。

（2）持有有效上岗证，经过岗前安全、技术业务培训并合格。客运值班员、售票值班员、客运计划员、综控室操作人员从事客运服务工作满2年。综控室操作人员具备广播员资质。

（3）熟练使用岗位相关设备设施，熟知岗位业务知识和职责，掌握岗位应急处置作业流程，具备应对突发事件的能力。

案例分析

2016年4月2日，一辆从重庆开往广州的列车由于躲避过往列车，在中途停车等待。由于天气闷热，列车内变得非常憋闷，有些旅客开始抱怨起来。

思考：如果你是列车工作人员，遇到这种情况应怎样处理？

分析：经验丰富的列车长见此情况预计等待的时间比较长，如果让旅客单调无聊地等下去，可能会使其因情绪不佳引发矛盾。于是，他召集所有列车员开会，希望通过和旅客进行良好的沟通来化解矛盾，列车员积极地为此次列车的特殊服务出谋划策。随后，列车长带领列车员尝试用人性化和互动的方式与旅客进行沟通，真诚主动地关注旅客的感受和需求。

首先，列车组真诚面对旅客，如实地告知旅客列车临时停车的原因及等待时间，回答每一位旅客提出的问题。列车长特意用平实、通俗的语言向旅客及时播报最近的信息，解释列车延误的原因，此举立刻拉近了列车组和旅客之间的距离，赢得了旅客的理解。而后，列车员即兴在列车上开展了一个小活动，请旅客品尝他们调制的"自助饮料"，并猜出是由哪几种果汁混合而成的。旅客表现出极大的兴趣和参与的热情，有单独品尝的，也有和朋友、家人一起喝、一起猜的，获得奖品的旅客还兴致勃勃地表演了小节目。漫长的等待时间就在一片欢声笑语中悄悄溜走了。当列车长广播还有5分钟列车就重新开动时，旅客才意识到他们在列车上已经等了近3个小时；当列车组员向旅客表达真诚的谢意时，列车里早已响起热烈的掌声。

5.2

动车组列车服务质量规范

《动车组列车服务质量规范》对中国铁路总公司所属铁路运输企业的动车组列车旅客运输服务提出了质量要求。

5.2.1　安全秩序

动车组列车安全秩序服务质量标准如下。

（1）防火防爆、人身安全、食品安全、现金票据、结合部等安全管理制度健全有效。

（2）出、入动车所前，由车辆、客运人员对上部服务设施进行检查，办理一次性交接；运行途中，发现上部服务设施出现故障时，客运乘务人员立即向列车长报告，并通知随车机械师共同确认、处理。

（3）各车厢灭火器、紧急制动阀（手柄或按钮）、烟雾报警器、应急照明灯、防火隔断门、紧急门锁、紧急破窗锤、气密窗、厕所紧急呼叫按钮及车门防护网（带）、应急梯、紧急用渡板、应急灯（手电筒）、扩音器等安全设施设备配置齐全，作用良好，定位放置。乘务人员知位置、知性能、会使用。

（4）安全使用电源，正确使用电器设备。电器元件安装牢固，接线及插座无松动，按钮开关、指示灯作用良好；不乱接电源和增加电器设备，不超过允许负载。配电室（箱）、电气控制柜锁闭，无堆放物品。不用水冲刷车内地板、连接处和车内电器设备。

（5）餐车配置的微波炉、电烤箱、咖啡机等厨房电器符合规定数量、规格和额定功率，规范使用，使用中不离开操作区域，用后及时断电、清洁。

（6）执行车门管理制度。

① 列车到站停稳后，司机或随车机械师开启车门，并监控车门开启状态。开车前，列车长（重联时为运行方向前组列车长）确认站方开车铃声结束、旅客乘降、高铁快件和餐车物品装卸完毕后，通知司机或随车机械师关闭车门。

② CRH5 型动车组列车停靠低站台时，到站前乘务人员提前锁闭辅助板指示锁并打开翻板，开车后及时将翻板及辅助板指示锁复位。

③ 餐车上货门仅供餐车售货人员补充商品、餐料时使用，旅客不得乘降。

④ 列车运行中，车门、气密窗锁闭状态良好。定期巡视，保持通道畅通。发现车门未锁闭或锁闭状态不良时，指派专人看守，并及时通知随车机械师处理。

（7）安全标志设置齐全、规范，符合标准。采用广播、视频、图形标志、服务指南等方式，宣传安全常识和车辆设备设施的使用方法，提示旅客遵守安全乘车规定。

（8）列车运行中做好安全宣传和防范，车内秩序、环境良好，无闲杂人员随车叫卖、拣拾、讨要。列车员发现可能损坏车辆设施和影响安全、文明的行为应及时制止。

（9）列车上各处所禁止吸烟，加强禁烟宣传，发现吸烟行为及时劝阻，并由公安机关依法查处。

（10）行李架、大件行李存放处的物品要摆放平稳、牢固、整齐。大件行李放在大件行李存放处，不占用席（铺）位，不堵塞通道。锐器、易碎品、杆状物品及重物等放在座（铺）位下面或大件行李存放处。衣帽钩限挂衣帽、服饰等轻质物品。使用小桌板不超过承重范围。

（11）发现旅客携带可疑物品及无人认领的物品时，配备乘警的列车通知乘警到场处理；未配备乘警的列车由列车长处理，对危险品做好登记、保管及现场处置，并交前方停车站（公安部门）处理。

（12）发现行为、神情异常的旅客时，应重点关注，配备乘警的列车通知乘警到场处理；未配备乘警的列车由列车长处理，情形严重时交列车运行前方停车站处理。

（13）旅客突然受伤或发病时，应提供协助，通过广播寻求医护人员帮助；情形严重的，报告客调。

（14）乘务人员进出车站和动车所（客技站）时走指定通道，通过线路时走天桥、人行地道，走平交道时做到"一停二看三通过"，不横越线路，不钻车底，不跨越车钩，不与运行中的机车车辆抢行。进出车站时集体列队。

（15）乘务人员在接班前充分休息，保持精力充沛，不在班前、班中、折返站饮酒。

5.2.2　设备设施

动车组列车设备设施服务质量标准如下。

（1）车辆设备设施齐全，符合动车组所质量标准。

① 乘务员室、监控室、多功能室、洗脸间、厕所、电气控制柜、备品柜、储藏柜、清洁柜、衣帽柜、大件行李存放处、软卧会客室等不挪作他用或改变用途。多功能室用于照顾重点旅客。

② 车辆外观整洁，内外部油漆无剥落、褪色、流坠；车内顶棚不漏水，内外墙板及车内地板无破损、无塌陷、不鼓泡；渡板及各部位压条、压板、螺栓不松动、无翘起；脚蹬安装牢固，无腐蚀破损；手把杆无破损、松动。各部位金属部件无锈蚀。

③ 广播、空调、电茶炉、饮水机、照明灯具、电子显示屏、电视机、车载视频监控终端、控制面板、电源插座、车门、端门、儿童票标高线、地板、车窗、翻板、站台补偿器、窗帘、座椅、脚蹬、小桌板、靠背网兜、茶桌、座席号牌、衣帽钩、行李架、垃圾箱、洗手盆、水龙头、梳妆台、面镜、便器、洗手液盒、一次性坐便垫盒、卫生纸盒、擦手纸盒、婴儿护理台、镜框、洗脸间门帘、干手器，商务座车小吧台、呼唤应答器、阅读灯，软卧车铺位号牌、包房号牌、卧铺栏杆、扶手、呼叫按钮、沙发、报刊栏，餐车侧门、餐桌、吧台、冰箱、展示柜、微波炉、电烤箱、售货车等服务设备设施齐全，作用良好，能正常使用，外观整洁，出现故障、破损时及时修复。

④ 车厢通过台外端门框旁设儿童票标高线。儿童票标高线宽 10 毫米、长 100 毫米，

距地板面分别为 1.2 米和 1.5 米，以上缘为限，距内端门框约 100 毫米。

（2）车内各种服务图形标志型号一致，位置统一，安装牢固，齐全醒目，符合规定。

（3）车厢外部的电子显示屏显示列车运行区间、车次、车厢顺号等信息，车内电子显示屏显示列车运行区间、车次、车厢顺号、停站、运行速度、温度、中国铁路客户服务中心客户服务电话（区号＋电话号码）、安全提示等信息，显示及时、准确。

5.2.3　服务备品

动车组列车服务用品服务质量标准如下。

（1）服务备品、材料等符合国家环保规定，质量符合要求，色调与车内环境相协调。

（2）服务备品齐全，干净整洁，定位摆放。布制、易耗备品备用充足，保证使用。布制备品按规定的时间使用和换洗，有启用时间（年、月）标志。

① 软卧车（含高级软卧车）。

a. 包房内有被套、被芯、枕套、枕芯、床单、垫毯、卧铺套、靠背套、茶几布、一次性拖鞋、衣架、不锈钢果皮盘、带盖垃圾桶、热水瓶、积水盘、面巾纸盒及服务指南、免费读物。

b. 备有托盘、热水瓶和一次性硬质塑料水杯。

② 软卧代座车。

a. 包房内有卧铺套、靠背套、不锈钢果皮盘。

b. 包房门框上原铺位号牌处有座席号牌。

c. 备有热水瓶和一次性硬质塑料水杯。

③ 商务座车。

a. 提供小毛巾，就餐时提供餐巾纸、牙签。

b. 有耳塞、靠垫、鞋套、一次性拖鞋、清洁袋、专项服务项目单、服务指南、免费读物。

c. 备有防寒毯、耳机、眼罩、托盘、热水瓶和一次性硬质塑料水杯。

④ 特等座、一等座、二等座车。

a. 有清洁袋、免费读物和服务指南，放置在座椅靠背袋内或其他指定位置。

b. 有座椅套、头枕片；特等座、一等座车座椅有头枕。

c. 电茶炉配有纸杯架的，有一次性纸杯。

d. 乘务组备有热水瓶、耳塞和一次性硬质塑料水杯。

⑤ 餐车。

a. 有座椅套。

b. 有售货车、托盘、热水瓶、一次性硬质塑料水杯。

c. 备有餐巾纸、牙签。

⑥ 洗脸间有洗手液、擦手纸（或干手器）。

⑦ 厕所内有芳香盒和水溶性好的卫生纸、擦手纸，坐便器有一次性坐便垫圈，小便池内放置芳香球。

（3）贴身卧具（被套、床单、枕套）和头枕片干燥、清洁、平整，无污渍、无破损，已使用与未使用的折叠整齐，分别装袋保管。卧具袋防水、耐磨、干净、无破损。贴身卧具与其他布质备品分类洗涤；洗涤、存储、装运及更换不落地、无污染。

（4）卧车垫毯、被芯、枕芯等非贴身卧具备品干燥、清洁，无污渍、无破损，定期晾晒。被芯、枕芯先加装包裹套，再使用被套、枕套。包裹套定期清洗，保持干燥整洁。

（5）布制备品定位存放在储物（藏）柜内。无储物（藏）柜或储物（藏）柜容量不足的，软卧车定位放置在 3 号、7 号、11 号卧铺下。

（6）有厕所专用清扫工具，与车内清扫工具分开定位存放在清洁柜内；无清洁柜的定位隐蔽存放。商务座、特等座、一等座车厢不存放清洁工具。清扫工具、清洁剂材质符合规定。

（7）清洁袋质地、规格符合规定，具有防水、承重性能。

（8）每标准编组车底配备 2 辆垃圾小推车，垃圾小推车、垃圾箱（桶）内套垃圾袋，垃圾袋符合国家标准，印有使用单位标志，与垃圾箱（桶）规格匹配，厚度不小于 0.025 毫米。

（9）列车配有票剪、补票机、站车客运信息无线交互系统手持终端和 GSM-R 通信设备；乘务人员配置手持电台。设备电量充足，作用良好。站车客运信息无线交互系统手持终端在始发前登录，途中及时更新信息。

5.2.4 整备

动车组列车整备服务质量标准如下。

1. 出库标准

（1）车厢内外各处整洁，窗明几净，四壁无尘，物见本色。

① 外车皮、站台补偿器内外、窗门框及玻璃、扶手干净、无污渍。

② 天花板（顶棚）、板壁、边角、地板、连接处、灯罩、座椅（铺位）、空调口、通风口、电茶炉、靠背袋网兜内清洁卫生，无尘、无垢、无杂物。

③ 热水瓶、果皮盘、垃圾箱（桶）、洗脸间内外洁净。

④ 餐车橱、柜、箱干净无异味，分类标志清晰，商品、餐品、饮品和备品分类定位放置。

⑤ 厕所无积便、积垢、异味，地面干净无杂物。将污物箱内的污物排尽。

（2）深度保洁结合检修计划安排在白天作业，范围包括车厢天花板、板壁、遮阳板（窗帘）、灯罩、连接处、车梯、商务座椅表面、座椅（铺位）缝隙、座椅扶手及旋转器卡槽、小桌板脚踏板、暖气罩缝隙、洗手液盒、车厢边角，以及电茶炉、饮水机内部。

（3）布制品、消耗品、保洁工具等服务备品配备齐全，定位放置，定型统一。

① 卧具叠放整齐，摆放统一，床单、头枕片、座席套、茶几布等铺设平整，干净整洁。

② 清洁袋、洗手液、卫生纸、擦手纸、一次性坐便垫圈、服务指南、免费读物、

商务座专项服务等备品补足配齐，定位放置。服务指南中含有旅行须知、乘车安全须知、本车型的设备设施介绍、主要停靠站公交信息、客运服务质量标准摘要及本趟列车销售的商品价目表、菜单。

③ 垃圾小推车等保洁工具及售货车等备品定位放置，不影响旅客使用空间。

（4）可旋转式座椅转向列车运行方向。

（5）定期进行"消、杀、灭"，蚊、蝇、蟑螂等病媒昆虫指数及鼠密度符合国家规定。

2．途中标准

（1）使用垃圾小推车和专用工具适时保洁，保持整洁卫生。旅客下车后及时恢复车容。

① 各处所地面墩扫及时，干燥、干净；台面、桌面、面镜擦抹及时，干净、无水渍。

② 洗脸（手）池、电茶炉沥水盘清理、擦抹及时，无污渍、无残渣、无堵塞、无积水；垃圾车、垃圾箱（桶）、清洁袋、靠背袋网兜、果皮盘清理及时，无残渣；厕所畅通无污物、无异味，按规定吸污。

③ 餐车餐桌、吧台、工作台、微波炉及各橱、箱、柜内保持洁净。

（2）清洁袋、洗手液、卫生纸、擦手纸、一次性坐便垫圈等备品补充及时；卧具污染更换及时。

（3）垃圾装袋、封口、无渗漏，定位放置，在指定站定点投放；不向车外扫倒垃圾、抛扔杂物。

3．终到标准

终到站时车内无垃圾、污水、粪便、异味。垃圾装袋、封口、无渗漏，到站定点投放。

4．到站立即折返标准

（1）站台侧车外皮、门框、车窗干净，无污物、无积尘。

（2）车内地面清洁，行李架、大件行李存放处、扶手及座椅（铺位）、窗台上和靠背网兜内干净整洁；垃圾箱（桶）内无垃圾、无异味。

（3）热水瓶、果皮盘内外洁净，垃圾箱（桶）、洗脸间四周洁净。

（4）餐车橱、柜、箱干净无异味，分类标志清晰，商品、餐品、饮品和备品等分类定位放置。

（5）洗脸间、厕所面镜洁净，洗脸（手）池、便器无污物、无异味。电茶炉沥水盘洁净。

（6）布制品、消耗品和保洁工具等服务备品配备齐全，定位放置，定型统一。

（7）可旋转式座椅转向列车运行方向。

5.2.5　文明服务

动车组列车文明服务除注意 5.1.4 节的规定外，还应注意以下方面。

1.　仪容整洁，着装统一，整齐规范

（1）女性化淡妆上岗，唇线与口红的颜色一致；眉毛修剪整齐，眉毛和眼线为黑色或深棕色；眼影的颜色与制服一致；使用清香、淡雅型香水。工作中保持妆容美观，端庄大方。补妆及时，在洗手间或乘务间进行。不浓妆艳抹。
（2）除列车长外，其他客运乘务人员在车厢内作业时可不戴制帽。
（3）餐车加热、供应餐食时，服务人员戴口罩、手套；女性穿围裙。

2.　用语文明，举止得体，庄重大方

（1）夜间作业、行走、交谈、开关门要轻。进包房先敲门，离开时应倒退出包房。
（2）餐车对旅客供餐时，不在餐车逗留、闲谈、占用座椅、陪客人就餐。
（3）客运乘务人员进出车厢时，面向旅客鞠躬致谢。

案例分析

大度面对委屈，坦诚打动旅客

2017 年 2 月 11 日，春节的喜气尚未散尽，返程客流居高不下。G39 次列车快到济南西站时，随车保洁员小王像往常一样拿着垃圾袋在车厢内收拾垃圾，收到 10 号车厢中间的位置时，发现座位下面有一个小食品袋，捡起来一看，里面有一罐啤酒和一块面包。
"这是哪位旅客的东西？"小王向四周的旅客问道。
一位旅客说："是刚才坐在我旁边那位旅客的，他现在已经下车了。"小王这才把食品袋收进垃圾袋。
到达济南西站停车时，小王将垃圾袋卸下了车。过了一会，突然有人找小王索取啤酒和面包。
"糟了，原来那位旅客还没下车。"小王连忙致歉："对不起，我以为您下车了……由于我的失误给您带来了损失，我再一次向您道歉，如果您需要，我愿意赔偿。"
"你真的愿意赔偿？"那位旅客用不屑的眼神看着小王。
小王很委屈，眼泪在眼眶里直打转，但仍以真诚的笑容期待对方的谅解，旁边的旅客纷纷过来替小王解释。
那位旅客说："算了，不用赔偿了，我相信你。"
思考：在乘务工作中，面对以上突发情况，处理的关键是什么？
分析：一线乘务工作中，随时会有各种各样的事情发生。保持冷静的头脑，以诚待人，运用日常演练的业务技能和服务技巧进行及时、准确的处置，就能很好地解决突发问题。

知识链接

列车员的用语及态度

1. 态度诚恳，亲切有礼

列车员在与旅客交谈时，首先，要把握"以旅客为中心"的原则，不要在谈话中多次使用第一人称"我"，以免突出了自己，而忽略了旅客。其次，要态度诚恳，以情动人，虚情假意的语言同样会让人感觉不舒服。最后，要注意使用礼貌用语，如"请""谢谢""对不起""打扰了"等。

2. 用词恰当，灵活交谈

列车员与旅客交谈时的用词需要考究，在为旅客服务的同时，要避免交谈中出现令人尴尬或避讳的字词，机智灵活。面对不同层次的旅客，服务语言也要有所不同，用词选字要根据旅客的接受能力来确定，保证通俗易懂。

3. 体态语要谦逊、亲和

体态语是声音语言的辅助表达工具，谦逊、亲和的体态语有助于更好地传递情感信息。列车员在与旅客交谈时，表情很重要。从列车员与旅客谈话时的表情和举止中，旅客可以得到是否友好的信息。谦虚善意的体态语会让旅客感觉受到尊重，和蔼可亲的体态语会让旅客有回家的感觉。

4. 声音要温柔、动听

列车员作为一名服务工作者，说话时发音要准确，吐字要清晰、自然，声音要温柔、大方。抑扬顿挫的语调可以让旅客感觉到列车员的感情，动听的声音可以给列车员增加魅力。列车员的声音应根据自身条件的不同来寻找适合自己的语调和音量，若是一味地追求温柔、动听，反而会让旅客感到不舒服。

列车员语言表达方式

在为旅客服务的过程中，列车员的服务语言使用要恰当，过于生硬的语言会导致旅客反感，甚至产生逆反情绪。因此，在进行沟通时，列车员应当注意恰当的表达方式，归纳起来有以下四种。

1. 征求式语气

征求式语气是列车员在服务工作中最常用到的。例如，"请您不要在车厢内吸烟好吗？""我能帮您把行李放到行李架上吗？"在向旅客提出要求时，列车员用征求意见的口气去询问，语气温柔和蔼，会让旅客感到自己得到应有的尊重，自然也就会配合列车员的工作。

征求式语气常用于需要旅客配合工作的情况，询问时，列车员要机智灵活。如果列车员询问失败，应当更换交谈方式，不要生搬硬套地只用一种交谈方式，以免造成与旅客的关系硬化，不利于事情的解决。

2. 商讨式语气

商讨式语气是列车员在进行协调时经常用到的一种交谈方式，如"如果您方便的话，能不能与后排的一位旅客换一下座位？"用商量的语气与旅客交谈，让旅客感到得到充分的尊重，使其能够配合或协助完成一项工作。在使用商讨方式交谈时，一定要注意意思表达正确，不要让旅客理解为"他重要，我就不重要"，应先肯定商讨的对象，再提出需要商讨的问题，要让旅客感到受到尊重的同时觉得自己做了一件助人为乐的好事。

3. 委婉式语气

列车员在服务过程中，常会遇见一些不能直面劝解的问题，对于此类问题，可以用委婉式语气与旅客交谈。例如，"请您原谅，安全锤是在紧急的情况下才使用的，所以您不要随意玩耍。"对于无理取闹的旅客，列车员需要有更多的耐心，用委婉的语气进行劝导。

4. 恳求式语气

恳求式语气一般用于列车员处于弱势时，通过恳求的语言，"以情动人"，使对方的情绪放松，是一种斗智的心理战术。

3. 温度适宜，环境舒适

（1）通风系统作用良好，车内空气清新，质量符合国家标准。始发前对车厢进行预冷、预热，车内温度保持冬季为 18～20℃，夏季为 26～28℃。

（2）车内照明符合规定。夜间运行（22:00～7:00）时，座车关闭半夜灯；始发、终到站和客流量大的停站，以及列车途经地区与北京时间存在时差时自行调整。

（3）广播视频的规定如下。

① 广播常播内容录音化，使用普通话。经停少数民族自治地区车站的列车可根据需要增加当地通用的民族语言播音。过港列车可增加粤语播音。直通列车可增加英语播报客运作业信息。

② 广播语音清晰，音量适宜，用语准确，不干扰旅客正常休息。自动广播系统播报正确。

③ 视频系统性能良好，使用正常，始发前开启系统播放节目，播放内容符合规定并定期更新。

④ 广播、视频内容以方便旅行生活为主，介绍宣传安全常识和车辆设备设施的使用方法，提示旅客遵守安全乘车规定，播报前方停站、到站信息等内容，适当插播文艺娱乐、文明礼仪、沿线风光、民俗风情、餐食供应、广告等节目。

4. 用水供应

（1）饮用水保证供应，途中上水站按规定上水。使用饮水机的备有足量桶装水。

（2）列车始发后为旅客送开水，途中有补水服务；售货车配热水瓶，利用售货时间为有需求的旅客提供补水服务。

5. 厕所供应

运行途中，厕所吸污时或未供电时锁闭厕所，其他时间不锁闭厕所。厕所锁闭时，为特殊情况急需使用厕所的旅客提供方便。

6. 提供电源插座

公共区域的电源插座保证符合标示范围的旅行必需的小型电器正常使用。

7. 服务信息提示

通过图形符号、电子显示、广播、视频、服务指南等方式宣传旅客运输服务信息及客运服务质量标准摘要，引导旅客自助服务。

8. 卧具终点站收取，贴身卧具一客一换

到站前提醒卧车旅客做好下车准备，不干扰其他旅客。夜间运行时，卧车乘务员在边凳值岗，并定时巡视车厢。始发后和夜间客运乘务人员对卧车核对铺位。列车剩余铺位在列车办公席或指定位置公开发售，公布手续费收费标准。

9. 妥善保管旅客遗失物品

发现旅客遗失物品时应妥善保管，设法归还失主，无法归还时编制客运记录交站处理。无法判明旅客下车站时交列车终到站处理。

10. 根据旅客乘坐列车等级和席别提供相应服务

（1）商务座车配有专职人员，主动介绍专项服务项目，提供饮品、餐食、小食品、小毛巾、耳塞等服务。

① 饮品有茶水、饮料，品种不少于 6 种，茶水全程供应。

② 逢供餐时间的，免费供应餐食。供餐时间为早餐 8:00 以前，正餐 11:30～13:00，晚餐 17:30～19:00。

③ 正餐以冷链为主，配用速溶汤，分量适中，可另行配备面点、菜品、佐餐料包等。品种不少于 3 种，配有清真餐食，定期调整。

④ 选用非油炸类点心、蜜饯类、坚果类等无壳、无核、无皮、无骨的休闲小食品，品种不少于 6 种，独立小包装。

（2）"G"字头跨局动车组特等座、一等座车提供饮品、小食品等服务，全程提供送水服务。

案例分析

以情动人，以礼服人

2017 年 1 月，一趟北京—珠海的列车上，头等车厢满客，其中有 5 名 VIP 旅客，列车组非常重视。头等车厢 15 号座位是一位外籍旅客，入座后对列车员很友善，并不时和列车员做鬼脸开玩笑。列车开行后这名外籍旅客一直在睡觉，列车员忙碌着为其他旅客提供餐饮服务。然而两个小时后，这名外籍旅客忽然怒气冲冲地走到服务区，用英语对列车员抱怨："两个小时的时间里，你们竟然不为我提供任何服务，甚至连一杯水都没有！"说完就返回座位了。旅客突如其来的愤怒让列车员很吃惊。头等车厢列车员小艾很委屈地说："列车长，他一直在睡觉，我不方便打扰他呀！"说完立即端了一杯水送过去，但被这位旅客拒绝了；接着她又送去一盘点心，旅客仍然不予理睬。

思考： 如果你是工作人员，会怎样处理？

分析： 在处理旅客事务过程中，列车工作人员应细致认真、尊重旅客，在工作过程中准确把握旅客需求，并能够灵活运用旅客心理方法。

本案例中面对旅客的拒绝，列车员小艾的处理如下。眼看着将进入停车靠站阶段，不能让旅客带着怒气下列车。于是小艾灵机一动，用水果制作了一个委屈脸型的水果盘，端到外籍旅客的面前，慢慢蹲下来轻声说："先生，我非常难过！"旅客看到用水果拼盘制成的脸谱很吃惊。"真的？为什么难过呀？""其实在行车过程中我们一直都在关注您，列车开行后，您就睡觉了，我们为您盖上了毛毯，关闭了通风孔，后来我发现您把毛毯拿开了，继续闭目休息。"旅客情绪开始缓和，并微笑着说："是的！你们如此真诚，我误解你们了，或许你们也很难看清楚我到底是睡着了还是闭目休息，我为我的粗鲁向你们道歉，请原谅！"说完他把那片表示难过的西红柿片旋转180°，变成一个展现笑容的果盘。

11. 全面服务，重点照顾

（1）无需求无干扰。通过广播、电子显示屏等方式宣传服务设备的使用方法，方便旅客自助服务。

（2）有需求有服务。在各车厢电子显示屏公布中国铁路客户服务中心客户服务电话。实行首问首诉负责制。受理旅客咨询、求助、投诉，及时回应，热情处置，有问必答，回答准确；对旅客提出的问题不能解决时，指引到相应岗位，并做好耐心解释。

（3）重点关注，优先照顾，保障重点旅客服务。

① 按规范设置无障碍厕所、座椅、专用座席等设施设备，作用良好。

② 对重点旅客做到"三知三有"（知座席、知到站、知困难，有登记、有服务、有交接）；为有需求的特殊重点旅客联系到站提供担架、轮椅等辅助器具，及时办理站车交接。

（4）尊重民族习俗和宗教信仰。经停少数民族自治地区车站的列车可按规定在图形标志增加当地通用的民族语言文字，可根据需要增加当地通用的民族语言播音。

案例分析

列车上有一位旅客上车后向列车员索要毛毯，但毛毯放在后服务车厢，列车员正在疏导旅客，不能及时满足这位旅客的需求。在列车员引导旅客完毕后到后服务车厢拿毛毯，因毛毯只有十几条，列车员来到该旅客面前时发现毛毯仅剩下一条，而此时又有一位儿童旅客需要毛毯，列车员权衡再三将最后一条毛毯发给了儿童旅客，于是年长的旅客非常不满。

思考： 如果你是列车员，面对这种情况应怎样处理？

分析：

（1）在旅客提出需要服务用品时，无论多忙也应记住是哪一排哪一位旅客，在语言、语气上给旅客以受到足够重视感，因为忙乱之间的一句不经意的回答，多数会给人以敷衍、不耐烦感。在繁忙时，列车员可以这样说："非常抱歉先生/女士，现在正在……期间，您可否在座位上稍微休息一下，我会尽快给您送来。"

（2）在服务用品较少而旅客需求量大的情况下，应事先稍做说明。如果直接说"已经没有了、发完了"会让旅客感到他损失了基本利益而非常不满，可以说："不好意思女士/先生，您看这已经是我们列车开行的第××段了。干净的、没用过的毛毯所剩不多了，车上又有这么多老人和孩子，我先帮您把通风口关掉吧？要不帮您倒杯热水？稍后我立即向列车长汇报，请车组将温度调高。"

5.2.6 应急处置

动车组列车应急处置服务质量标准如下。

（1）火灾爆炸、重大疫情、食物中毒、空调失效、设备故障和列车大面积晚点、停运、变更径路、启用热备车底等非正常情况下的应急处置预案健全有效，预案内容分工明确，流程清晰。日常组织培训，定期组织演练，培训演练有记录、有结果、有考核。

（2）配备照明灯、扩音器等应急物品，电量充足，性能良好。灾害多发季节增备餐料、易于保质的食品、饮用水和应急药品，单独存放。

（3）遇火灾爆炸、重大疫情、食物中毒、空调失效、设备故障和列车大面积晚点、停运、变更径路、启用热备车底等非正常情况时，及时启动应急预案，掌握车内旅客人数及到站情况，维持车内秩序，准确通报信息，做好咨询、解释、安抚、生活保障等善后工作。

① 列车晚点 15 分钟以上时，列车长根据调度、本段派班室（值班室）或车站的通报，向旅客公告列车晚点信息，说明晚点原因和时间。广播每次间隔不超过 30 分钟，可利用电子显示屏实时显示。

② 遇列车空调出现故障时，有条件的，将旅客疏散到空调良好的车厢；需开启车门通风的，在车门安装防护网，有专人防护。在停车站，开启站台一侧车门；在途中，开启运行方向左侧车门。运行途中劝阻旅客不在连接处停留，临时停车时严禁旅客下车。在站停车须组织旅客下车时，站车共同组织。按规定做好旅客到站退还票价差额时的站车交接。

③ 热备车底的乘务人员、随车备品和服务用品同步配置到位。遇启用热备车底时，做好宣传解释，配合车站共同组织旅客换乘其他列车，或者按照车站通报的席位调整计划组织旅客调整席位，按规定做好站车交接。

④ 遇变更径路时，做好宣传解释，组织不同径路的旅客下车，按规定做好站车交接。

⑤ 车门出现故障导致无法自动开启时，应手动开启车门，并通知随车机械师处理；

无法关闭时，由专人看守并通知随车机械师处理。使用车门紧急解锁拉手后，及时复位。

案例分析

【案例一】

2016 年 12 月 10 日，宁波—南京的 G7638 次列车到达绍兴北站前，列车员小王提前站在 3 号车厢门口立岗，不料列车停稳后，车门没有像平常一样打开。

"糟糕，可能是车门坏了。"小王心想。

因为 3 号车没有旅客下车，小王赶忙去邻近车厢的车门处查看，其他车厢的车门都是正常打开的。

小王立即用对讲机将这一情况向列车长小陈做了汇报，列车长通知机械师过来查看后确认为车门故障。

陈车长叮嘱小王要提前组织好车门口乘降，做好对旅客的宣传解释和服务工作，弥补因设备故障给旅客带来的不便。3 号车厢是商务车厢，小王用贴心细致的服务、周到的语言，把弥补工作做在前面。每到站前 10 分钟，小王便微笑着去征求下车旅客的意见。

"女士，是否需要帮助您提拿行李？3 号车门有故障，请从 4 号车门下车。"

"先生，真对不起，这边车门出现了故障，我带您从 4 号车厢门口下车吧。"

……

旅客感受到小王的真诚，纷纷点头微笑，表示谅解。

每次到站前，列车长积极与站方联系，说明情况。经站方有序组织，上车旅客都顺利地从 4 号车门上了车。

思考：遇到列车故障，动车组应如何应对？

分析：每次乘务工作，都有可能遇到突发事件，所以出乘前，一定要做好应急预案，遇到紧急情况时，要快速、冷静地做好应对，将不利影响降至最低。

【案例二】

车门故障不慌乱，落实预案故障消

2016 年 2 月 11 日，D97 次列车停靠松江南站左侧站台，此时，司机通知机械师车门开启出现故障，全列车左侧车门无法打开。

经机械师同意，列车员采取手动式开门，致使列车晚点 5 分钟。机械师又进行检查确认重启，但依然无法消除故障。

列车长立即向上海局和南昌局客调及段值班室、车队汇报：D97 次全列左侧车门故障，且中途无法修复；请求列车前方到站时统一停靠右侧站台，以确保旅客乘降安全。班组立即启动"车门故障"应急处理方案，列车到站后，列车长确认旅客上下完毕，准时关门开车，最终列车安全准点到达南昌站。

思考：班组启动的"车门故障"应急处理方案是什么？

分析：班组启动"车门故障"应急处理方案：广播宣传，提前告知，若列车前方站仍停靠左侧站台，立即落实一人一车门，手动开启车门；班组循环广播相关通告，做好引导，确保到站旅客乘降安全有序；班组加强车内巡视，及时了解旅客下站情况，提前组织安排旅客到车门口等候下车；列车到站后，列车长认真确认旅客上下完毕，准时关门开车。

⑥ 发生烟火报警时，随车机械师、列车长和乘警根据司机通知立即到报警车厢查实确认，查看指定车厢的客室、卫生间，随车机械师重点查看电气设备。若发生客室或设备火情，列车长或随车机械师立即通知司机按规定实施制动停车，并启动应急预案进行处理；若确认因吸烟等非火情导致烟火报警时，由随车机械师做好恢复处理，乘警依法调查，并向旅客通告。

⑦ 发生人身伤害或突发疾病时，积极采取救助措施，按规定办理站车交接，客运乘务员不下车参与处理。必要时可请求在前方所在地有医疗条件的车站临时停车处理。

5.2.7　列车经营

动车组列车经营服务质量标准如下。

1. 餐饮经营规范

（1）餐饮经营符合有关审批、安全规定，证照齐全有效。食品经营单位的食品安全管理制度健全。

（2）餐车销售的饮食品符合国家有关规定。销售的商品质价相符，明码标价，一货一签，价签有"CRH"标志，提供发票。餐车、车厢明显位置、售货车、服务指南内有商品价目表和菜单，无变相卖座和只收费不服务现象。

（3）餐车整洁美观，展示柜布置艺术，与就餐环境相协调；厨房保持清洁，各种用具定位摆放。商品、售货车等不堵通道，不占用旅客使用空间。售货车内外清洁，定位放置，有制动装置和防撞胶条。

（4）商品柜、冰箱、吧台、橱柜不随意放置私人物品（乘务员随乘携带的餐食等定位存放）。餐食、商品在餐车储藏柜、冰箱内定位放置，不占用旅客使用空间。

（5）餐车配置的微波炉、电烤箱、咖啡机等厨房电器符合规定数量、规格和额定功率，保持洁净。

（6）经营行为规范，文明售货，不捆绑销售商品。非专职售货人员不从事商品销售等经营活动。餐车实行不间断营业，并提供订、送餐服务。销售人员不得在车内高声叫卖、频繁穿梭，销售过程中主动避让旅客。夜间运行时，不得进入卧车销售，座车可根据情况适当延长或提前销售时间，但不得超过 1 小时。

（7）供应品种多样，有高、中、低不同价位的预包装饮用水、盒饭等旅行饮食品，2 元预包装饮用水和 15 元盒饭不断供。尊重外籍旅客和少数民族的饮食习惯。盒饭以冷链为主，热链为辅，常温链仅做应急备用，有清真餐食。

（8）餐饮品、商品有检验、签收制度，采购、包装、储存、加工、运输、销售符合食品卫生安全要求。

（9）不出售无生产单位、无生产日期、无保质期和过期、变质，以及口香糖、方便面等严重影响列车环境卫生的食品。超过保质期限的食品单独存放并回收销毁。

（10）一次性餐饮茶具符合国家卫生及环保要求。

2. 广告经营规范

广告发布的内容、形式、位置等符合有关规范，布局合理，安装牢固，内容健康，与列车环境协调，不挤占铁路图形标志、业务揭示、安全宣传等客运服务内容或位置，不影响安全和服务功能，不损伤车辆设备设施。

5.2.8 高铁快件

动车组列车高铁快件服务质量标准如下。

1. 高铁快件集装件码放要求

高铁快件集装件按装载方案指定位置码放；码放在车厢内最后一排座椅后的空档处时，不影响座椅后倾，高度不超过座椅；需中途换向的列车，不使用最后一排座椅后的空档处。利用高铁确认列车运输时，可使用纸箱、集装袋等集装容器；集装件可码放在大件行李处、通过台、车厢过道及座椅间隔处等位置，但不码放在座椅上；单节车厢装载的集装件总重量不超过列车允许载重量（二等座车厢标记定员×80千克）。

2. 列车乘务人员运行途中巡视、检查高铁快件集装件码放、外包装、施封等状况

发现高铁快件集装件短少或外包装、施封破损立即报告列车长。短少的，列车长确认后，组织查找，上报运行所在局客调；破损的，会同乘警或其他列车乘务人员共同检查，并拍照留存（含可视的内装高铁快件）。开具客运记录，并通知到站。

3. 遇列车故障途中需更换车底时，列车长报告高铁快件装载情况

在车站换乘更换乘务组的，救援车乘务组确认集装件换车情况，并办理交接。在区间换乘的，集装件不换至救援车。故障车乘务组随故障车返回的，由故障车乘务组负责途中看管，与动车所所在地高铁车站办理交接。故障车乘务组随救援车继续担当乘务的，铁路局安排专人与乘务组办理集装件交接。

5.2.9 基础管理

动车组列车基础管理服务除注意 5.1.7 节相关规定外，还应注意以下几个方面。

（1）按规定配置业务资料，内容修改及时、正确。除携带铁路电报、客运记录、车内补票移交报告外，车上不携带其他纸质资料台账。

（2）各工种在列车长的领导下，按岗位责任各负其责，相互协作，落实作业标准，有监督、有检查、有考核。

（3）客运乘务人员配备统一乘务箱（包），集中定位摆放；洗漱用具、茶杯等定位

摆放。

（4）库内保洁作业纳入动车所一体化作业管理，动车所满足一体化吸污、保洁等整备作业条件。

（5）备品柜、储藏柜按车辆设计功能使用，备品定位摆放。单独配置的备品柜与车身固定，并与车内环境相协调。

5.2.10　人员素质

动车组列车工作人员素质除 5.1.8 节的要求外，还有以下几点要求。

（1）具备高中（职高、中专）及以上文化程度，保洁人员可适当降低学历要求。

（2）从事餐饮服务的人员有卫生知识培训合格证明。广播员有一定编写水平，经过广播业务、技术培训合格。

（3）列车长从事列车乘务工作满 2 年。列车值班员从事列车乘务工作满 1 年。列车长、商务座、软卧列车员能够使用简单英语。

（4）掌握担当列车沿途停站和时刻，沿线长大隧道、桥梁、渡海等线路概况，以及上水、吸污、垃圾投放等作业情况。

练 习 题

一、填空题

1. _____是指由若干带动力和不带动力的车辆以固定编组组成、两端设有司机室的一组列车。

2. 高铁中型及以上车站客运安全服务质量标准要求安全设备设施配备齐全到位，作用良好，落地玻璃前应设有_____和_____。

3. 办理动车组列车旅客乘降业务的普速车站，设有动车组旅客专用的售票窗口、候车室，相关标志含有"和谐号"、_____、_____三个基本元素，"和谐号"的字体为隶书、加粗，字号大于标志中的其他文字。

4. 高铁车站客运组织服务质量标准要求在售票处醒目位置公布售票时间和停售时间，开窗时间不晚于本站首趟列车开车前_____小时，关窗时间不早于本站最后一趟列车办理客运业务后_____分钟。

5. 高铁车站客运组织服务质量标准要求对日期车次不符、减价不符、_____等人员按规定拒绝进站、乘车。

6. 列车晚点_____分钟以上时，根据调度通报，公告列车晚点信息，说明晚点原因、晚点时间，广播每次间隔时间不超过_____分钟。

7. 乘务人员对动车组列车各车厢灭火器、紧急制动阀（手柄或按钮）、烟雾报警器、应急照明灯、紧急门锁等安全设施设备应做到知位置、_____、_____。

8. 乘务人员进出车站和动车所（客技站）时走指定通道，通过线路时走天桥、人行地道，走平交道时做到_____，不横越线路。

二、选择题

1. 电梯、天桥、楼梯悬空侧按规定设置防护装置，高度不低于（　　）米。

    A. 1.5　　　　　　B. 1.6　　　　　　C. 1.7　　　　　　D. 1.8

2. 高铁中型及以上车站设备设施服务质量标准要求图形标志符合标准，齐全醒目，位置恰当，安装牢固，内容规范，信息准确。其中，售票窗口、自动售（取）票机、自动检票机前设置黄色"一米线"，宽度为（　　）厘米。

    A. 10　　　　　　B. 15　　　　　　C. 20　　　　　　D. 30

3. 高铁车站文明服务质量标准要求不赤足穿鞋，不穿尖头鞋、拖鞋、露趾鞋，鞋跟高度不超过（　　）厘米，跟径不小于（　　）厘米。

    A. 2.0，2.0　　　B. 2.5，2.5　　　C. 3.0，3.0　　　D. 3.5，3.5

4. 高铁车站文明服务质量标准要求服务语言表达规范、准确。对旅客、货主称呼恰当，可统称为（　　）。

    A. "旅客们"

    B. "旅客们""各位旅客"

    C. "旅客们""各位旅客""旅客朋友"

    D. "旅客们""各位旅客""旅客朋友""各位朋友"

5. 高铁车站客运组织服务质量标准要求进站、候车秩序良好，通道畅通，安检日常旅客排队进站等候不超过（　　）分钟。

    A. 5　　　　　　B. 10　　　　　　C. 15　　　　　　D. 20

6. 高铁车站人员素质服务标准要求客运值班员、售票值班员、客运计划员、综控室操作人员从事客运服务工作满（　　）年。

    A. 1　　　　　　B. 2　　　　　　C. 3　　　　　　D. 5

7. 动车组列车车厢通过台外端门框旁须设儿童票标高线。儿童票标高线宽 10 毫米、长 100 毫米，距地板面分别为（　　）米和（　　）米，以上缘为限，距内端门框约 100 毫米。

    A. 1.2，1.3　　　B. 1.2，1.4　　　C. 1.2，1.5　　　D. 1.2，1.6

8. 动车组列车经营服务质量标准要求餐车销售的饮食品符合国家有关规定。销售的商品质价相符，明码标价，一货一签，价签有（　　）标志，提供发票。

    A. "CRA"　　　B. "CRH"　　　C. "CRL"　　　D. "CRO"

9. 动车组列车经营服务质量标准要求供应品种多样，有高、中、低不同价位的预包装饮用水、盒饭等旅行饮食品，2 元预包装饮用水和（　　）元盒饭不断供。

    A. 10　　　　　　B. 15　　　　　　C. 20　　　　　　D. 30

10. 动车组列车工作人员素质要求列车长从事列车乘务工作满（　　）年。列车值班员从事列车乘务工作满（　　）年。

    A. 3，2　　　　　B. 3，1　　　　　C. 2，2　　　　　D. 2，1

三、简答题

1. 简述高铁中型及以上车站客运安全服务质量标准中执行安全检查的规定。
2. 简述高铁车站工作人员素质要求。
3. 简述高铁车站工作人员在文明服务时表情、态度、用语、举止等方面的要求。
4. 简述高铁车站客运组织的应急处置服务标准。
5. 简述动车组列车工作人员素质要求。
6. 简述动车组列车文明服务质量标准。

四、案例分析题

2014 年 8 月 10 日 23:00，在某高铁运行途中，乘客 A 的 5 岁小孩在玩耍过程中对着乘客 B 小便，引起了乘客 B 的反感，乘客 B 顺手打了乘客 A 的小孩一个嘴巴，这引起了乘客 A 的愤怒，双方争执起来，打扰了周围正在熟睡的旅客，顿时车厢里面一片混乱。此时该节车厢乘务员李某上前制止，谁知乘客 A 的情绪更加激动，和乘客 B 厮打起来，李某在劝架过程中不小心将乘客 B 的眼镜打碎。

思考：假如你是该节车厢的列车长，你会怎样妥善处理此次突发事件？

第6章

高速铁路旅客运输安全

◤ 学习目标

1. 了解铁路运输企业的职责。
2. 掌握旅客运输安全检查规定。
3. 了解高速铁路突发事件处置的应急机构及职责。
4. 掌握高速铁路突发事件的应急响应标准、行动及后期处置。
5. 熟悉旅客人身伤害事故的现场处置与报告。
6. 掌握旅客人身伤害事故的善后处理、结案与赔偿。
7. 熟悉旅客人身伤害处理报告与统计工作。

6.1

旅客运输安全检查

《铁路旅客运输安全检查管理办法》于 2014 年 11 月 15 日经第 12 次部务会议通过，自 2015 年 1 月 1 日起施行。

《铁路旅客运输安全检查管理办法》是为了保障铁路运输安全和旅客生命财产安全，加强和规范铁路旅客运输安全检查工作，根据《铁路法》《铁路安全管理条例》等法律、行政法规和国家有关规定制定的。

随旅客列车运输的包裹的安全检查，参照《铁路旅客运输安全检查管理办法》执行。

《铁路旅客运输安全检查管理办法》所称铁路旅客运输安全检查是指铁路运输企业在车站、列车对旅客及其随身携带、托运的行李物品进行危险物品检查的活动。危险物品是指易燃易爆物品、危险化学品、放射性物品和传染病病原体及枪支弹药、管制器具等可能危及生命财产安全的器械、物品。禁止或者限制携带物品的种类及其数量由国家铁路局会同公安部规定并发布。

6.1.1　铁路运输企业的职责

（1）铁路运输企业应当在车站和列车等服务场所内，通过多种方式公告禁止或者限制携带物品种类及其数量。

（2）铁路运输企业是铁路旅客运输安全检查的责任主体，应当按照法律、行政法规、规章和国家铁路局有关规定，组织实施铁路旅客运输安全检查工作，制定安全检查管理制度，完善作业程序，落实作业标准，保障旅客运输安全。

（3）铁路运输企业应当在铁路旅客车站和列车配备满足铁路运输安全检查需要的设备，并根据车站和列车的不同情况，制定并落实安全检查设备的配备标准，使用符合国家标准、行业标准和安全、环保等要求的安全检查设备，并加强设备维护检修，保障其性能稳定，运行安全。

（4）铁路运输企业应当在铁路旅客车站和列车配备满足铁路运输安全检查需要的人员，并加强识别和处置危险物品等相关专业知识培训。从事安全检查的人员应当统一着装，佩戴安全检查标志，依法履行安全检查职责，爱惜被检查的物品。

（5）铁路运输企业应当采取有效措施，加强旅客车站安全管理，为安全检查提供必要的场地和作业条件，提供专门处置危险物品的场所。

（6）铁路运输企业应当制定并实施应对客流高峰、恶劣气象及设备故障等突发情况的安全检查应急措施，保证安全检查通道畅通。

6.1.2　旅客运输安全检查规定

（1）铁路运输企业可以采取多种方式检查旅客及其随身携带或者托运的物品。旅客应当接受并配合铁路运输企业的安全检查工作。拒绝配合的，铁路运输企业应当拒绝其进站乘车和托运行李物品。

（2）对旅客进行人身检查时，应当依法保障旅客人身权利不受侵害；对女性旅客进行人身检查时，应当由女性安全检查人员进行。

（3）安全检查人员发现可疑物品时可以当场开包检查。开包检查时，旅客应当在场。安全检查人员认为不适合当场开包检查或旅客申明不宜公开检查的，可以根据实际情况，移至适当场合检查。

（4）铁路运输企业在旅客进站或托运人托运前查出的危险物品，或旅客携带禁止携带物品、超过规定数量的限制携带物品的，可由旅客或托运人选择交送行人员带回或自弃交车站处理。

（5）对被怀疑为危险物品，但受客观条件限制又无法认定其性质的，旅客或托运人又不能提供该物品性质和可以经旅客列车运输的证明时，铁路运输企业有权拒绝其进站乘车或托运。

（6）安全检查中发现旅客携带枪支弹药、管制器具、爆炸物品等危险物品，或者旅客声称本人随身携带枪支弹药、管制器具、爆炸物品等危险物品的，铁路运输企业应当交由公安机关处理，并采取必要的先期处置措施。

（7）对于列车上发现的危险物品应当妥善处置，并移交前方停车站。鞭炮、发令纸、摔炮、拉炮等易爆物品应当立即浸湿处理。

（8）铁路运输企业在安全检查过程中，对扰乱安全检查工作秩序、妨碍安全检查人员正常工作的，应当予以制止；不听劝阻的，交由公安机关处理。公安机关应当按照职责分工，维护车站、列车等铁路场所和铁路沿线的治安秩序。

6.1.3 法律责任

（1）旅客违法携带、夹带管制器具，或者违法携带、托运烟花爆竹、枪支弹药等危险物品或其他违禁物品的，由公安机关依法给予治安管理处罚；构成犯罪的，依法追究刑事责任。

（2）铁路监管部门应当对铁路运输企业落实旅客运输安全检查管理制度情况加强监督检查，依法查处违法违规行为。

（3）铁路运输企业及其工作人员违反有关安全检查管理规定的，铁路监管部门应当责令改正。

（4）铁路监管部门的工作人员对旅客运输安全检查情况实施监督检查、处理投诉举报时，应当恪尽职守、廉洁自律、秉公执法。对失职、渎职、滥用职权、玩忽职守的，依法给予行政处分；构成犯罪的，依法追究刑事责任。

6.2

高速铁路突发事件应急预案

《高速铁路突发事件应急预案》是为了适应高速铁路应急救援的特点，满足高速铁路应急救援需要，进一步增强应对高速铁路突发事件的能力，实施规范、科学、准确、迅速的应急处置，有效防范自然灾害、铁路交通事故等突发事件对高速铁路行车安全、运输秩序的影响，最大限度地减少突发事件造成的人员伤亡、财产损失而制定的，自 2012年 3 月 1 日起实施。

《高速铁路突发事件应急预案》适用于我国境内已投入运营的时速 200 千米及以上

高速铁路发生交通事故、自然灾害、相关设备故障等突发事件的应急处置。

其工作原则是按照以人为本、安全第一、预防为主，统一领导、集中指挥、归口负责、分级管理，分工协作、快速反应、紧急处置的原则，不断提高对高速铁路突发事件的应急处置能力，保证高速铁路运行安全有序。

6.2.1　应急机构及职责

1. 组织指挥体系

1）铁道部组织机构

铁道部成立高速铁路突发事件应急领导小组。应急领导小组由办公厅，安监、财务、计划、建设、劳卫司，运输局（营运、调度、机务、车辆、供电、工务、电务部），铁路总工会，政治部宣传部，公安局等相关司局负责人组成。应急领导小组下设办公室。办公室设在运输局调度部（应急救援指挥中心）。

2）铁路局组织机构

铁路局成立高速铁路突发事件应急领导小组。应急领导小组由铁路局分管副局长任组长，成员由局办公室，安监室，运输、客运、货运、机务、供电、工务、电务、车辆、财务、物资、建设、计划、劳卫处，调度所，工会、宣传部，公安局等部门负责人组成。应急领导小组下设办公室。办公室设在调度所（应急救援指挥中心）。

站段有关组织机构由铁路局具体规定。

2. 应急机构职责

（1）铁道部应急领导小组负责领导，协调高速铁路突发事件应急处置工作。其主要职责如下。

① 决定启动或终止本级预案。

② 组织、指导有关铁路局进行突发事件的应急处置。

③ 负责与有关部委、地方人民政府相关事务的协调工作。

④ 决定向国务院有关部门报告和请求支援。

⑤ 有关事项的决策。

（2）铁道部应急领导小组办公室负责信息传递、协调组织等工作，其主要职责如下。

① 负责日常工作和应急领导小组交办事项。

② 收集掌握高速铁路突发事件的信息并及时通报；落实应急领导小组有关应急处置的指示、命令。

3. 铁道部应急领导小组成员单位职责

（1）办公厅：负责向国务院请示汇报，传达应急领导小组的指示；负责与国务院有关部门的协调、联系。

（2）计划司：负责协调指导应急项目（设备）审批和投资计划安排。

（3）财务司：负责指导和协调资金保障工作。

（4）劳卫司：负责协调并指导铁路局进行医疗救护、卫生防疫工作。

（5）建设司：负责协调、联系工程抢险施工队伍，参与抢险组织工作。

（6）安监司：负责组织或配合铁路交通事故调查处理工作。

（7）运输局调度部：负责高速铁路突发事件应急处置，救援抢险的指挥、协调工作；制定运输组织调整方案，及时发布调度命令，督促铁路局实施运输调整方案。

（8）运输局营运部：负责指导铁路局制定疏散旅客和救护伤员、收集、整理旅客携带品，站车客运组织等工作方案。

（9）运输局机务部：负责指导铁路局机务部门进行应急处置措施、突发事件的应急救援。

（10）运输局车辆部：负责指导铁路局车辆部门进行设备故障的抢修和应急处置。

（11）运输局供电部：负责指导铁路局供电部门进行设备故障的抢修和应急处置。

（12）运输局工务部：负责指导铁路局工务部门进行设备故障的抢修和应急处置。

（13）运输局电务部：负责指导铁路局电务部门进行设备故障的抢修和应急处置；负责组织铁道部与铁路局、事故现场的应急通信。

（14）公安局：负责指导相关铁路公安局维护事故现场治安秩序和协助事故调查取证工作。

（15）政治部宣传部：负责指导铁路局做好突发事件处置中的新闻报道和舆论引导工作，并做好相关组织、协调工作。

（16）铁路总工会：参与事故调查，负责指导、协调相关铁路局做好事故中职工劳动保护等维护职工合法权益的相关工作。

4. 铁路局、站段应急领导小组成员单位职责

铁路局层面在铁路局高速铁路突发事件应急预案中规定铁路局应急领导小组成员单位职责。站段层面在站段高速铁路突发事件应急预案中规定站段应急领导小组成员单位职责。

6.2.2 预防预警

（1）铁路有关单位和部门要根据高铁沿线线桥设备、地质地形、气象水文等条件，确定可能发生的灾害类型，加强危险源的监控，对可能引发事故的重要信息应及时报告。

（2）各铁路局要加强与地方水利、气象、地震、国土资源等相关部门的联系，建立应急联络机制，做好防灾工作。

（3）遇灾害性不良天气，相关铁路局要及时发布预警信息。

6.2.3 应急响应

1. 应急响应标准

应急响应分为特别重大、重大、较大、一般四级（即Ⅰ级、Ⅱ级、Ⅲ级、Ⅳ级）。

发生突发事件时，由相应部门启动应急预案，做出相应级别的应急响应。

1）Ⅰ级应急响应标准

出现以下情况之一，启动Ⅰ级应急响应。

（1）造成 30 人以上死亡或 100 人以上重伤。

（2）铁路直接经济损失 1 亿元以上。

（3）中断铁路行车 48 小时以上。

（4）其他需要启动Ⅰ级应急响应的事件。

2）Ⅱ级应急响应标准

出现以下情况之一，启动Ⅱ级应急响应。

（1）造成 10 人以上 30 人以下死亡或 50 人以上 100 人以下重伤。

（2）铁路直接经济损失 5000 万元以上 1 亿元以下。

（3）中断铁路行车 12 小时以上 48 小时以下。

（4）其他需要启动Ⅱ级应急响应的事件。

3）Ⅲ级应急响应标准

出现以下情况之一，启动Ⅲ级应急响应。

（1）造成 3 人以上 10 人以下死亡或 10 人以上 50 人以下重伤。

（2）铁路直接经济损失 1000 万元以上 5000 万元以下。

（3）中断铁路行车 6 小时以上 12 小时以下。

（4）其他需要启动Ⅲ级应急响应的事件。

4）Ⅳ级应急响应标准

因突发事件造成以下条件之一者，启动Ⅳ级应急响应。

（1）造成 3 人以下死亡，或者 10 人以下重伤。

（2）铁路直接经济损失 1000 万元以下。

（3）中断铁路行车 1 小时以上 6 小时以下。

（4）其他需要启动Ⅳ级应急响应的事件。

2. 应急响应的启动方式

应急响应的启动按照启动级别，由铁道部（铁路局）高速铁路突发事件应急领导小组以《铁道部（铁路局）关于启动高速铁路突发事件×级应急响应的命令》的形式宣布，命令内容包括灾害基本情况、响应级别、响应单位及相关要求等。

3. 应急响应行动

1）Ⅰ级应急响应

Ⅰ级应急响应由铁道部报请国务院，由国务院或国务院授权铁道部启动。铁道部及以下各级相关单位同时启动相应级别的应急响应。

铁道部迅速启动应急救援指挥，开展铁路应急救援工作，并参加国务院应急领导小组办公室的应急工作。

（1）铁道部应急响应。

① 在国务院的领导下，全面负责高速铁路的应急工作。

② 执行国务院的有关指示，贯彻落实国务院的各项决议、要求和任务。

③ 实施紧急救援工作，确定紧急救援的区域、项目和规模，部署各部门的应急措施，根据国务院的要求和铁路事故灾害情况，紧急调集救援抢险队伍、设备和器材，研究部署救援抢险方案。视铁路事故灾害情况，可向国务院报告请求支援。

④ 迅速派出工作组赶赴事故灾害现场，加强救援抢险的组织领导。协助、督促和指导现场开展救援抢险工作，及时掌握事故灾害地区铁路救援抢险的主要工作和进展情况。

⑤ 及时协调、解决救援抢险运输和救援抢险工作中出现的各种问题。认真落实铁路突发事件新闻报道应急办法，正确引导舆论。

（2）铁路局应急响应。发生铁路特别重大突发事件后，事发地铁路局的应急响应，应在铁道部和省级人民政府的领导下，按本级铁路特别重大事故灾害应急处置方案执行。

2）Ⅱ级应急响应

Ⅱ级应急响应由铁道部负责启动，铁路局及以下各级相关单位启动相应级别的应急响应。事发地铁路局应立即启动事故灾害指挥，采取事故灾害应急行动。

（1）铁道部应急响应。

① 铁道部根据事故灾害情况和发展趋势迅速做出救援抢险部署，向国务院报告事故灾害情况，落实国务院救援抢险的指示。

② 根据救援抢险部署，组成救援抢险工作组，迅速赴事故灾害地区开展工作。

③ 根据事发地铁路局的请求，迅速确定对灾害地区进行紧急支援部门、单位、设备及有关救援安排。

（2）铁路局应急响应。

① 铁路局应急领导小组启动应急预案，实施对管内应急工作的统一领导。

② 铁路局应急领导小组须迅速了解事故灾害及救援抢险情况，研究部署救援抢险工作，确定铁路运输事故灾害范围和应急规模，将事故灾害情况及时报告铁道部和所在地人民政府，视事故灾害情况请求支援。

③ 事发地铁路局各部门和单位要迅速就位，各级专业救援抢险队伍集结待命，紧急集中运输车辆、救援抢险机械设备、工具器材、物资、材料、通信工具和其他备品进入紧急待命状态，做好支援救援抢险和应急运输的一切准备。

④ 铁路局各业务部门依据各自职责和应急领导小组要求，组织制定应急救援抢险措施和方案，迅速开展各项应急工作。

⑤ 次生灾害防御。对易发生次生事故灾害（火灾、爆炸、污染）的地点和设施，有关部门、站段、工区要采取紧急处置措施，及时疏散有关人员，加强监视、控制，防止灾害扩展。

（3）Ⅲ级和Ⅳ级应急响应。Ⅲ级、Ⅳ级应急响应由铁路局负责启动，应急响应级别，响应程序、内容及形式在铁路局应急预案中规定。

各有关单位、部门按应急预案的要求，积极进行紧急处置，并及时将有关情况向铁路局报告。

4. 信息报送

当高速铁路发生突发事件时，有关人员应迅速采取安全防护措施并立即报告铁路局调度所（应急救援指挥中心）。值班主任接到报告后，应立即报告本部门负责人、总调度长、铁路局应急办、铁道部列车调度员、铁道部应急救援指挥中心，构成铁路交通事故的，要立即填写"安监报-1"并报当地铁路安全监管办公室安全监察值班人员，当地铁路局安全监管办公室安全监察值班人员要立即填写"安监报-3"，并向铁道部安全监察司值班人员报告；由铁路局应急办报告铁路局有关领导，根据情况报告铁道部办公厅应急办并及时通知铁路局应急领导小组其他成员。

铁道部列车调度员接到高速铁路突发事件报告后，应立即向值班处长报告；值班处长、安全监察司值班人员接到报告后，按规定分别向本部门负责人、铁道部办公厅应急办报告，由应急办值班人员向部领导报告。部应急救援指挥中心通知相关部门负责人。

5. 指挥和协调

突发事件发生后，应急领导小组根据具体情况，按照分级响应的原则决定启动相应预案，并组织突发事件应急处置。

铁道部、相关铁路局负责管辖范围内高速铁路突发事件应急协调指挥工作，有关部门根据职责分工负责协调相关工作。涉及跨局指挥时，事发地铁路局负责现场指挥工作，并制定救援抢修方案，交调度指挥权所属铁路局应急救援指挥中心组织实施。

铁道部、铁路局应急领导小组成员未到达现场之前，有关站段组织救援力量实施救援行动，全力控制态势，防止影响扩大。

6. 应急处置

应急领导小组根据实际需要调动应急队伍，集结相关设备、物资、药品等，落实处置措施。

7. 救护和医疗

事发地铁路局迅速联系地方医疗机构、急救中心、卫生行政部门，配合协调医疗部门开展紧急医疗救护和现场卫生防疫处置工作。

8. 应急人员的安全防护

现场应急救援人员的自身安全防护，必须按设备设施操作规程和标准执行。

9. 社会力量的动员与参与

事件发生后，根据现场具体情况，由应急领导小组商请地方人民政府启动相应的社会力量，参与应急处置。

10. 信息发布

突发事件的信息发布由应急领导小组成立的新闻领导组及办公室归口管理，确定新闻发言人，按照国家有关突发事件新闻发布的原则、内容、规范性格式，审查、确定发布时机和方式，向社会和媒体通报有关情况。铁道部政治部宣传部统筹协调新闻发布工作。事发地铁路局宣传部负责现场信息收集、媒体协调等工作。

11. 应急结束

按"谁启动、谁结束"的原则，当现场应急救援工作结束后，由相应的应急领导小组宣布应急结束。

6.2.4 后期处置

1. 善后处置

事发地铁路局应急领导小组负责组织清理现场、救助伤员、处理遗体、收集整理旅客携带品、补偿抚恤、保险理赔、法律支持等善后处置工作。

2. 调查和总结

根据突发事件的等级，由相应的应急领导小组组织对突发事件的性质、原因、责任和处置进行调查、总结，并提出防范和改进措施，形成书面报告报上级有关部门。

6.2.5 保障措施

1. 资料保障

（1）为满足故障抢修工作的需要，铁路局管理部门、调度部门及有关站段（含客运专线基础设施维修、动车基地，动车所等）应根据实际建立健全技术资料；根据有关规定配备故障抢修机具、材料，建立管理制度和台账，每年定期检查。指定人员负责抢修料具的管理，确保状态良好。

（2）相关资料。

① 技术资料，包括高速铁路管内设备示意图、线桥隧等设备图表；高铁沿线道路交通路线图（标明高铁紧急疏散通道、声屏障安全门、作业门等位置）；协议储备挖掘机、推土机等大型抢险机械及劳力表；故障抢修机具、设备、器材、材料储备明细表；应急通信电路组网示意图；各车站（含基站）位置千米标、行驶里程与到达时间表；管内各车站（含基站）应急传输通道端口位置配线图、应急通信电话号码资源分配表等。

② 联系电话表，包括高速铁路应急抢修联系电话表（包括 GMS-R 手持终端）；相关设备产品集成商、生产厂商及客专（高铁）公司的联系电话表。

③ 应急值守表，包括高速铁路应急抢修组织机构表，铁路局、站段、车间值班人

员表，重要地段的看守电话号码表等。

④ 高铁沿线道路交通路线图、长大隧道内的应急通信组网示意图应通报经由该线路的所有列车客运乘务担当局，并交担当客运段。

2. 通信保障

当高速铁路运输遭受各种自然灾害、设备故障、铁路交通事故等突发事件时，为快速实施抢险救援，确保通信指挥畅通，必须立即启动突发事件应急通信，在现场与各级救援指挥中心之间建立语音、图像、数据等通信联系，为事故现场的救援指挥提供通信手段。

3. 交通运输保障

启动应急预案期间，根据需要，现场救援指挥部商请交通管理部门实行必要的交通管制，保障应急处置期间的交通运输。事发地铁路局按管理权限调动管辖范围内的交通工具，任何单位和个人必须积极配合。

应急处置、抢险救援人员，可搭乘动车组、轨道车赶赴现场。

4. 治安保障

启动预案期间，公安部门负责对现场的安全警戒，维护现场秩序，提供治安保障。

5. 医疗卫生保障

劳卫部门负责组织协调医疗卫生保障工作。应急抢修救援时，积极与地方卫生部门协调，根据现场的需要，及时协调有关医疗专家和医疗卫生小分队进入现场，实施对伤病员的救护。

6. 物资保障

铁路运输企业要按规定备足必需的应急抢修路料及备用器材、设施，专人负责，定期检查。

7. 资金保障

铁路交通事故应急救援费用、善后处理费用和损失赔偿费用由事故责任单位承担，事故责任单位无力承担的，由地方政府和铁道部、铁路安全生产监督管理办公室按管理权限协调解决。根据国家有关精神向财政部门申请应急处置工作经费补助。

6.2.6　监督检查

铁道部、铁路局应急领导小组对预案实施的全过程进行检查督促，确保应急措施到位。铁路局、站段应根据应急预案的要求，定期检查本部门应急人员、设施、装备等资源的落实情况。

6.2.7 培训和演练

1. 培训

按照分级管理的原则，铁道部、铁路局、站段要组织应急管理、应急救援人员进行岗前培训、专业培训，提高处置高速铁路突发事件的技能。根据需要，可开展国内外的工作交流，充分学习和借鉴国内外的先进成熟经验。

2. 演练

各铁路局、站段要结合实际，定期开展演练，提高处置高速铁路突发事件的实战能力。

知识链接

高速铁路客运非正常情况应急处置办法

1. 站车发生火灾、爆炸事故时的应急处置程序

1）动车组列车发生火灾、爆炸时的应急处置程序

（1）动车组列车工作人员（含司机、随车机械师、乘警、客运、餐饮、保洁等人员）发现或接到旅客反映车厢内有爆炸、明火、冒烟或消防设施报警时，应立即施救并通知列车长。列车长接到通知后，应会同随车机械师、乘警进行现场确认。

（2）在确认爆炸或火情后，列车工作人员应立即启动紧急停车装置（或按下火灾报警按钮），同时列车长（或随车机械师）立即通知司机。停车后，司机立即向列车调度员或车站值班员（车务应急值守人员）报告，配合列车长、随车机械师、乘警进行火灾扑救、旅客疏散等工作。有制动停放装置的由司机负责实施防溜，无制动停放装置的由随车机械师做好防溜、防护工作。

（3）列车长应立即指挥扑救，乘警、随车机械师等列车工作人员应积极配合；同时，组织事故车厢的旅客向安全车厢疏散。

（4）待全部人员向安全车厢疏散完毕，火势仍未得到有效控制，需向地面疏散时，列车长应立即通知司机、随车机械师或其他列车工作人员关闭通道阻火门。司机根据列车长的请求，向列车调度员报告，请求向地面疏散，现场救援。

（5）组织旅客疏散时，必须扣停邻线列车。司机在接到列车调度员已扣停邻线列车的口头指示后，立即通知列车长，列车长接到司机通知后应立即指挥列车工作人员打开车门，根据需要安装好应急梯，组织旅客向地面安全地带疏散。

（6）列车工作人员应维护好旅客疏散秩序，确保人员安全。

（7）列车工作人员应对受伤人员开展紧急救护，并做好对重点旅客的服务工作。

（8）列车工作人员应积极配合公安部门保护好事故现场，协助调查取证。

（9）如遇火灾危及旅客安全，又未能及时接到扣停邻线列车的命令，列车长应会同司机，组织列车工作人员打开运行方向左侧车门（无线路一侧），结合现场实际，确定旅客

疏散方向和疏散方式，列车工作人员应做好旅客安全宣传和防护，严禁旅客跨越线路。

2）车站发生火灾、爆炸事故时的应急处置程序

（1）车站工作人员发现或接到旅客反映站内有爆炸、明火、冒烟或消防设施报警时，应立即报火警并向车站值班干部报告。车站值班干部通知有关人员立即到现场确认和处置，同时赶赴现场。

（2）在确认火灾、爆炸后，车站值班干部负责现场指挥救援，并将事故情况首先上报铁路局客运调度，之后将事故情况逐级上报。

（3）现场工作人员应组织旅客安全有序地撤离事故现场，同时做好受伤人员的紧急救护和重点旅客的服务工作。

（4）车站工作人员应配合公安部门保护好事故现场，并积极协助调查取证。

2. 动车组列车晚点的应急处置程序

1）动车组列车的应急处置程序

（1）列车运行晚点超过 15 分钟时，列车长应及时联系列车运行地所在局客运（客服）调度或通过司机联系列车调度员，了解晚点原因和列车运行情况，代表铁路向旅客致歉，并通报晚点原因，每次致歉间隔时间不超过 20 分钟。

（2）列车工作人员加强车厢巡视，掌握旅客动态，并做好宣传、解释、服务工作，稳定旅客情绪，维护好车内秩序。

（3）列车晚点 1 小时以上且逢用餐时间，列车长应提前统计车上旅客人数，通过司机向列车调度员报告，列车调度员通知客运（客服）调度员，或直接向客运（客服）调度报告，客运（客服）调度员接到信息后，应安排前方停车站为列车提供饮食品，列车免费为旅客提供。

2）车站的应急处置程序

（1）动车组列车运行晚点超过 15 分钟时，车站应及时与客运（客服）调度员联系，了解晚点原因和列车运行情况，代表铁路向旅客致歉，并通报晚点原因，每次致歉间隔时间不超过 20 分钟。

（2）车站应掌握售票、候车及旅客滞留情况，维持好站内秩序，并立即向客运主管部门报告。

（3）列车晚点 1 小时以上且逢用餐时间时，车站应免费为等候该次动车组列车的旅客提供饮食品；并按客运（客服）调度员的安排，为晚点动车组列车提供饮食品。

3. 站车发生重大疫情时的应急处置程序

1）动车组列车发生重大疫情时的应急处置程序

（1）动车组列车发现疑似鼠疫、霍乱等重大疫情的病例或接到动车组列车上有疑似病例的通知时，列车长应立即向司机和上级主管部门报告，司机向列车调度员报告，列车调度员立即向值班主任报告，值班主任立即向铁路疾控部门报告。

（2）列车调度员根据铁路局有关部门确定的处置方案，安排动车组在指定车站停车。列车长接到司机指定站停车的通知后，做好疾控人员上车和疑似病例交站等相关准备工作，车站及铁路疾控部门做好接车紧急处置准备。

（3）列车长应组织隔离传染病人、疑似病人和密切接触者，紧急疏散其他旅客，并对有关人员进行登记。

（4）列车长应组织封锁已经污染或可能污染的区域，同时做好被隔离人员的交站准备。

（5）列车长在指定停车站将传染病人、疑似病人、密切接触者和其他需要跟踪观察的旅客及相关资料移交车站和铁路疾控部门。

（6）乘警应维护好车内秩序，确保区域封锁、旅客隔离、站车移交等工作正常开展。

（7）铁路疾控部门应上车对已经污染或可能污染的区域进行消毒。铁路疾控部门确认处置完毕后，方可解除区域封锁。

（8）站车应积极配合现场医疗和疾控部门的工作。

2）车站发生重大疫情时的应急处置程序

（1）车站发现疑似鼠疫、霍乱等重大疫情的病例或接到车站有疑似病例的通知时，应立即向铁路疾控部门报告。

（2）车站应隔离传染病人、疑似病人和密切接触者，紧急疏散其他旅客，并对有关人员进行登记。

（3）车站应封锁已经污染或可能污染的区域，由铁路疾控人员对该区域进行消毒。

（4）车站应将传染病人、疑似病人和密切接触者及其他需要跟踪观察的旅客及资料移交铁路疾控部门。铁路疾控部门确认处置完毕后，方可解除区域封锁。

（5）公安部门应维护好站内秩序，确保区域封锁、旅客隔离和疏散等工作正常开展。

（6）车站应积极配合现场的医疗和疾控部门工作。

4. 站车发生旅客食物中毒事件时的应急处置程序

1）动车组列车发生旅客食物中毒事件时的应急处置程序

（1）动车组列车发生旅客疑似食物中毒事件，列车长应立即向司机和上级主管部门报告，司机向列车调度员报告，列车调度员立即向值班主任报告，值班主任通知铁路疾控部门。

（2）需停站处置时，列车调度员应安排动车组在最近具备医疗抢救条件下的车站停车，并通知前方停车站做好抢救准备。

（3）列车工作人员应对有关人员进行登记，封锁现场，封存可疑食品、食具用具等。铁路疾控部门应上车收集中毒人员的呕吐物、排泄物待查。

（4）站车应积极配合现场的医疗和疾控部门工作。

2）车站发生旅客食物中毒事件时的应急处置程序

（1）车站发生旅客疑似食物中毒事件，应立即向铁路疾控部门报告。

（2）车站应对有关人员进行登记，封锁现场，封存可疑食品、食具、用具等。铁路疾控部门应收集中毒人员的呕吐物、排泄物待查。

（3）车站应积极配合现场的医疗和疾控部门工作。

5. 车站突发大客流时的应急处置程序

（1）车站突发大客流时，应立即组织力量上岗维护好车站秩序，并通知铁路公安部门。铁路公安部门应增派警力协助车站维护秩序，必要时车站应请求地方政府、公安部门给予支援，同时向上级主管部门报告。

（2）车站应协调地方政府，利用电视、广播、报纸等媒体广泛宣传，引导旅客理性选择出行交通工具。

（3）车站应增开售票窗口，并维护好售票秩序。

（4）车站应加强候车组织，充分利用候车能力，做好重点旅客服务工作，必要时"以车代候"。

（5）加强乘降组织，重点部位安排专人引导、防护，确保旅客进出站、上下车的安全。

（6）铁路局应加强运输设备和能力调配，组织加开列车，及时疏散客流。

6. 动车组列车故障需启用热备动车组的应急处置程序

1）站内换乘热备动车组的应急处置程序

（1）遇车次变动时，车站应收回原票、换发新票，退还票价差额。旅客要求退票或改乘其他列车时，车站应及时为旅客办理退票、改签等手续。

（2）故障车停靠站台时，换乘时应尽可能安排在同一站台面，不能在同一站台面换乘时，应组织旅客通过天桥或地道换乘，严禁跨越股道换乘。故障车在站内没有停靠站台时，换乘处置程序比照区间换乘热备动车组的处置程序办理。

（3）换乘时，站车应认真组织验票，严禁持其他车次车票的旅客上车。

2）区间换乘热备动车组的应急处置程序

（1）列车长接到司机转达的组织旅客换乘热备动车组的命令时，应立即向列车工作人员传达，列车工作人员应检查车内情况，坚守岗位。

（2）列车应向旅客通告换乘的决定，告知安全注意事项，并对列车不能如期运行给旅客出行造成的不便，列车长应代表铁路部门向旅客致歉，并感谢旅客的配合，做好后续服务工作，取得旅客的支持与谅解。

（3）动车组停靠指定位置后，动车组司机通知列车长。列车长接到司机通知后，组织列车工作人员打开指定车厢车门，放置好应急梯或渡板，并做好防护，组织旅客有序换乘。在隧道内换乘时，由设备管理单位或部门操作开启隧道内的应急照明装置，隧道内的应急照明装置应实施远动开关。

（4）旅客换乘完毕，列车工作人员应将应急梯和渡板收好定位存放，并关闭车门。

7. 恶劣天气下客运组织的应急处置程序

因恶劣天气（含暴雨、大雾、大雪、冰雹、台风等）影响动车组列车正常运行，客运（客服）调度应及时通知客运管理部门及沿线车站及滞留列车，客运管理部门应了解现场情况，指挥应急处置，站车及时告知旅客并致歉。

1）动车组列车的应急处置程序

（1）列车长接到客运（客服）调度或上级主管部门动车组列车因恶劣天气影响非正常运行的通知后，应立即了解车内情况，加强对重点旅客的服务。出现异常情况及时向客运（客服）调度或上级主管部门报告。

（2）列车长应与司机或滞留地所在路局调度所客运（客服）调度保持联系，了解动车组列车的运行情况，及时向旅客通报。

（3）动车组列车应备足餐食和饮用水，确保供应。需补充餐食和饮用水时，列车长应向滞留地所在路局调度所客运（客服）调度或通过司机向列车调度员报告，指定车站为动车组列车补充餐食和饮用水。

2）车站的应急处置程序

（1）车站应及时公告动车组列车因恶劣天气影响非正常运行的情况，售票处、候车室、问询处等服务处所做好对旅客的宣传和服务工作。

（2）车站应及时增开退票和改签窗口，为旅客办理退票、改签等手续。

（3）车站公安派出所应协助客运部门维护好售票、候车、乘降等秩序。

（4）车站应根据安排，及时为动车组列车提供餐食和饮用水。

8. 列车运行中遇有旅客因伤、病必须临时停车抢救时的应急处置程序

动车组司机接到列车长请求后，立即向列车调度员或车站值班员报告。列车调度员要及时安排列车在前方有医疗条件的车站临时停车。

9. 发现或接到客运站接触网断线报告时的应急处置程序

当车站、公安派出所发现或接到客运站接触网断线报告时，车站工作人员、公安民警要迅速在导线断线地点周围设置警戒区，确保人员远离断线地点 10 米以外。并及时通知设备管理部门，设备管理部门应立即进行处置。

10. 动车组空调失效时的应急处置程序

动车组空调失效时，按照《关于印发〈旅客列车空调失效应急处置办法〉的通知》（铁运函〔2010〕175号）要求处置。

6.3

旅客运输事故处理

《铁路旅客人身伤害及携带品损失处理暂行办法》（铁运〔2012〕319号）由铁道部印发，自2013年1月1日起施行。铁道部前发《关于公布处理铁路旅客人身伤害事故有关文件格式和部分赔付标准的通知》（铁运〔2003〕87号）同时废止。

根据《国务院关于修改和废止部分行政法规的决定》（国务院令第628号），经研究决定，《铁路旅客人身伤害及自带行李损失事故处理办法》（铁道部令第12号）自2013年1月1日起废止。

《铁路旅客人身伤害及携带品损失处理暂行办法》是为依法妥善处理铁路旅客人身伤害及携带品损失，维护旅客合法权益而制定的，适用于中华人民共和国境内铁路旅客运输过程中发生的旅客人身伤害及携带品损失处理。处理旅客人身伤害或携带品损失时，应当坚持实事求是、依法依规、就近及时的原则。

6.3.1　旅客人身伤害事故的现场处置与报告

1. 旅客人身伤害事故的基本含义及种类

凡持有有效乘车票据的旅客,经检票口进站验票(手工加剪或自动检票机打印标志)开始至到达目的地出站检验乘车票据时止(中转和中途下车的旅客自出站至进站期间除外),在旅行中遭受到外来、剧烈、明显的意外伤害事故及承运人等原因的过错,致使旅客人身受到伤害甚至死亡、残疾或丧失身体机能者,均属旅客人身伤害事故。

旅客人身伤害按其程度分为轻伤、重伤、死亡三种。

2. 现场处置

(1)列车、车站发生旅客人身伤害时,站车工作人员应当到场查看旅客伤害情况,报告列车长、站长组织救护,稳定人员情绪,维护现场秩序。

(2)因旅客伤害需交车站处理时,应移交前方县、市所在地车站或当地具有公共医疗条件的停车站;需要提前报告运行所在铁路局客运调度时,由客调通知车站做好救护准备工作。

旅客不同意在前款规定的停车站下车处理时,应当由旅客出具拒绝下车治疗的书面声明,并按规定收集两份及以上证人证言。

(3)列车因旅客伤害严重需紧急停车处理或发生三人以上疑似食物中毒的,应立即报告运行所在铁路局客运客调。接到报告后,客运客调应当立即根据列车长提出的要求,通知有关车站及值班主任(列车调度员),需要停车处理的停车处理,并报告本铁路局客运处。

(4)列车发现旅客在区间坠车时应当立即停车按规定处理,并通知就近车站或将受伤旅客移交就近车站。需要防护时,按有关规定处理。

不具备停车条件或迟延发现时,列车长应当报告运行所在铁路局客运调度,客运调度接到报告后立即通知值班主任,值班主任通知相关列车调度员和铁路公安局指挥中心,由列车调度员和铁路公安局指挥中心分别通知邻近车站及车站铁路公安派出所派人寻找。列车运行至前方停车站时,列车应拍发电报,向发生地和列车担当铁路局主管部门报告。

在站内或区间线路上发现有坠车旅客时,发现或接到通知的车站应当迅速通报有关列车。有关列车接到通报后,应当立即调查。发生列车应当按规定收集相关证据材料和旅客携带物品,并向处理站移交。

(5)车站对本站发生的及列车移交的受伤旅客,应当及时联系当地医疗急救机构或送至就近医院抢救。

发生医疗费用时,应当根据对责任的初步判断,属于旅客自身责任或第三人责任的,由旅客或第三人支付医疗费用。

暂不能区分责任或责任人不明、无力承担的,经处理站站长或车务段段长批准,可用站进款垫付。

动用站进款时，填写或补填运输进款动支凭证（财收－29），10日内由核算站或车务段财务拨款归还。

（6）受伤旅客经现场抢救无效死亡，或对站内、区间发现的旅客尸体，经医疗部门或公安机关确认死亡，公安机关现场勘查结束后，车站应当转送殡仪馆存放，并尽快通知其家属。尸体存放原则上不超过10日。

死者身份不清且在地（市）级以上报纸刊登寻人启事后10日仍无人认领的，应当根据铁路公安机关书面意见处理尸体；系不法侵害所致的，应当根据公安机关的书面意见并商死者家属意见处理死者尸体。

对死者的车票、衣物、随身携带物品等应当妥善保管，并于善后处理时一并转交其继承人；死者身份不明或家属拒绝到站处理的，按无法交付的物品处理。

外国人在铁路站车死亡的按照《关于转发〈民政部、外交部、公安部关于外国人在华死亡后处理程序有关问题的实施意见〉的通知》（公法〔2008〕25号）处理。

（7）发生旅客人身伤害，需要保护现场时，应当及时采取措施保护现场，禁止与救援、调查无关的人员进入。必要时，可请求地方政府提供协助。

（8）发生旅客人身伤害后，列车长、站长应当及时组织现场查验，全面搜索、梳理相关证据资料，检查旅客所持车票的票种、票号、发到站、车次、有效期及有效身份证件信息等，描绘现场旅客定位图，收集不少于两份同行人或见证人的证言及查验记录、现场照片、录像等其他相关证据，形成比较完整的证据链，能够证明发生的过程和原因，初步明确性质，并妥善保管。

旅客或第三人能够说明事件发生经过或责任的，应当由其出具书面材料，并签字确认。

涉及违法犯罪或旅客死亡的，由铁路公安机关组织现场勘查。

证人应当具有完全民事行为能力。证人证言中应当记录证人的姓名、性别、年龄、地址、联系方式、有效身份证件信息等内容。有医务工作人员参加救治时，应当由其出具参与救治经过的证言。

证言、证据应当真实，能够反映事故发生的时间、地点、过程、原因和结果。

（9）列车向车站移交受伤旅客时，车站不得拒绝接收。办理移交手续时，列车应当编制客运记录和旅客携带品清单一式两份，一份由列车存查，一份连同车票、证明材料、相关证人或其联系方式等一并移交。客运记录应载明日期、车次、旅客姓名、性别、年龄、国籍、民族、职业、单位、有效身份证件号码、联系方式、住址，车票种类、号码、发站、到站、车厢席位，受伤地点、受伤原因、受伤部位，处理简况，以及证据材料清单等内容。因时间来不及记明前述内容时，可在客运记录中简要记明日期、车次、下交原因，并必须在3日内向处理单位补交有关材料。特殊情况来不及编制客运记录的，列车长或其指定的专人应随同伤害旅客下车办理交接。涉及第三人时，应将第三人同时交站处理。

对已经控制的违法、犯罪嫌疑人，应当及时移交车站铁路公安派出所。

（10）在列车上发现精神异常的旅客时，应重点关注，并按规定交到站或下车站妥善处理。列车运行途中，旅客有同行成年人的，应要求其同行成年人看护；无同行成年人的，应指派专人看护。必要时，可安排在适当位置看护。车站人员发现进站乘车的旅客精神异常时，可不予其进站乘车，并为其办理退票手续。

（11）旅客在法定时限内索赔且能够证明伤害是在铁路旅客运输过程中发生的，受理单位应及时通知事故发生单位，并本着方便旅客的原则，移交旅客就医所在地车站或旅客发、到站处理，被移交站应当受理。发生单位应当在 10 日内搜集并向处理单位移交相关证据材料。

3. 事故速报与报警

1）事故速报

车站、列车发生旅客人身伤害事故时，可用电话向所在单位或上级主管部门报告概况；但发生重伤以上旅客人身伤害时，应在第一时间以短信方式向所属铁路局主管部门报告，随后向有关铁路主管部门拍发速报，并逐级向上级主管部门和宣传部门报告。

报告（含速报）内容主要包括以下几项。

（1）发生日期、时间、车次、发生地点、车站、区间里程。

（2）伤亡旅客的姓名、性别、年龄、国籍、民族、职业、单位、有效身份证件号码、联系方式、住址，以及车票种类、号码、发站、到站、车厢、席位等基本情况。

（3）发生经过、旅客伤亡及现场处理简况。

2）报警

（1）对下列情况造成的旅客人身伤害应当立即向铁路公安机关报警。

① 杀人、抢劫、抢夺、强奸、爆炸、纵火、绑架、结伙斗殴、寻衅滋事、故意伤害、击打列车、故意损坏、移交站车设备等违法犯罪行为。

② 因散布谣言、谎报险情、怡情、警情、扬言放火、爆炸、投放危险物质，或者非法阻拦行车、堵塞通道等，引起公共秩序混乱。

③ 火灾、爆炸、中毒等治安灾害事故。

④ 精神病人肇事肇祸，醉酒滋事行为。

⑤ 自然灾害。

⑥ 铁路设备、设施故障造成的事故。

（2）发生旅客人身伤害及携带品损失且有下列情形之一的，应当及时通知铁路公安机关。

① 应当控制、约束违法犯罪嫌疑人和扣押相关涉案物品的。

② 应当保护现场、维持秩序、协同救助的。

③ 应当由铁路公安机关介入调查、获取证据、查明原因的。

④ 引发治安纠纷或酿成群体性事件并影响站车秩序，应当及时处置的。

⑤ 造成旅客死亡的。

📝 **知识链接**
_____

线路中断的运输处理

1. 线路中断应采取的措施

由于自然灾害、行车事故或其他原因，导致线路中断，造成列车不能继续运行时，应采取下列应急措施。

（1）线路中断造成列车不能继续运行时，车站应将停办营业和恢复营业的信息及时向旅客公告。列车长应迅速了解停运的原因，组织列车工作人员稳定车内秩序。发生火灾爆炸等事故时，应组织旅客撤离现场，抢救伤员，扑救火灾（必要时应分解列车），调查取证并迅速与就近车站联系，向客调及上级有关领导报告情况。

（2）列车停运且不能在短时间内恢复运行时，站车应做好服务工作，解决旅客的困难，做好饮食供应工作；必要时，向地方政府报告请求援助。

（3）事故发生局还应向国务院铁路主管部门请求命令后向全路发出停办客运业务的电报。恢复通车时也照此办理。

2. 线路中断对旅客运输的安排

线路中断，列车不能继续运行时，应按下列规定处理安排已购车票的被阻旅客。

（1）线路中断，旅客可以要求在原地等候通车、返回发站、中途站退票或按照承运人的安排绕道旅行。

（2）停止运行站和被阻列车应在车票背面注明"日期、原因、返回××站"字样或贴同样内容的小条，加盖站名戳或列车长名章，作为旅客免费返回发站或中途站办理退票或改签的凭证。

（3）在发站或由中途站返回发站停止旅行时，退还全部票价，其中包括在列车上补购的车票，但罚款、手续费和携带品超重、超大补收的费用不退。已使用至到站的车票不退。

（4）在停止运行站或返回中途站退票时，退还已收票价与发站至停止旅行站的票价差额，不足起码里程按起码里程计算。

（5）铁路组织已购票的被阻旅客乘原列车绕道运输时持原票有效。组织旅客换乘其他列车绕道运输，车站应为旅客办理签证手续，在车票背面注明"因××绕道××站（线）乘车"字样并加盖站名戳。绕道运输乘坐原席别、铺别时票价不补不退，变更席别、铺别时，补收或退还差额。中途下车车票失效。旅客自行绕道按变径办理。

（6）旅客要求在发站或一个中途站（返回途中自行下车无效）等候继续旅行，凭原票在通车10日内可恢复旅行。旅客要求恢复旅行时，车站应办理签证手续。

（7）由于线路中断影响旅行，旅客要求提供证明时，车站应开具文字证明，加盖站名戳。

6.3.2　旅客人身伤害事故的善后处理、结案与赔偿

1. 善后处理

1）成立善后工作组

发生旅客人身伤害后，发生地车站（车务段）或处理站（车务段）应当组织发生单位、车站铁路公安派出所及相关单位成立善后处理工作组（以下简称工作组）。必要时，由发生地或处理站所在铁路局组织。

工作组负责以下工作。

（1）办理受伤旅客就医、食宿等事宜。

（2）收集有关资料，建立案卷。案卷中应有客运记录、证人证言、车票、医院证明、现场照片或图示、寻人启事及铁路公安机关处理尸体意见等材料；铁路公安机关制作有现场勘验笔录、法医鉴定结论的，在不影响案件办理的情况下，可以收集存入案卷。

（3）核查伤亡旅客身份，通知其家属或发布寻人启事。

（4）处理旅客遗留物品或死亡旅客遗体。

（5）向旅客或其继承人、代理人通报有关情况，协商处理善后事宜。

（6）其他与善后处理有关的事宜。

2）开展调查

（1）在铁路旅客运输过程中（自旅客进站检票时起至出站检票时止）发生的铁路旅客人身伤害及携带品损失，由发生地或处理站所在地的铁路安全监督管理办公室（客运专业管理部门）组织处理站或其上级主管部门、铁路公安派出所或其上级铁路公安机关、相关专业管理部门等开展调查工作，了解相关情况，确定责任主体，提出处理意见。

（2）因下列情况造成的铁路旅客人身伤害及携带品损失，依据有关法律法规由相关部门组织调查。

① 因铁路交通事故造成铁路旅客人身伤害及携带品损失的，依据《铁路交通事故调查处理规则》（铁道部令第 30 号）由相关部门组织调查。

② 属于铁路公安机关管理职责范围的，由铁路公安机关组织调查。

③ 旅客食品安全事故调查处理由铁路食品安全监督管理办公室负责，并依据有关法规规定程序执行。

案例分析

2016 年 8 月，乘坐动车的 8 岁无成人陪伴儿童在到达目的地南京后，因乘务员工作疏忽，导致儿童自行下车，未与接站人员进行正常交接，在没有工作人员陪同下，儿童自行走出车站，且其随身证件袋遗失在车厢内，内有户口簿和他父亲的驾驶证。旅客要求铁路局处理此事件。

思考： 上述案例造成旅客物品遗失，乘务员应如何处理？承运公司是否承担相应责任？

分析： 虽然该儿童非常顽皮，但因乘务员工作失职，导致其自行下车，且遗失贵重

随身物品，故公司应承担相应赔偿责任。

乘务员向旅客致歉，承认工作上的失误，询问儿童情况，并告知旅客失物暂时未找到的真实情况，争取延后处理时间；在取得旅客同意后，积极寻找失物，并亲自登门将失物和慰问礼品送到旅客手上，再次向旅客承诺今后将杜绝此类事件发生，以表诚意。

（3）在铁路安全监督管理办公室（客运专业管理部门）组织调查过程中，相关单位或人员应当按要求及时提供相关证据资料。

（4）旅客人身伤害及携带品损失可能涉及设施设备、列车运行等原因的，应当通知有关管理单位。被通知单位接到通知后，应当按要求在 5 日内提交有关证据材料。

（5）铁路安全监督管理办公室（客运专业管理部门）工作人员应当符合铁路运输安全行政执法人员的任职条件，参加培训并经考核合格后取得相应的任职资格，持有铁道部颁发的行政执法证件，在规定的管辖范围和相应的专业分工范围内，严格按照规定程序进行调查处理工作，正确履行职责。站段处理旅客人身伤害的工作人员应当持有《××铁路安全监督管理办公室工作证》。

3）责任划分

（1）旅客自身责任。旅客违反铁路安全规定，不听从铁路工作人员引导、劝阻等违法违章的行为或其他自身原因造成的伤害，属于旅客自身责任。

在旅客人身伤害及携带品损失调查中，涉及旅客或第三人责任，且旅客、第三人或其代理人没有异议的，应当在有关调查报告中载明，并经其签字确认后，作为善后处理的依据；旅客、第三人或其代理人不予认可的，可告知其协商解决或通过司法途径处理。

（2）铁路运输企业责任。由于铁路运输企业人员的职务行为和设施设备的原因等给旅客造成伤害，属于铁路运输企业责任。铁路运输企业责任分为客运部门责任和行车等其他部门责任。客运部门责任分为车站责任和列车责任。

铁路安全监督管理办公室（客运专业管理部门）在调查中，对涉及铁路运输企业责任的，应按发生原因、铁路运输企业及其各部门职责等确定责任单位；两个以上单位都负有责任时，可以列两个以上单位的责任。

确定铁路运输企业责任后，铁路安全监督管理办公室（客运专业部门）应当及时出具铁路旅客人身伤害及携带品损失定责通知书（图 6-1），交善后处理工作组，并于 10 日内寄送责任单位及其上级主管部门。

铁路旅客人身伤害及携带品损失定责通知书

No.

铁路局：
站（段）：
关于　年　月　日发生旅客人身伤害（携带品损失），经调查处理工作组研究，列站（段）责任。
特此通知。

××安全监督办公室（公章）
年　月　日

注：本通知一式四份，一份交善后处理工作组，一份处理站（段）留存，寄送责任单位及上级主管部门各一份。

图 6-1　铁路旅客人身伤害及携带品损失定责通知书

① 遇下列情形之一的，车站应当承担相关责任。

a. 旅客持票进站或下车后在出站前，因车站组织不当造成人身伤害的。

b. 车站引导标志缺失或不准确，误导旅客造成其人身伤害的。

c. 车站设施设备不良造成旅客人身伤害的。

d. 车站在停止检票后继续检票放行或检票放行时间不足，致使旅客抢上列车造成人身伤害的。

e. 车站组织不力造成旅客上车时造成人身伤害的。

f. 因车站客运工作人员违章作用、过失造成旅客人身伤害的。

g. 有理由认为属于车站责任的。

② 遇下列情形之一的，列车应当承担相关责任。

a. 车门漏锁致旅客坠车造成人身伤害的。

b. 列车工作人员过错致旅客误下车、背门下车、在不办理乘降的车站（包括区间停车）下车、列车运行中开启车门造成人身伤害的。

c. 列车组织不当或列车工作人员违反作业标准，致旅客乘降时造成人身伤害的。

d. 列车客运工作人员对设备管理不善造成旅客人身伤害的。

e. 列车客运工作人员违章操作、过失造成旅客人身伤害的。

f. 有理由认为属于列车责任的。

（3）第三人责任。由于旅客和铁路运输企业合同双方以外的人给旅客造成的伤害，属于第三人责任。

（4）不可抗力。在当时的条件下，人力所不能抵抗的破坏力（如洪水、地震、战争等）给旅客造成的伤害。

发生原因基本确定，但由于发生单位或相关设施设备管理部门未及时收集或妥善保管相关证据资料，导致不能确定责任主体时，发生单位或相关设施设备管理部门应承担相应责任。

列车需将伤病旅客交站处理，调度部门因信息处置或安排停车不及时，车站因推诿或未及时联系医疗机构影响救治的，可将调度部门、车站与责任单位共同列为责任主体。

对责任划分有争议时，铁路安全监督管理办公室（客运专业管理部门）应将调查报告、案卷、处理意见等有关资料报发生、处理单位共同的上级主管部门或其授权的主管部门裁决。

发现定性不准确或处理不符合规定的，上级主管部门可以责令重新审查或纠正。

案例分析

2013 年 8 月 15 日，广州开往太原的某列车（太原客运段担当乘务）上，一位旅客在长沙—岳阳段与另外两名旅客因争座位发生冲突受伤害，受伤旅客向太原铁路法院提出诉讼，要求铁路公司赔偿。

思考：该伤害事故应如何处理比较妥当？

分析:

(1) 该伤害事故的责任划分,应属于第三责任人。

(2) 受伤害的旅客要求铁路先予赔偿的,铁路公司应给予支持,先行赔偿。因为旅客是弱势群体,而铁路公司是强势集团,应执行代位赔偿。

(3) 铁路公司应按法院调解或判决的赔偿额度赔付,如果法院判决的赔偿额度较高,有异议时,可提出上诉。

(4) 铁路公司赔付后即可取得向有关责任者,即第三人追偿的权力。

(5) 铁路公司有过错的,应当在能够防止或制止损害的范围内承担相应补充赔偿责任。

2. 结案与赔偿

1) 结案工作

(1) 发生旅客轻伤且经旅客或第三人同意现场调解、责任明确的,可由车站会同铁路公安派出所、发生单位、旅客、第三人等共同进行现场处理并结案。

(2) 受伤旅客临床治疗结束或死亡旅客遗体处理完毕,工作组应当根据铁路安全监督办公室对责任确定情况,核实各项费用及授权委托书、亲属关系证明等有关证明后,涉及铁路运输企业责任的,尽快按有关法律规定与旅客或其继承人、代理人协商办理赔付。

(3) 在铁路运输过程中发生旅客携带品损失时,旅客或其继承人、代理人应当向铁路运输企业提出可确认的证据;铁路运输企业经确认后,商谈赔偿了结。

2) 确定赔偿额

(1) 医疗费用应根据实际产生或后续治疗需要,凭治疗医院单据或建议核定。旅客需转院治疗时,应与处理单位协商一致,并经治疗医院同意。

(2) 残疾赔偿金应根据有关鉴定机构出具的旅客人体损伤残疾程度鉴定意见,或者根据旅客受伤程度,比照有关人体损伤残疾程度鉴定标准所对应的残疾等级,按照有关标准计算。责任旅客伤害经救治无效死亡的,应根据有关法律按照规定标准计算死亡赔偿金。

(3) 在铁路旅客运送期间发生旅客携带品损失时,承运人有过错的,应当承担损害赔偿责任,旅客出具发票(或其他有效证明)证明购买价格时,以扣除物品合理折旧、损耗后的净值赔偿或以处理单位所在地物价部门或价格评估机构确定的物品价值赔偿。

(4) 处理旅客人身伤害事故的其他费用包括现场勘验费、看尸抬尸埋尸费、验尸费、寻人启事费,以及善后处理直接有关的交通费、护送费、住宿费、救济费等。所有发生的费用均须有发票、收据等列明金额的书面证明材料方能进行支付。

3) 办理赔付

(1) 办理赔付时,编制铁路旅客人身伤害及携带品损失最终处理协议书(图 6-2),经各方确认、签字或加盖处理单位公章后,将赔偿金依据法定顺位支付给旅客或其继承人、代理人。旅客接到铁路旅客人身伤害及携带品损失赔付通知书(图 6-3)后,持本人有效身份证件及铁路旅客人身伤害及携带品损失赔付通知书于 30 天内到处理站领取赔偿额。继承人、代理人领取时,应携带领取人有效身份证件及旅客身份关系证明或授权委托书(以上证件或证明均需原件)。领取后,旅客或其继承人、代理人出具收据交处理单位。

（2）根据责任确定情况，处理旅客人身伤害所发生的赔偿金及其他费用，由责任单位承担；无法确定责任单位的，由发生单位承担。

（3）需向责任单位或发生单位转账时，由处理单位所属铁路局财务部门开具转账通知书，连同铁路旅客人身伤害及携带品损失最终处理协议书转送责任单位或发生单位所属铁路局财务部门。

责任单位或发生单位所属铁路局财务部门应当在收到转账通知书等材料次日起 30 日内将费用转拨至处理单位所属铁路局；超过 30 日的，每超过 1 日，按应付费用的 0.5% 支付滞纳金。

（4）旅客人身伤害是旅客自身原因或第三方造成时，铁路运输企业在垫付相关费用后，可向旅客或第三方追偿。

铁路旅客人身伤害及携带品损失最终处理协议书

No.

```
一、旅客基本情况：
  姓名：      身份证件号码：
  性别：  年龄：  职业：  电话：
  住址：
二、车票情况：
  号码：    日期：
  车次：  发站：  到站：  席位：
三、发生情况：
  日期、时间、车次：
  地点、车站、区间：
四、旅客人身伤害及携带品损失发生经过、救治及善后处理简要情况：


五、处理意见：


六、协议人签字：
  旅客签字：          处理单位（章）
  代理人签字：
  身份证号：
  联系电话：
  日期：  年  月  日
  第三人签字：
  代理人签字：
  身份证号：
  联系电话：
  日期：  年  月  日
  发生（责任）单位代理人签字：
  职务：
  联系电话：
  日期：  年  月  日
```

注：本协议由处理单位填写，一式五份，一份报铁路局主管部门，一份转铁路局财务部门，处理单位、责任（发生）单位、旅客或家属各一份。

图 6-2　铁路旅客人身伤害及携带品损失最终处理协议书

铁路旅客人身伤害及携带品损失赔付通知书

No.

旅客：

 对   年   月   日所发生旅客人身伤害（携带品损失），依据有关法律规定，经当事各方共同协商同意，赔付旅客共计人民币元（大写）。

 请您携带本通知和本人有效身份证件，于 30 日内到我站领取，如继承人、代理人领取时，请携带领取人有效身份证件以及与旅客身份关系证明或授权委托书（以上证件或证明均需原件）。

 特此通知。

处理单位（章）

年   月   日

联系人：   电话：   单位地址：

图 6-3 铁路旅客人身伤害及携带品损失赔付通知书

案例分析

2015 年 1 月，旅客张先生夫妇乘坐高铁从深圳去往北京。在途中，张夫人向乘务员要了一杯咖啡。但当乘务员将咖啡端到张夫人面前时，发现张先生以及张夫人均已睡着，且张夫人将其黑色貂绒大衣盖在身上保暖。在旅客不知情的情况下，该乘务员将热咖啡摆放到了小桌板上面。当张夫人醒来时，不小心将热咖啡打翻在貂绒大衣上。该貂绒大衣价格昂贵。事发后，张先生立即打电话投诉，并提出若貂绒大衣无法恢复原样，就要求铁路公司赔偿。

思考：上述旅客随身携带品受到损伤，乘务员应该如何处理？铁路公司是否应当承担相应责任？

分析：

（1）乘务员需配合投诉处理部门做好事件情况的如实记录，重点是细节的描述，协助投诉处理部门明确责任。

（2）如果公司对于旅客随身携带行李和物品损坏承担责任，应在第一时间积极安抚旅客心情，并根据随身物品受损情况采取相应措施进行弥补，使旅客受损的随身物品恢复原样；在无法弥补的情况下，应根据受损物品的购买价格、折旧情况等要素，与旅客协商较合理的补偿金额。

6.3.3 旅客人身伤害处理报告与统计工作

1. 处理报告

旅客人身伤害处理完毕后，处理单位和发生单位应在 3 日内逐级向铁路局客运主管部门报送调查处理报告。

2. 统计工作

铁路局应当在每月 20 日前汇总上月本局处理的旅客人身伤害情况，按要求填写铁路旅客人身伤害统计表（图 6-4）和安全情况报告（图 6-5），报铁路总公司运输局。

对旅客人身伤害事故的案卷，做到一案一卷，由处理单位保管，保存期为 5 年。

铁路旅客人身伤害统计表

No.

伤害种类 / 责任 \ 人数	死亡	重伤	轻伤	挤伤	摔伤	砸伤	烧烫伤	跳车	石击列车	疾病	其他
铁路企业											
旅客自身											
第三人责任											
不可抗力											
其他											
人数合计											
赔偿金合计											

图 6-4　铁路旅客人身伤害统计表

安全情况报告

　　旅客×××，性别，年龄，籍贯，××××年×月×日持××次××站—××站车票，列车运行至××线××—××间（或在××站），××原因，在××处死亡（或重伤）。

铁路局
年　月　日

图 6-5　安全情况报告

6.3.4　保障

（1）车站、列车应当按规定配置安全防护设备和视频监控装置，合理设置安全警示标志，建立健全日常管理、维护机制。视频监控管理部门应当定期采集视频监控数据，涉及旅客人身伤害纠纷的视频监控数据保存期不得少于一年。

铁路局应当积极采用信息化手段，建立站车安全、设备等信息平台，确保信息沟通快速畅通。

（2）铁路局应加强旅客人身伤害及携带品损失处理费用的预算和支出管理，确保各项费用依法合理使用。

（3）铁路局及站、段应根据实际设置旅客人身伤害及携带品损失处理工作人员，配备照相机、摄像机、录音笔等必要的设备，给予适当的岗位、交通、通信等补贴，定期组织培训，提高业务能力。

（4）铁路局企业法律部门应当加强对旅客人身伤害及携带品损失处理的指导，定期组织法律专业知识培训。

（5）在铁路旅客运输过程中遇突发急病、分娩的旅客时，车站、列车应当尽力予以救助，其救助程序参照相关规定办理。

练 习 题

一、填空题

1．《铁路旅客运输安全检查管理办法》于 2014 年 11 月 15 日经第 12 次部务会议通过，自＿＿＿＿＿＿年＿＿＿＿＿＿月＿＿＿＿＿＿日起施行。

2．《高速铁路突发事件应急预案》适用于我国境内已投入运营的时速＿＿＿＿＿＿千米及以上高速铁路发生交通事故、自然灾害、相关设备故障等突发事件的应急处置。

3．应急响应分为特别重大、＿＿＿＿＿＿、＿＿＿＿＿＿、＿＿＿＿＿＿一般四级（即Ⅰ级、Ⅱ级、Ⅲ级、Ⅳ级）。

4．Ⅱ级应急响应由＿＿＿＿＿＿负责启动，铁路局及以下各级相关单位启动相应级别的应急响应。

5．铁道部列车调度员接到高速铁路突发事件报告后，应立即向＿＿＿＿＿＿报告。

6．按＿＿＿＿＿＿的原则，当现场应急救援工作结束后，由相应的应急领导小组宣布应急结束。

7．旅客人身伤害按其程度分为轻伤、重伤、＿＿＿＿＿＿三种。

8．旅客人身伤害处理完毕后，处理单位和发生单位应在＿＿＿＿＿＿日内逐级向铁路局客运主管部门报送调查处理报告。

二、选择题

1．以下情况发生时，需要启动Ⅰ级应急响应的是（　　　　）。

    A．造成 30 人以上死亡或 100 人以上重伤

    B．造成 10 人以上 30 人以下死亡或 50 人以上 100 人以下重伤

    C．铁路直接经济损失 5000 万元以上 1 亿元以下

    D．中断铁路行车 12 小时以上 48 小时以下

2．因突发事件造成铁路直接经济损失 1000 万元以下或中断铁路行车 1 小时以上 6 小时以下的，应启动（　　　）级应急响应。

    A．Ⅰ   B．Ⅱ   C．Ⅲ   D．Ⅳ

3．Ⅲ级、Ⅳ级应急响应由（　　　）负责启动，应急响应级别，响应程序、内容及形式在铁路局应急预案中规定。

    A．国务院   B．铁道部   C．铁路局   D．各单位

4．列车因旅客伤害严重需紧急停车处理或发生（　　　）人以上疑似食物中毒的，应立即报告运行所在铁路局客运客调。

A. 1　　　　　B. 2　　　　　C. 3　　　　　D. 5

5. 受伤旅客经现场抢救无效死亡，或对站内、区间发现的旅客尸体，经医疗部门或公安机关确认死亡，公安机关现场勘查结束后，车站应当转送殡仪馆存放，并尽快通知其家属。尸体存放原则上不超过（　　　）日。

A. 5　　　　　B. 10　　　　　C. 20　　　　　D. 30

6. 旅客人身伤害及携带品损失可能涉及设施设备、列车运行等原因的，应当通知有关管理单位。被通知单位接到通知后，应当按要求在（　　　）日内提交有关证据材料。

A. 5　　　　　B. 10　　　　　C. 20　　　　　D. 30

7. 列车组织不当或列车工作人员违反作业标准，致旅客乘降时造成人身伤害的，应当由（　　　）承担相关责任。

A. 车站　　　B. 列车　　　C. 第三责任人　　　D. 客运工作人员

8. 旅客接到铁路旅客人身伤害及携带品损失赔付通知书后，持本人有效身份证件及本通知于（　　　）天内到处理站领取赔偿额。

A. 10　　　　　B. 15　　　　　C. 20　　　　　D. 30

9. 对旅客人身伤害事故的案卷，做到一案一卷，由处理单位保管，保存期为（　　　）年。

A. 1　　　　　B. 2　　　　　C. 3　　　　　D. 5

10. 视频监控管理部门应当定期采集视频监控数据，涉及旅客人身伤害纠纷的视频监控数据保存期不得少于（　　　）年。

A. 1　　　　　B. 2　　　　　C. 3　　　　　D. 5

三、简答题

1. 简述旅客运输安全检查的相关规定。
2. 简述高速铁路突发事件的应急处理保障措施。
3. 简述高速铁路突发事件的应急响应标准。
4. 简述事故速报的主要内容。
5. 哪些情况造成的旅客人身伤害应当立即向铁路公安机关报警？
6. 由于铁路运输企业人员的职务行为和设施设备的原因等给旅客造成伤害，属于铁路运输企业责任。简述车站应当承担相关责任的几种情形。

四、案例分析题

2014 年 7 月 31 日，广州—深圳 G6141 次列车上，乘务员在组织旅客上车过程中，有一位旅客用双手在座位上梳理头发的时候，坐于其大腿上的 23 个月大的男孩因重心不稳摔倒在地上，头部撞在座椅下的行李档杆上，额头被划出 2 厘米长的伤口，当场流血不止。

思考：列车上发生上述事件，乘务员应当如何处置？

第7章

高速铁路客运相关的其他规章

学习目标

1. 了解动车组司机室登乘人员。
2. 掌握动车组司机室的登乘管理规定。
3. 掌握动车组列车运行中出现故障、在区间被迫停车、运行途中接到危及行车安全通知、故障不能继续运行请求救援、运行中碰撞障碍物或撞人，接触网故障停电等情况时的应急处置办法。
4. 掌握行李包裹事故的分类及事故苗子的内容。
5. 掌握事故赔偿的审批权限及清算。
6. 熟悉禁止吸烟的场所及禁止吸烟场所的经营或管理单位应履行的职责。

7.1

登乘动车组司机室管理办法

动车组司机室是司机操控动车组的重要部位。为减少对动车组司机操控的干扰，必须严格控制登乘动车组司机室的人员。《登乘动车组司机室管理办法》是为了加强登乘动车组司机室的管理，保证动车组运行安全、正点而制定的。《登乘动车组司机室管理办法》自 2008 年 7 月 1 日起施行，铁道部前发铁运函〔2007〕163 号文件和铁运电〔2007〕

111 号电报同时废止。

7.1.1　登乘人员

1. 铁道部登乘人员

（1）检查工作的铁道部和司（局）领导。
（2）运输局装备部、基础部、调度部领导和专业技术人员，安监司专业监察人员。
（3）铁道科学研究院动车组、列控系统专业负责人员和技术主管人员。

2. 铁路局登乘人员

（1）检查工作的铁路局领导。
（2）机务、车辆、工务、电务、公安、调度专业负责人及技术主管人员。
（3）安监室负责人和专业监察人员。

3. 其他登乘人员

（1）动车组技术维护人员。
（2）行车安全装备技术维护人员。
（3）经批准的其他人员。

7.1.2　动车组司机室登乘证申办程序

（1）登乘人填写登乘动车组司机室申请表（图 7-1），经所属单位领导签字并加盖公章后报送审批部门。
（2）跨铁路局的由铁道部运输局长批准，装备部机车运用处填发。
（3）铁路局管内由铁路局长批准，机务处运用科填发。

7.1.3　登乘管理

（1）登乘动车组司机室时需交验动车组司机室登乘证（图 7-2），经值乘民警验证同意后方可登乘（验证地点为司机室有侧门的，在侧门内；无侧门的，在车厢内司机室门前）。
（2）由各铁路局统一安排登乘计划，登乘人员在始发站应提前 15 分钟进入动车组司机室，中途停站原则上不受理登乘。
（3）动车组司机室的登乘人数，除特殊情况外，不得超过 2 人，不得影响执乘司机正常工作。登乘动车组司机室必须在操纵端。非操纵端司机室必须锁闭（动车组司机室门、窗须具有反锁功能），除轮休司机外任何人不得进入。动车组司机对违规登乘的人员劝阻无效时，报请车站协助处理。
（4）因临时任务急需，来不及提前申请办理登乘证时，经上述领导批准，发布机调命令。

（5）动车组运行中除司机换乘和随车机械师处理故障外，任何人不得进出司机室。

（6）动车组司机室登乘证分为定期登乘证和临时登乘证两种。使用期限超过 3 个月时可填发定期动车组司机室登乘证。动车组司机室登乘证专用章由铁道部统一制作发放。

登乘动车组司机室申请表

年　月　日

单位				姓名			
办公室电话			手机号码				
职务			职称			年龄	
登乘事由：							
申请登乘区段：		站至		站			
申请登乘时间：	年　月　日～		年　月　日				
申请人所属单位意见： （单位印章）					领导签字：	年　月　日	
批准人意见： 					批准人签字： 年　月　日		
填发人记录： 					填发人签字：年　月　日		

图 7-1　登乘动车组司机室申请表

编号：005474

动车组司机室登乘证

单　位：＿＿＿＿＿＿＿＿＿

姓　名：＿＿＿＿＿＿＿＿＿

职　务：＿＿＿＿＿＿＿＿＿

登乘区段：

自＿＿＿＿站至＿＿＿＿站

有　效　期：

　　　　年　　月　　日至

　　　　　　年　　月　　日

签发日期：　　年　月　日

填发单位(公章)

图 7-2　动车组司机室登乘证内页

7.2

高速铁路非正常行车应急处置办法

7.2.1　动车组列车运行中出现故障

动车组列车运行中出现故障时，司机应按车载信息监控装置的提示，按规定及时处理；需要由随车机械师处理时，司机应通知随车机械师。经处置确认无法正常运行时，司机应按车载信息监控装置的提示和随车机械师的要求，选择维持运行或停车等方式，并报告列车调度员或车站值班员。

7.2.2　动车组列车在区间被迫停车

（1）随车机械师、客运乘务组、乘警均应听从动车组列车司机指挥，处理有关行车、列车防护和事故救援等事宜。

（2）需下车处理时，列车调度员发布邻线列车限速 160 千米/时及以下的调度命令，限速位置按停车列车位置前后各 1 千米确定；需组织旅客疏散时，必须扣停邻线列车。司机在接到列车调度员已发布邻线列车限速调度命令或邻线列车已扣停的口头指示后，通知有关作业人员办理。

案例分析

2012 年 8 月 4 日，由天津开往北京南德 C2008 次城际高铁列车，在天津站 7:33 开车，7:43 列车因断电在区间临时停车。其原因是全列空调系统发生故障停止运转。列车长及时通知餐服员将电台调至 1 频，并且立即组织全体乘务人员安抚旅客情绪。在停车20 分钟后，车辆机械师按规定选定通风的开门位置，通知列车长安装防护网，并且要求设置专人值守车门。后经机械师抢修故障排除。机械师通知列车长准备关闭车门，经列车长确认旅客安全无误后，便摘取防护网，关闭车门，恢复列车正常运行。随后机车乘务员、车辆机械师、列车长各自向其主管部门进行情况汇报。

思考：如果你是工作人员，面对列车故障停车的情况，应该如何处置？

分析：

（1）铁路规定动车组列车发生故障开门时机：CRH2 型动车组若空调装置出现故障超过 20 分钟时，允许打开门通风；CRH1、CRH3、CRH5 型动车组若空调装置故障超过20 分钟且应急通风功能失效或无法满足要求时，允许打开车门通风。

（2）遇有动车组列车临时停电时，为防止车厢内因空气混浊，有可能导致旅客窒息，列车长应配合随车机械师采取紧急措施，保证车厢内空气流通。必要时，在停车情况下，打开选定的车门。同时，全体乘务人员分工负责，在车门口值守，旅客不得进入距车门1米范围内。遇夜间临时停电时，应锁闭两端车门，严禁明火照明。如不能及时修复，应通过司机立即通知就近车站报告列车调度员，听候命令。

（3）列车处置程序：联络沟通（调度、司机）—事前分工（六乘人员）—安装护网—维护秩序—开门值守（有站台一侧或运行方向左侧）—巡视车厢。

（4）动车组列车停车后的旅客情绪稳定工作应夺得先机，列车长对车内事态发展做到可控状态。开门通风操作前，加强宣传，加强车厢巡视，各就各位把好车门，防止旅客随意下车。

（5）列车长要加强巡视，做好广播宣传解释工作，对旅客表示歉意，稳定旅客情绪。遇列车重联运行时，保持前后两组信息互通，并由7号车列车长统一向上级有关部门随时汇报现场情况。

（6）动车组列车运行中遇突发情况时，不能有丝毫疏忽，列车六乘人员必须听指挥行动，确保旅客人身安全。

知识链接

六 乘 人 员

动车组列车乘务组由客运乘务人员、随车机械师、司机、公安乘警、随车保洁员和餐饮服务员组成，简称"六乘人员"。

7.2.3 动车组运行途中接到危及行车安全通知

（1）立即采取停车措施，并报告列车调度员或车站值班员，待危及行车安全情况消除后，方可恢复正常运行。

（2）需下车处理时，列车调度员发布邻线列车限速160千米/时及以下的调度命令，限速位置按停车列车位置前后各1千米确定。司机在接到列车调度员已发布相关调度命令的口头指示后，通知随车机械师手动开门下车处理，下车处理人员下、上车时与司机共同签认。

7.2.4 动车组故障不能继续运行请求救援

（1）列车调度员接到动车组司机请求救援的报告后，应根据实际情况，组织符合要求的动车组或机车救援，并立即将有关情况向调度所值班主任报告。

（2）已请求救援的动车组不得再行移动。列车调度员发布救援命令后，动车组司机应了解救援列车开来方向，通知随车机械师做好防护工作。

如需接触网停电作业，须按规定办理停电手续。

（3）故障动车组应尽可能保证辅助供电系统工作正常，若辅助供电系统不能保证工作正常时，应优先保证基本的列车通风、照明。

动车组无外部供电的情况下,如蓄电池不能维持供电运行到终点站,应将故障动车组牵引至客运站组织旅客换乘或启用热备车底组织换乘。

7.2.5　接触网故障停电

(1)列车调度员接到接触网故障停电的报告后,立即通知供电调度确认原因并处理,同时向值班主任报告,及时扣停未进入停电区域的列车。

(2)接触网故障需立即抢修时,供电调度将本线处理故障时的影响范围、邻线放行列车条件等内容登记清楚,列车调度员根据登记要求办理。

需开行轨道车时,须报请调度所值班主任(副主任)批准,并向轨道车司机发布准许运行的调度命令。

(3)采取越区供电方式供电前,须确认停在无电区德列车已全部降弓。

(4)接触网送电后,列车调度员必须确认供电调度的签认,准确掌握线路开通后的行车条件。

7.2.6　动车组运行中碰撞障碍物或撞人

(1)动车组运行中碰撞障碍物影响行车安全或撞人时,司机应立即采取停车措施,并报告列车调度员或车站值班员,通知随车机械师。

(2)需下车处理时,列车调度员大发布邻线列车限速 160 千米/时及以下的调度命令,限速位置按停车列车位置前后各 1 千米确定。司机在接到列车调度员已发布相关调度命令的口头指示后,通知随车机械师手动开门下车确认动车组技术状态。

(3)经检查确认若可以继续运行时,司机按随车机械师签认要求常速或限速运行,并报告列车调度员;若不能继续进行时应及时请求救援,并按规定进行防护。

(4)列车调度员接到碰撞障碍物和撞人的报告后,应立即通知邻近车站和公安派出所派员到现场处置。到达现场人员应及时了解、上报现场勘查处置情况。

(5)发生重大路外伤亡造成动车组紧急停车时,司机应立即报告列车调度员或就近车站值班员,并协助有关人员保护事故现场,采取措施抢救人员和财产,尽快排除线路故障,恢复正常行车,将人员伤亡和损失降到最低程度。

7.2.7　利用动车组列车运送人员处理故障

(1)设备管理部门向列车调度员申请利用动车组列车运送人员处理故障时,须报告清楚上、下车地点。

(2)列车调度员接到报告后,经值班主任(副主任)同意方可向指定动车组列车发布调度命令,准许该次动车组列车运送故障处理人员,并须注明上、下车地点。司机接到调度命令后,向列车长和随车机械师进行转达。

(3)故障处理人员在列车运行前方驾驶室后的车门处上车。

(4)列车运行至停车地点停车后,司机在接到列车调度员已发布邻线列车限速 160

千米/时及以下的调度命令的口头指示后,方可通知随车机械师人工开启列车运行前方驾驶室后的动车组左(非会车)侧车门,客运乘务员配合做好人员上、下车工作。

(5)随车机械师确认故障处理人员全部下车并撤至安全地点后,随车机械师关闭车门并通知列车司机,司机确认行车凭证后即可开车。

7.3 关于铁路行李包裹事故处理有关问题的通知

《关于铁路行李包裹事故处理有关问题的通知》由铁道部于 1991 年 12 月 13 日发布。本通知自 1992 年 1 月 1 日起实行。为进一步做好铁路行李包裹事故的处理工作,现就几个亟待解决的问题暂做如下规定,不论行包是否保价一律按本通知办理。

1. 行包事故处理原则

处理行包事故要遵循"重合同、守信用、坚持实事求是"的原则,主动迅速地办理赔偿工作。

2. 行李包裹事故的分类

行李包裹事故分为重大事故、大事故、一般事故三等。

1)造成下列情况之一者为重大事故

(1)由于承运的行李、包裹发生火灾、爆炸造成人员死亡或重伤达三人的。

(2)物品损失(包括其他直接损失,以下同)价值超过 3 万元(不含 3 万元)的。

(3)尖端保密物品、放射性物品灭失。

2)造成下列情况之一者为大事故

(1)由于承运的行李、包裹发生火灾爆炸造成人员重伤的。

(2)物品损失价值 1 万元以上(不含 1 万元)至 3 万元的。

3)一般事故

(1)承运的行李、包裹发生火灾爆炸的。

(2)物品损失价值 200 元以上(不含 200 元)至 1 万元的。

3. 事故苗子

在运输行李、包裹过程中(自承运时起至交付完毕时止)造成轻微损失及一般办理差错,称为事故苗子。事故苗子包括以下几类。

(1)损失轻微,价值不超过 200 元(含 200 元)的。

(2)被盗在 30 日内破案并追回原物,损失轻微的。

(3)票货分离、票货不符、误装卸及时发现纠正,未造成损失的。

（4）误交付及时发现并取回，未造成损失的。

（5）未按规定办理交接手续的。

（6）违反营业办理限制。

4．事故赔偿的审批权限

（1）赔款（包括行李包裹包装整修费）不超过 200 元（含 200 元）的，由处理站审核赔偿。

（2）赔款 200 元以上至 5000 元（含 5000 元）的由决算站段审核赔偿，报分局备案。

（3）赔款 5000 元以上至 15000 元（含 15000 元）的由铁路分局审核赔偿，报铁路局备案。

（4）赔款 15000 元以上的，由铁路局审核赔偿，报铁道部备案。

5．事故赔款的清算

（1）赔款不超过 200 元（含 200 元）的互清算，由处理站所属分局列销。

（2）赔款 200 元以上的，处理站与责任站在一个铁路局管内，由分局相互间清算；跨路局的由路局相互间清算。

（3）责任局自接到赔款通知书之日起，必须在 10 日内办完付款手续，逾期付款每日增加 0.5%的资金占用费。未按规定及时付款时，铁路局管内由铁路局、跨局由铁道部按季强行划拨。列为其他责任的事故赔款，由处理局列支。

6．行包事故赔款的支付

行包事故赔款不论行包是否保价，均由保价周转金支付。

7．"客报七"的填写

"客报七"（旅客伤亡及行李、包裹事故报告）填报两份，分别报部运输局客运管理处、保价运输处。行包事故情况各栏增加斜线，斜线上填写保价行包内容，斜线下填写未保价行包内容。

7.4

关于在公共交通工具及其等候室禁止吸烟的规定

吸烟有害健康，吸烟已成为影响社会文明的一项公害。公共交通工具及其等候室等公共场所是人口聚集的地方，为了保护广大旅客的身体健康，创造一个清洁、卫生、文明、安全、舒适的旅行环境，全国爱国卫生运动委员会、卫生部、铁道部、交通部、建设部、民航总局共同制定了《关于在公共交通工具及其等候室禁止吸烟的规定》，该规定于 1997 年 1 月 7 日公布，自 1997 年 5 月 1 日起实施。

（1）为控制吸烟危害，维护和改善公共交通工具及其等候室的公共环境，保护旅客的身体健康，依据国家有关法规，制定《关于在公共交通工具及其等候室禁止吸烟的规定》。

（2）铁道部、交通部、民航总局、建设部是交通系统公共交通工具及其等候室禁止吸烟工作的主管部门，铁路、交通、民航的卫生主管部门和建设部的城建主管部门负责本系统实施本规定的卫生监督管理工作。任何单位和旅客都必须遵守《关于在公共交通工具及其等候室禁止吸烟的规定》。

（3）除特别指定区域外，在下列公共交通工具及其等候室禁止吸烟。

① 各类旅客列车的软卧、硬卧、软座、硬座、旅客餐车车厢内。

② 各类客运轮船的旅客座舱、卧舱及会议室、阅览室等公共场所，长途客运汽车。

③ 民航国内、国际航班各等客舱内。

④ 地铁、轻轨列车，各类公共汽车、电车（包括有轨电车）、出租汽车，各类客渡轮（船）、游轮（船）、客运索道及缆车。

⑤ 各类车站、港口、机场的旅客等候室、售票厅及会议室、阅览室等公共场所。

⑥ 铁路、交通、民航的卫生主管部门和建设部的城建主管部门根据实际需要，确定的其他禁止吸烟场所。

对违反《关于在公共交通工具及其等候室禁止吸烟的规定》的个人，卫生检查员应对其进行教育，责令其停止吸烟，并处以 10 元的罚款。

对经教育、劝阻仍不执行本规定者，可处以 2～5 倍罚款。

（4）禁止吸烟场所的经营或管理单位应履行下列职责。

① 在禁止吸烟场所必须设立明显的禁止吸烟标志。

② 在禁止吸烟场所不得设置烟草广告标志，不放置吸烟器具；公共交通工具车身不得设置烟草广告标志。

③ 旅客等候室及运行时间较长的公共交通工具，可以指定吸烟的区域或设置有通风装置的吸烟室。

④ 指定吸烟的区域和设置的吸烟室必须设立准许吸烟的明显标志。

⑤ 禁止吸烟场所的经营或管理单位必须对禁止吸烟的工作进行严格管理，设置卫生检查员监督管理本场所的禁烟工作，劝阻旅客吸烟。

⑥ 禁止吸烟场所的经营或管理单位有责任和义务，采取各种形式向旅客开展吸烟有害的健康教育工作。

对违反《关于在公共交通工具及其等候室禁止吸烟的规定》的经营或管理单位，由卫生及有关主管部门责令其改正，或通报批评、取消有关荣誉称号，并根据情节轻重可以给予警告、罚款 500～1000 元的行政处罚，以上处罚可以单独使用，也可合并使用。

（5）铁路、交通、民航、城市公交的工作人员在禁止吸烟的场所有义务做到首先不吸烟。

对违反《关于在公共交通工具及其等候室禁止吸烟的规定》的个人，卫生检查员应对其进行教育，责令其停止吸烟，并处以 10 元的罚款；对经教育、劝阻仍不执行本规定者，可处以 2～5 倍罚款。

（6）在禁止吸烟场所内，旅客有权要求该场所内的吸烟者停止吸烟，有权要求该场所的经营或管理单位、卫生检查员劝阻吸烟。

（7）卫生及有关主管部门对禁止吸烟场所做出行政处罚时，应出具统一制作的行政处罚决定书。卫生检查员对在禁止吸烟场所违反规定的个人予以处罚时，应出具本人的证件，必须使用财政主管部门统一监制的卫生罚款专用票据。

（8）拒绝、阻碍卫生及有关主管部门的管理人员、卫生检查员依法执行公务，并使用暴力威胁的，由公安部门按照《治安管理处罚条例》处理；对构成犯罪的，依法追究其刑事责任及经济赔偿责任。

（9）当事人对处罚不服的，可根据《行政复议条例》和《中华人民共和国行政诉讼法》的规定，申请行政复议或者提起行政诉讼。

（10）卫生及有关主管部门管理人员、卫生检查员应当严格遵守法纪、秉公执法。对徇私舞弊、索贿受贿、玩忽职守的给予行政处分；构成犯罪的，依法追究其刑事责任。

（11）铁路、交通、民航的卫生主管部门及建设部的城建主管部门根据工作需要在本系统的有关单位聘任若干专（兼）职卫生检查员，负责禁止吸烟场所的监督检查工作。卫生检查员的聘任条件、职责和《关于在公共交通工具及其等候室禁止吸烟的规定》的实施细则由铁道部、交通部、民航总局和建设部根据各自的具体情况另行制订。

（12）《关于在公共交通工具及其等候室禁止吸烟的规定》由全国爱国卫生运动委员会办公室负责解释。

练 习 题

一、填空题

1．登乘动车组司机室时需交验_____，经值乘民警验证同意后方可登乘。

2．动车组列车在区间被迫停车时，随车机械师、客运乘务组、乘警均应听从_____的指挥，处理有关行车、列车防护和事故救援等事宜。

3．动车组运行中碰撞障碍物影响行车安全或撞人时，司机应立即采取停车措施，并报告_____或车站值班员，通知随车机械师。

4．行李包裹事故分为重大事故、_____、_____三等。

5．事故赔款清算时，责任局自接到赔款通知书之日起，必须在_____日内办完付款手续，逾期付款每日增加 0.5% 的资金占用费。

二、选择题

1．登乘管理规定由各铁路局统一安排登乘计划，登乘人员在始发站应提前（　　）分钟进入动车组司机室，中途停站原则上不受理登乘。

A. 5　　　　　　　B. 10　　　　　　　C. 15　　　　　　　D. 20

2．动车组司机室的登乘人数，除特殊情况外，不得超过（　　）人，不得影响执乘司机正常工作。

　　A．1　　　　　　　B．2　　　　　　　C．3　　　　　　　D．5

3．动车组司机室登乘证分为定期登乘证和临时登乘证两种。使用期限超过（　　）个月时可填发定期动车组司机室登乘证。

　　A．3　　　　　　　B．6　　　　　　　C．9　　　　　　　D．12

4．由于承运的行李、包裹发生火灾、爆炸造成人员死亡或重伤达三人的，属于（　　）事故。

　　A．一般　　　　　　B．大　　　　　　C．重大　　　　　　D．特大

5．在运输行李、包裹过程中（自承运时起至交付完毕时止）造成轻微损失及一般办理差错为事故苗子。事故苗子包括损失轻微其价值不超过（　　）元的。

　　A．100　　　　　　B．200　　　　　　C．300　　　　　　D．500

6．事故赔偿审批权限规定，赔款（　　）元以上的，由铁路局审核赔偿，报铁道部备案。

　　A．2000　　　　　B．5000　　　　　C．10000　　　　　D．15000

7．铁路、交通、民航、城市公交的工作人员在禁止吸烟的场所有义务做到首先不吸烟。对违反规定的个人，卫生检查员应对其进行教育，责令其停止吸烟，并处以（　　）元的罚款。

　　A．10　　　　　　　B．50　　　　　　C．100　　　　　　D．200

三、简答题

1．简述动车组司机室的登乘管理规定。

2．简述动车组列车在区间被迫停车时的应急处置办法。

3．简述动车组运行中碰撞障碍物或撞人时的应急处置办法。

4．简述行李包裹事故的分类。

5．什么是事故苗子？事故苗子包括哪些？

6．除特别指定区域外，禁止吸烟的公共交通工具及其等候室有哪些？

附录 1　铁路旅客运输词汇

　　GB/T 13317—2010《铁路旅客运输词汇》由中华人民共和国铁道部提出，于 2010 年 11 月 10 日经中华人民共和国国家质量监督检验检疫总局、中国国家标准化管理委员会联合发布，自 2011 年 3 月 1 日实施。本标准代替 GB/T 13317—1991《铁路旅客运输组织术语》。

　　本标准规定了铁路旅客运输的常用术语和定义。

　　本标准适用于铁路旅客运输的生产、管理、设计、科研、教学、文献资料出版等。

　　1. 客运基础

　　1）旅客（passenger）

　　持有铁路有效乘车凭证的人和同行的免费乘车儿童。

　　（1）重点旅客（passenger who needs care）：老、幼、病、残、孕旅客。

　　（2）团体旅客（group passengers）：规定数量以上乘车日期、车次、到站、座别相同并集体乘车的旅客。

　　2）车票（ticket）

　　旅客与承运人之间建立铁路旅客运输合同关系并用以乘车的基本凭证。

　　（1）减价票（reduced fare ticket）：儿童、学生、残疾军人、伤残警察等按规定可以享受减价优待的人乘车时使用的车票。

　　① 儿童票（child ticket）：身高在一定范围内的儿童乘车时使用的减价车票。

② 学生票（student ticket）：符合铁路减价优待条件的学生乘车时使用的减价车票。

③ 伤残票（ticket for disabled）：符合铁路减价优待条件的残疾军人或伤残警察乘车时使用的减价车票。

（2）折扣票（discount ticket）：低于公布票价出售的车票。

（3）团体票（group ticket）：团体旅客乘车使用的车票。

（4）异地票（ticket for different place departure）：向旅客发售车票的发站为非同城车站的车票。

（5）通票（coupon ticket）：票面标明的发站和到站间必须经过中转才能到达的车票。

（6）直达车票（through ticket）：票面标明的发站和到站均为票面表示车次经停站的车票。

（7）铁路乘车证（railway duty pass）：铁路职工及符合规定的人员使用的免费乘车凭证。

（8）特种乘车证（special service pass）：铁路部门向特定使用人出售或填发的铁路有效乘车凭证。

（9）代用票（blank ticket）：站车填写式多用途的票据。

（10）区段票（district ticket）：印有固定区段里程、票价、票种的填写式票据。

（11）磁介质票（magnetic ticket）：配合自动检票机使用，利用磁介质存储乘车日期、车次等信息的一种车票。

（12）定期票（periodic ticket）：在一定时期、区段内使用的车票。

（13）定额车票（quota ticket）：金额固定的车票。

（14）补价票（supplement ticket）：补收旅客车票票价差额时出具的票据。

（15）车票有效期（ticket valid period）：按规定车票可以使用的期限。

3）站台票（platform ticket）

车站出售的仅限于进出站使用的凭证。

4）旅客列车（passenger train）

运送旅客及行包、邮件的列车。

（1）直通旅客列车（through passenger train）：跨铁路局运行的旅客列车。

（2）管内旅客列车（local passenger train）：在一个铁路局管辖范围内运行的旅客列车。

（3）动车组（multiple unit）：由自带动力装置的动车和不带动力装置的拖车编成的机车车辆一体化列车。

（4）临时旅客列车（temporary train）：适应客流增长或特殊客流需要临时加开的旅客列车。

（5）旅游列车（tourist train）：为满足旅游旅客需要专门开行的旅客列车。

5）铁路旅客车站（railway station）

办理旅客运输业务，设有旅客候车和安全乘降设施，并由车站广场、站房、站场客运建筑三者组成的铁路车站。

乘降所（stop point）：仅供旅客乘降的列车停车地点。

2. 客运设备

1）站房（station building）

旅客办理各种旅行手续、行李包裹业务和候车的服务用房及运营管理所需各种业务和行政办公用房的总称。

（1）集散厅（concourse）：站房内疏导旅客，并设有安全检查、问讯等服务设施的大厅。

（2）行包房（luggage and parcel office）：办理行李包裹托运和提取业务的场所。

（3）售票厅（ticket hall）：为旅客办理购票、退票、签证等相关票务业务的场所。

（4）候车室（厅）（waiting room）：车站提供旅客等候乘车的固定场所。

① 贵宾候车室（VIP lounge）：贵宾等候乘车的候车室。

② 软席候车室（cushioned seat lounge）：持软席车票的旅客等候乘车的候车室。

③ 军人候车室（waiting room for servicemen）：军人旅客等候乘车的候车室。

④ 母婴候车室（waiting room for mothers with children）：带婴幼儿的旅客等候乘车的候车室。

⑤ 动车组候车室（CRH waiting room）：持动车组列车车票的旅客等候乘车的候车室。

⑥ 收费休息室（pay lounge）：按规定收费的候车室。

（5）检票口（ticket check gate）：旅客乘车检票的地点。

自动检票机（automatic ticket check machine）：自动检验旅客车票的设备。

（6）出站口（exit）：旅客出站验票的地点。

2）客运站场（station yard）

旅客列车到发、通过及旅客乘降和行包装卸的场地，设有站线、站台、上水、跨线设备等设施。

（1）站台（platform）：旅客乘降和行包、邮件装卸的设施，一般分为基本站台和中间站台。

① 基本站台（basic platform）：紧临车站主站房一侧的站台。

② 中间站台（middle platform）：基本站台以外的站台，两侧均邻线路。

③ 观光站台（tourist platform）：不办理客运业务的车站专门设置供旅客观光的站台。

（2）站名牌（station name tablet）：在站台上标示车站站名的标志牌。

（3）安全标线（safety mark）：在站台地面画出的距站台边缘一定距离的标志线，限制旅客候车时超越。

（4）行包邮品（件）通道（baggage and mail passage）：行包和邮政包裹等车辆出入车站、穿越线路的通道。

（5）跨线设施（track crossing equipment）：站房与站台之间、站台与站台之间往来的与线路立体交叉的设备设施的统称，如地道、天桥等。

① 地道（underpass）：旅客及车辆通行的地下通道。

② 平过道（level crossing）：站内设置的与线路平面交叉，并穿越线路的通道。

③ 天桥（overpass）：连接站房与站台或站台与站台之间的高架通道。

3）站房平台（platform for station building）

站房外墙向城市方向延伸一定宽度，连接站房各个部位及进出站口的平台。

4）站前广场（station square）

旅客、行包及各种车辆的集散地点，设有各种车辆的行驶路线、停车场地、旅客活动地带、行人通道以及必要的旅客服务设施。

5）客运车辆（passenger car）

直接运送旅客及为运送旅客服务的铁路车辆。

（1）硬座车（carriage with semi-cushioned seats）：设置硬席座椅的客运车辆。

（2）硬卧车（carriage with semi-cushioned berths）：设置硬席卧铺的客运车辆。

（3）软座车（carriage with cushioned seats）：设置软席座椅的客运车辆。

（4）软卧车（carriage with cushioned berths）：设置软席卧铺的客运车辆。

（5）餐车（dining car）：供旅客就餐的客运车辆。

（6）宿营车（lodging car）：供列车乘务人员休息的客运车辆。

（7）行李车（baggage car）：装运行李、包裹的客运车辆。

（8）双层客车（double-decker car）：设有上下两层客室的客运车辆。

（9）邮政车（mail car）：装运邮件的客运车辆。

（10）发电车（generator car）：提供电能的客运车辆。

6）无障碍设施（accessible facilities）

为方便行动不便人群设计的使之能参与正常活动的设施。

（1）无障碍入口（accessible entrance）：不设台阶的建筑入口。

（2）无障碍电梯（accessible lift）：供行动不便者或担架床进入和使用的电梯。

（3）无障碍厕所（accessible lavatory）：供行动不便者使用的无障碍设施齐全的厕所。

（4）无障碍厕位（accessible toilet cubicle）：公共厕所内设置的、乘轮椅者可进入和使用的带坐便器及安全抓杆的隔间厕位。

（5）无障碍电话（accessible telephone）：为行动不便旅客设置的低位带有语音提示和设有盲文的电话。

（6）无障碍标志（accessible signs）：以残疾人轮椅为标志，指引残疾人行进方向和进入建筑物及可使用的服务设施。

（7）轮椅坡道（ramp for wheelchair）：在坡度和宽度上以及地面、扶手、高度等方面符合乘轮椅者通行的坡道。

（8）盲道（sidewalk for the blind）：在人行道上铺设一种固定形态的地面砖，使视残者产生不同的脚感和盲杖的接触，诱导视力残疾者向前行走和辨别方向及到达目的地的通道。

7）公共信息导向系统（public information guidance system）

由导向要素构成的引导人们在公共场所进行有序活动的标志系统。

（1）揭示揭挂（billboard）：用文字、图形、图像等方式提供的固定信息。

（2）图形标志（graphical sign）：由标志用图形符号、颜色、几何形状（或边框）等组合形成的标志。

（3）文字标志（character sign）：由文字、颜色或边框等组合形成的矩形标志。

（4）公共信息图形标志（public information graphical sign）：传递公共场所、公共设施及服务功能等信息的图形标志。

（5）安全标志（safety sign）：由安全符号与安全色、安全形状等组合形成，传递特定安全信息的标志。

（6）导向标志（direction sign）：由图形标志和（或）文字标志与箭头符号组合形成，用于指示通往预期目的地路线的公共信息图形标志。

（7）位置标志（location sign）：由图形标志和（或）文字标志形成，用于标明服务设施或服务功能所在位置的公共信息图形标志。

（8）平面示意图（layout plan）：显示特定区域或场所内服务功能或服务设施位置分布信息的平面图。

（9）信息板（information board）：显示特定场所或范围内服务功能或服务设施位置索引信息的标志。

（10）导向线（guidance line）：设置在地面或墙面，指示行进路线方向的带有颜色的线形标记。

（11）应急导向系统（safety way guidance system）：通过安全标志、安全标记等应急导向要素，指引人们在紧急情况下沿着指定疏散路线撤离危险区域的导向系统。

① 紧急出口（emergency exit）：疏散路线中通向安全地点的门或通道。

② 疏散路线（safety route）：从建筑物内任意位置通往到终端出口的安全路线。

3. 客运服务

1）乘务组（train crew）

旅客列车上为旅客提供服务的团队。

2）列车长（train conductor）

旅客列车上负责乘务组的管理，代表铁路运输企业处理旅客相关事宜的人。

3）乘务制度（crew system）

根据列车种类和运行距离按一定方式使用人力而制定的列车值乘方式，包括轮乘制和包乘制。

（1）轮乘制（crew shifting system）：乘务组不固定车底，按出乘顺序轮流担当列车乘务工作的值乘方式。

（2）包乘制（assigned crew system）：乘务组按照固定车底方式担当列车乘务工作的值乘方式。

4）票务（tickets）

车票预定、发售、退票、改签等相关业务。

（1）中转签证（transfer）：旅客在中转站换乘其他列车时办理的乘车手续。

（2）改签（ticket change）：旅客改变乘车日期或车次的办理手续。

（3）变径（change of route）：在发站、到站不变的情况下，旅客改变经由线路。

（4）越站（travel beyond the destination station on the ticket）：旅客在列车上超过原车票票面标明的到站。

（5）分乘（separate passenger with one ticket）：两人以上的旅客使用一张代用票，要求分开乘车。

5）安全检查（security check）

对旅客的携带品或托运人托运的行包进行的检查。

携带品（accompanying luggage）是指旅客乘车按规定允许随身携带的物品。

6）自助服务（self-service）

旅客通过站车提供的设备自行完成所需服务的过程。

7）客户服务中心（customer service center）

以通信、计算机、网络等手段为平台，通过语音、互联网等方式，为旅客提供业务咨询、信息查询、车票预定、投诉受理等功能的服务机构。

8）客运杂费（miscellaneous fees of passenger traffic）

铁路运输过程中，除去旅客车票票价、行李包裹运价以外，铁路运输企业向旅客、托运人、收货人提供辅助作业、劳务及物耗等所收的费用。

9）临时停车（temporary stop）

非本次列车办理客运业务的停车。

10）客运记录（passenger traffic record）

在旅客或行李包裹运输过程中因特殊情况，承运人与旅客、托运人、收货人之间需记载某种事项或车站与列车之间办理业务交接的文字凭证。

（1）误乘（travel on the wrong train）：旅客实际乘坐的列车车次与所持车票票面标明车次不符。

（2）漏乘（miss the train）：旅客未能乘坐上所持车票票面标明日期、车次的列车。

（3）旅客遗失物品（lost articles）：旅客在车站或列车上遗失的物品。

（4）旅客意外伤害（passenger accidental injury）：旅客检票进站至到站出站时止所遭受的外来、非自身责任造成的伤害。

11）旅客运输服务质量（quality of passenger transport service）

旅客运输服务工作完成的优劣程度。

（1）客运质量监督（passenger service quality supervision）：对旅客运输服务工作实施情况进行监督检查的行为。

（2）客运监察（passenger service supervisor）：对旅客运输服务质量进行监督检查的人员。

（3）首问首诉负责制（first reception，first responsibility）：对旅客问讯、求助、投诉等事项，由首位接待旅客的工作人员负责处理的制度。

（4）用户满意度（customer satisfaction index）：用户期望值与实际获得值之间的匹配程度。

4. 旅客运输组织

1）客运计划（passenger traffic plan）

一定时期内发送旅客人数、运送旅客人数、旅客周转量和旅客平均行程的运输计划，分为长远计划、年度计划和日常计划。

2）旅客流线（passenger flow route）

旅客在车站的集散活动产生的流动过程和流动路线。

3）开行方案（operation）planning

确定旅客列车发到站、经由路线、途中停站、列车种类、开行数量计划的总称。

4）运行方案（traffic program of passenger train）

旅客列车在列车运行图上的铺画方案。

5）列车编组（passenger train composition）

旅客列车编挂的车种、辆数和顺序。

6）运行图（train working diagram）

列车运行时刻的图解。

7）列车时刻表（timetable of passenger train）

列车在铁路车站出发、到达或通过时刻和停车时间的表格，是列车运行图的数字化和表格化表示。

8）票额分配（ticket distribution）

根据旅客列车途经车站客流大小，按一定比例票额提前分配沿途停车站的运能分配方式。

（1）席位复用（seats reusing）：客票系统席位售出后，再次生成从售到站至原限售站的新席位，使列车能力再次利用。

（2）票额共用（seats sharing）：车站指定的票额允许被列车运行径路前方多个车站使用，旅客根据需要选择乘车站购票，并按票面指定乘车站乘车。

（3）剩余票额调整（remnant tickets adjustment）：客票系统按照设定的条件，将一定数量或比例的剩余席位自动调往列车运行前方站。

5. 市场营销

1）客运产品（product of passenger traffic）

以实现旅客位移为核心，提供可供旅客选择的不同等级、不同席别等基本客运服务和购票、行包运输等延伸服务。

2）客运市场（market of passenger traffic）

为完成旅客的空间位移，运输需求方（旅客）、运输供给方（运输业者）及运输代理者在交易中产生的经济活动和经济关系总和。

（1）市场调查（market investigation）：运用科学的方法，系统地收集、记录、整理有关客运市场营销方面的各种信息。分为综合调查、节假日调查和日常调查。

（2）市场预测（market forecast）：依据市场调查得到的资料，运用科学的方法和手段，对市场未来的情况预先做出估计、测算和判断。通常有短期预测、中期预测和长期预测。

（3）市场细分（market segmentation）：从区分旅客不同需求出发，根据旅客旅行消费行为的差异性，把整体市场划分成若干具有类似需求的旅客群体的活动。

（4）客流（passenger flow）：一定时间内旅客的流量、流向和旅行距离的总称。

① 直通客流（through passenger flow）：乘车行程跨铁路局的客流。

② 管内客流（local passenger flow）：乘车行程在一个铁路局范围内的客流。

③ 客流组织（organization of passenger flow）：铁路旅客运输产品的生产流程和具体组织办法，包括旅客运输计划和旅客运输日常组织工作两部分。

④ 客流区段（passenger flow districts）：客流的到达区段，其长度按客流密度的变化情况而定。

⑤ 客流密度（density of passenger traffic）：一定时期内区段，一个铁路局或全路平均每千米线路上所承担的旅客周转量。

⑥ 客流图（passenger flow diagram）：旅客由发送地至到达地所经过的客流区段的图解表示。

⑦ 客流斜表（passenger flow form of oblique line）：主要车站之间分方向客流的表格表示。

⑧ 客流统计（passenger flow statistics）：对所运送旅客的数量、行程、方向和密度等情况的统计。

⑨ 乘车人数通知单（notice of passenger number onboard）：列车在本车站售票人数和席位使用信息的原始资料。

⑩ 旅客密度表（passenger density list for train）：根据固定票额和各站递送的乘车人数通知单，列车按到站分别填记的一种梯形表，包括列车车次、日期、始发终到站、担当单位、列车定员、各区段（站）上下车人数、车内人数、旅客输送量等内容。

3）客运营销策略（marketing of passenger traffic）

运输企业对选定的目标市场制定的营销方法和手段的组合。

4）铁路客票代售点（agent of railway tickets）

在铁路运输企业授权范围内，以被代理人的名义办理的铁路客票销售经营性业务的网点。

5）包车（chartered service）

单独使用加挂车辆或加开专用列车。

6）租车（carriage rent）

向承运人租用车辆。

6．客运指标

1）旅行速度（traveling speed）

旅客列车在运行区段内每小时平均运行的千米数。

2）技术速度（technical speed）

旅客列车在运行区段的各区间内，每小时平均运行的千米数。

3）正点率（punctuality rate）

一定时期内，正点的旅客列车数占旅客列车总数的百分比。

4）列车超员率（over seating capacity rate）

列车实际超员人数与实际定员之比。

5）客座利用率（seat occupancy rate）

用百分比表示平均每一客座千米所完成的人千米数。

6）旅客发送人数（number of passengers originated）

一定时期内，一个车站、铁路局或全路始发的全部旅客人数，简称旅客发送量。

7）运送旅客人数（number of passengers carried）

一定时期内，一个铁路局或全路运送的旅客总数，简称客运量。

8）旅客周转量〔passenger traffic（p·km）〕

一定时期内，一个铁路局或全路所完成的旅客人千米数。

9）旅客平均行程（average travel distance）

铁路运送每一位旅客的平均运输距离。

10）售票人数（passenger number counted by number of sold tickets）

以售出客票数量来计算的旅客人数。

11）旅客最高聚集人数（peak time passengers in waiting room）

旅客车站全年上车旅客最多月份中，一昼夜在候车室内瞬时（8～10分钟）出现的最大候车（含送客）人数的平均值。

12）行李包裹办理量（volume of luggage and parcel handled）

一定时期内，全路、铁路局、车站始发和中转的行李包裹件数之和。

（1）行李包裹发送量（volume of luggage and parcel originated）：一定时期内，全路、铁路局、车站始发的行李包裹件数之和。

（2）行李包裹中转量（volume of luggage and parcel transferred）：一定时期内，全路、铁路局、车站中转的行李包裹件数之和。

13）行李包裹运送量（volume of luggage and parcel carried）

一定时期内，全路、铁路局运送的行李包裹件数之和。

7．行包运输

1）行李（luggage）

旅客按规定凭客票托运的一定限度的物品。

2）包裹（parcel）

适合在旅客列车行李车内运输的小件货物。

3）承运人（carrier）

与旅客或托运人签有运输合同的铁路运输企业。铁路车站、列车及与运营有关人员在执行职务中的行为代表承运人。

4）托运人（consignor）

委托承运人运输行李或小件货物并与其签有行李包裹运输合同的人。

5）收货人（consignee）

凭有效领取凭证领收行李、包裹的人。

6）押运人（escort）

在运输过程中专门负责货物安全的人。

7）行包托运（consignment of luggage and parcel）

行李、包裹托运人向铁路交运行李或包裹的过程。

8）行包承运（acceptance for luggage and parcel）

车站根据规定对托运的行李、包裹进行检查确认，填写行李、包裹票，核收运费、杂费，并加盖戳记的承接手续。

9）保价运输（insurable value traffic）

旅客或托运人托运时，根据托运物品的价值，声明价格并交付保价费，铁路承担保价责任的运输。

10）检斤（weight check）

对行李、包裹进行称重。

11）计费重量（chargeable weight of luggage and parcel）

计算行李、包裹运费使用的重量。

12）行包密度表（luggage traffic density table）

根据区段内不同区间上、下行的行包运输量而编制的表格。

13）无法交付物品（undeliverable goods）

超过规定时间，无人领取的行李、包裹、旅客遗失物品和暂存物品。

14）无主货物（unclaimed goods）

无人领取且无法判明所有人的行李、包裹。

15）行包事故（luggage and parcel accident）

行李、包裹在铁路运输过程中，发生损坏、丢失或差错而构成的事故。

事故记录（accident record of luggage and parcel）是指行包在运输过程中发生事故时编制的记录。

8. 国际联运

1）国际联运（international through passenger traffic）

按加入国际铁路联运组织并依照其规定在国家间运送旅客、行李和包裹。

2）国际旅客联运站（international through passenger traffic station）

在国际联运相关规章中公布的可办理国际旅客联运业务的车站。

3）国境站（border station）

位于国境办理出入境业务的车站。

4）联检（joint inspection）

由海关、边防、检疫等部门在口岸车站对出入境行为实施的联合检查。

附录 2　铁路进站乘车禁止和限制携带物品目录

为适应铁路公共安全工作面临的新形势新情况，确保广大旅客安全旅行，根据国务院颁布的《铁路安全管理条例》等法律法规，铁路部门对《铁路进站乘车禁止和限制携带物品目录》做了修订，自 2016 年 1 月 10 日起施行。

修订后，铁路进站乘车禁止和限制携带的物品，绝大多数是目前已经禁止和限制携带的物品，主要变化是针对近年来旅客伤害事件中出现的新情况，将可能危及旅客人身安全、存在重大安全隐患的利器、钝器等列为禁止携带物品；对安全火柴、普通打火机等可以限量携带的物品，对其限制携带数量进行了调整。铁路部门提醒广大旅客，不要违规携带禁止和限制携带的物品进站乘车。对违规携带的，将依照国家法律法规进行处理。

《铁路进站乘车禁止和限制携带物品的公告》的内容如下。

接上级通知：

根据国务院颁布的《铁路安全管理条例》等国家法律、行政法规、规章等规定，为维护铁路公共安全，确保广大旅客安全旅行，现将铁路进站乘车禁止和限制携带物品公布如下。

（1）请勿携带以下枪支、子弹类（含主要零部件）：手枪、步枪、冲锋枪、机枪、防暴枪等军用枪及各类配用子弹（含空包弹、战斗弹、检验弹、教练弹）；气枪、猎枪、运动枪、麻醉注射枪等民用枪及各类配用子弹；道具枪、仿真枪、发令枪、钢珠枪、消防灭火枪等其他枪支；上述物品的样品、仿制品。

军人、武警、公安人员、民兵、射击运动员等人员携带枪支子弹的，按照国家法律法规有关规定办理，并严格执行枪弹分离等有关枪支管理规定。

（2）请勿携带以下爆炸物品类：炸弹、照明弹、燃烧弹、烟幕弹、信号弹、催泪弹、毒气弹、手雷、手榴弹等弹药；炸药、雷管、导火索、导爆索、爆破剂、发爆器等爆破器材；礼花弹、烟花、鞭炮、摔炮、拉炮、砸炮、发令纸等各类烟花爆竹以及黑火药、烟火药、引火线等烟火制品；上述物品的仿制品。

（3）请勿携带以下器具：匕首、三棱刀（包括机械加工用的三棱刮刀）、带有自锁装置的弹簧刀以及其他类似的单刃、双刃刀等管制刀具；管制刀具以外的，可能危及旅客人身安全的菜刀、餐刀、屠宰刀、斧子等利器、钝器；警棍、催泪器、催泪枪、电击器、电击枪、射钉枪、防卫器、弓、弩等其他器具。

（4）请勿携带以下易燃易爆物品：氢气、甲烷、乙烷、丁烷、天然气、乙烯、丙烯、乙炔（溶于介质的）、一氧化碳、液化石油气、氟利昂、氧气（供病人吸氧的袋装医用氧气除外）、水煤气等压缩气体和液化气体；汽油、煤油、柴油、苯、乙醇（酒精）、丙酮、乙醚、油漆、稀料、松香油及含易燃溶剂的制品等易燃液体；红磷、闪光粉、固体酒精、赛璐珞、发泡剂 H 等易燃固体；黄磷、白磷、硝化纤维（含胶片）、油纸及其制品等自燃物品；金属钾、钠、锂、碳化钙（电石）、镁铝粉等遇湿易燃物品；高锰酸钾、氯酸钾、过氧化钠、过氧化钾、过氧化铅、过氧乙酸、过氧化氢等氧化剂和有机过氧化物。

（5）请勿携带以下剧毒性、腐蚀性、放射性、传染性、危险性物品：氰化物、砒霜、硒粉、苯酚等剧毒化学品及毒鼠强等剧毒农药（含灭鼠药、杀虫药）；硫酸、盐酸、硝酸、氢氧化钠、氢氧化钾、蓄电池（含氢氧化钾固体、注有酸液或碱液的）、汞（水银）等腐蚀性物品；放射性同位素等放射性物品；乙肝病毒、炭疽杆菌、结核杆菌、艾滋病病毒等传染病病原体；《铁路危险货物品名表》所列除上述物品以外的其他危险物品以及不能判明性质可能具有危险性的物品。

（6）请勿携带以下危害列车运行安全或公共卫生的物品：可能干扰列车信号的强磁化物，有强烈刺激性气味的物品，有恶臭等异味的物品，活动物（导盲犬除外），可能妨碍公共卫生的物品，能够损坏或者污染车站、列车服务设施、设备、备品的物品。

（7）限量携带以下物品：不超过 20 毫升的指甲油、去光剂、染发剂；不超过 120 毫升的冷烫精、摩丝、发胶、杀虫剂、空气清新剂等自喷压力容器；安全火柴 2 小盒；普通打火机 2 个。

（8）其他禁止和限制旅客携带物品按照国家法律、行政法规、规章规定办理。

（9）违规携带上述物品，依照国家法律法规的规定处理。

《铁路进站乘车禁止和限制携带物品的公告》自 2016 年 1 月 10 日起施行。

附录3　铁路客运图形符号

本部分中图形符号的含义仅为相应图形符号的广义概念。应用时，可根据所要表达的具体对象给出相应名称，如含义为"火车售票"的图形符号，可给出"火车售票厅""火车售票处""火车售票点"等具体名称，同时英文亦应根据具体的中文名称作相应的调整。铁路客运图形符号见附表 3-1[①]。

[①] 节选自 GB/T 10001.3—2011《标志用公共信息图形符号 第 3 部分：客运货运符号》，有修改。

附表 3-1　铁路客运图形符号

序号	图形符号	含义	说明
01		火车 train	表示铁路车站或提供铁路运输服务
02		高速列车 high-speed train	表示高速铁路车站或提供高速旅客列车运输服务
03		地铁 subway	表示地铁车站或提供地铁运输服务
04		轻轨列车 light rail train	表示轻轨车站或提供轻轨运输服务
05		城际列车 intercity train	表示城际列车车站或提供城际列车运输服务
06		火车售票 railway ticket	表示出售火车票的场所
07		检票 check in	表示检票的场所，如火车站、汽车站、码头等场所的检票口
08		自动检票 automatic check in	表示提供自动检票服务的场所，如地铁站、汽车站等场所的自动检票口
09		刷卡 swiping card	表示提供刷卡服务的场所，如地铁站、汽车站等场所的刷卡处

续表

序号	图形符号	含义	说明
10		自动步道 moving walkway	表示供人们使用的平面运行的自动扶梯
11		行李包裹 baggage	表示行李包裹、邮件服务的场所和设施
12		自助行李寄存 self-service luggage storage	表示提供行李自助寄存或电子寄存的场所,如自助寄存箱、电子寄存柜等
13		行李检查 baggage check	表示对行李或包裹进行安全检查的场所
14		安全检查 safety check	表示对旅客进行安全检查的通道
15		硬座 hard seat	表示该车厢为硬座车厢
16		软座 soft seat	表示该车厢为软座车厢
17		硬卧 hard sleeper	表示该车厢为硬卧车厢
18		软卧 soft sleeper	表示该车厢为软卧车厢

序号	图形符号	含义	说明
19		开门 open the door	表示开门的把手或按钮
20		靠窗座位 window seat	表示紧邻窗户的座椅
21		办公室 conductor's duty post	表示列车或客船上办理客运业务的场所
22		乘务员室；乘务员席 trainman room	表示列车或客船上乘务员值乘的场所
23		中转签证 transfer	表示旅客办理中转签证手续的场所
24		请勿开窗 do not open the window	表示该车窗不允许打开，如空调车厢的窗户等

附录4　关于外国人在华死亡后处理程序有关问题的实施意见

（民发〔2008〕39号）

各省、自治区、直辖市民政厅（局）、外事办公室、公安厅（局），计划单列市民政局、外事办公室、公安局：

根据外交部、最高人民法院、最高人民检察院、公安部、国家安全部、司法部《关于处理涉外案件若干问题的规定》（外发〔1995〕17号）附件中《外国人在华死亡后的处理程序》的有关规定，各地在涉外殡葬服务方面做了大量工作，受到有关人士好评。鉴于我国对外交往日益频繁，外国人来华数量逐渐增多，涉外殡葬管理和服务工作中出现了一些新情况、新问题，需要进一步明确部门责任，完善工作程序。现提出如下意见。

（1）外国人在华死亡后，死者家属、亲友、接待人或者聘用单位按照《外国人在华死亡后的处理程序》的规定，向有关部门报告情况，并及时提出处置遗体的书面意见。死亡发生地殡仪馆凭据死亡证明和死者家属、亲友、接待人或者聘用单位提出的书面意见并签字确认后，按照我国殡葬管理规定程序，实施遗体火化或者协助办理遗体运输出境事宜。所需费用由死者家属、亲友、接待人或者聘用单位承担。

（2）外国人在华死亡且无家属、亲友、接待人或者聘用单位的，根据死者有效身份证件，由死亡发生地公安机关向省、自治区、直辖市人民政府公安厅（局）报告，省、自治区、直辖市人民政府公安厅（局）向死者国籍国驻华使、领馆发出照会，要求其在照会发出 30 日内回复处理遗体的书面意见。回复意见不明确或者逾期未予回复的，省、自治区、直辖市人民政府公安厅（局）再次照会死者国籍国驻华使、领馆，限期回复处理遗体的书面意见，并告知其回复意见仍不明确或者逾期未予回复的，我方将由省、自治区、直辖市人民政府公安厅（局）做好档案记录后，函告死亡发生地殡仪馆火化死者遗体。遗体火化后，骨灰保管期限 1 年。

（3）外国人在华死亡且无家属、亲友、接待人或者聘用单位的，死者有效身份证件标明的国籍国未与我国建立外交关系，但在华有领事事务代管国驻华使、领馆的，由死亡发生地省、自治区、直辖市人民政府公安厅（局）按前项规定程序照会代管国驻华使、领馆；在华没有领事事务代管国驻华使、领馆的，由死亡发生地省、自治区、直辖市人民政府公安厅（局）商同级人民政府外事部门提出处理遗体的书面意见。

（4）死者疑似外国人，既无家属、亲友、接待人或者聘用单位，又无任何有效身份证件的，死亡发生地公安机关应当及时核查并将结果报省、自治区、直辖市人民政府公安厅（局），由省、自治区、直辖市人民政府公安厅（局）商同级人民政府外事部门提出处理遗体的书面意见。

（5）外国人在华死亡后，死者家属、亲友、接待人或者聘用单位要求将死者遗体在华土葬的，一般可以我国实施殡葬改革、提倡火葬为由，予以婉拒。对于死者生前做出重要贡献或者特殊原因，需要在华处置骨灰或者土葬遗体的，由省、自治区、直辖市人民政府殡葬事务主管部门商同级人民政府外事部门决定。

（6）对于生前患有甲类传染病，或者乙类传染病中传染性非典型肺炎、炭疽中的肺炭疽和人感染病高致病性禽流感的遗体，死者家属、亲友、接待人或者聘用单位应当配合医疗卫生机构，做好遗体消毒处理后，立即送往死亡发生地殡仪馆火化。所需费用由死者家属、亲友、接待人或者聘用单位承担。

附录 5　旅客列车空调失效应急处置办法

《旅客列车空调失效应急处置办法》（铁运〔2010〕175 号）由铁道部运输局颁布，

自 2010 年 9 月 25 日起施行。

1. 总则

（1）为减少旅客列车空调失效时对旅客运输造成的影响，充分体现"和谐铁路，以人为本"的服务宗旨，做好旅客列车空调失效时的应急处置工作，特制定《旅客列车空调失效应急处置办法》。

（2）《旅客列车空调失效应急处置办法》适用于动车组、直供电机车，发电车、接触网故障及停于无电区等情况下空调机组无法使用或空调机组故障，严重影响旅客需求时。

（3）为实现列车长与司机的及时联系，做好紧急情况下处置工作，规定了列车长与司机间通信方式和通信设备配备。

2. 基本要求

（1）各铁路局应加强空调列车值乘人员的培训，定期组织应急演练，不断提高应急处置能力。动车组列车客运乘务人员应掌握防护网的安装使用方法。

（2）旅客列车空调失效时，按规定启动相应的应急预案。列车长组织乘警、列车员做好秩序维护、宣传解释、旅客安抚和车厢巡视工作，及时处置突发情况。

（3）各单位、各部门应紧密联系、密切配合以解决旅客通风透气工作为首要任务。

（4）关人员应及时向铁路局调度汇报，铁路局调度应及时向铁道部调度汇报。必要时，铁路局客运调度员应通知前方办客站限制或停止发售车票。区间换乘或救援时，司机应将区间封锁、接触网停（送）电命令通知列车长。

（5）严格执行动车组、直供电机车、发电车管理制度，认真落实出库检查制度，动车组、直供电机车、发电车故障或空调机组故障时不得上线运行。

3. 列车长、司机间通信方式和通信设备配备

（1）动车组列车。

动车组内列车长与司机的通信，采用动车组专用频率进行通信（无信令），使用频率为 467.200 兆赫兹。

（2）非动车组旅客列车。

① 在无线列调区段，列车长、司机间通信采用列车当前区段无线列调频点 f4 进行通信。

② 在 GSM-R 区段，列车长、司机间通信采用进入 GSM-R 区段前的无线列调频点 f4 进行通信。

③ 通信方式为同频单工方式。列车长呼叫司机按信令方式呼叫。

（3）担当非动车组旅客列车乘务的司机、列车长应配备无线对讲机，按担当交路设置相关区段无线列调频率和呼叫信令。呼叫方式由铁路局规定。

列车长手持电台守候和管理办法按有关规定执行。

（4）机车故障救援时，救援机车的机车电台（或 CIR）制式和司机用无线对讲机使用频率，应与故障机车电台制式和当前区段无线列调使用频率一致。

4．客运组织

（1）空调失效但列车可维持运行时，调度部门接到通知后重点掌握、空调失效超过20 分钟不能恢复时，列车长可视情况通知司机向列车调度员提出在前方最近客运营业站停车请求。

在车站停留时，应打开车门通风。必要时，站车共同组织将旅客疏散到车站安全处所，等待故障修复、救援或组织旅客换乘其他旅客列车。

（2）动车组列车因故停车不能维持运行、空调失效超过 20 分钟不能恢复时，列车长应及时与司机、随车机械师沟通，视情况做出打开车门决定，并通知动车组司机转报列车调度员。

列车长组织列车员在司机、随车机械师的配合下，在车厢内运行方向左侧（非会车侧）车门处安装防护网、打开车门。打开车门的具体位置、数量由列车长根据动车组乘务人员的配置情况确定。

防护网安装完毕，打开车门后，由列车长组织乘警、列车员、餐车工作人员及随车保洁员值守，严禁旅客自行下车。列车乘务人员（含餐饮保洁）应当将车门处的旅客动员到车内，严格值守车门，直到车门关闭。列车长在确认防护网固定状态及防护后报告动车组司机。

（3）需要组织旅客下车或换乘其他列车时，应在车站站台进行，车站与列车一起组织旅客乘降。必须在站内正线或区间组织旅客下车或换乘时，需经铁路局主管运输副局长（总调度长）批准，同时要做好安全防护，以防发生意外。和谐 1E、和谐 2、和谐 3型动车组若停靠在 500 毫米及以下站台或无站台时，需组织旅客通过应急梯下车。

5．运行组织

（1）动车组列车安装好防护网、打开部分车门，由列车乘务人员防护的情况下允许限速 60 千米/时运行，通过高站台时限速 40 千米/时。司机根据列车长的报告，向列车调度员申请打开车门限速运行的调度命令。列车调度员向沿途各站及司机（救援时，同时向救援机车司机）下达"×次因空调失效开放部分车门运行，限速 60 千米/时（通过高站台时限速 40 千米/时运行）"的调度命令。

（2）调度部门积极采取启用热备动车组、机车救援或组织旅客改乘其他旅客列车等救援组织方式。特殊情况下，可采取停运其他始发列车、调整动车组交路等方式。

（3）牵引直供电旅客列车的机车发生故障时，就近组织牵引非直供电列车的直供电机车救援（供电制式等需一致）。

（4）牵引直供电旅客列车的机车发生故障（非走行部和制动系统故障），不能牵引运行，但仍能向列车供电时，调度所就近组织机车挂于故障机车前部担当牵引任务，由故障机车供电维持运行。救援机车按图定交路接续至具备更换直供电机车的车站。

（5）DF₁₁G 型机车担当牵引直供电旅客列车任务，一台机车发生故障时，应保持两台发电机向列车供电，维持运行。一台发电机故障时，应及时通知车辆乘务员，由车辆乘务员转为减负荷状态，维持运行。

（6）担当直供电任务的机车在外段发生故障无法修复时，所在地铁路局要及时通知担当局组织单机接运，来不及时要安排本局直供电机车担当牵引任务或组织非直供电机车和发电车担当牵引任务。

（7）因发电车发生走行、制动故障等需甩车，发电车乘务员应通知有关单位和就近的车辆段，接到通知的车辆段应立即组织有关人员赶赴现场进行处理，同时要准备好备用发电车，当判明必须甩车时，应立即组织换挂。

6. 动车组优应急备品的配置要求

（1）和谐1、和谐2、和谐3、和谐5型车每8辆编组配备防护网8套，和谐1E、和谐2、和谐3型车每8辆编组配备应急梯4个。

（2）动车组应急备品应分散存放，便于取用。

① 防护网存放位置：和谐1型动车组存放在厨房储物柜内；和谐2A型动车组存放在03号一位端备品柜内；和谐2B型动车组存放在05、07、11、13车一位端的备品柜内；和谐2E型动车组存放在04、08、12车二位端备品柜内；和谐3型动车组存放在04车厨房存储柜对面的储物箱内；和谐5型车存放在01、08车备品柜内。

② 应急梯存放位置：和谐1E型动车组存放在01、00车备品柜内；和谐2A型动车组存放于01、00车司机室配电柜指定位置及03、07车备品柜内；和谐2B型动车组存放在01、00车司机室配电柜指定位置及03、07、11、15车备品柜内；和谐2E型动车组放在01、00车司机室配电柜指定位置及04、08、12车备品柜内；和谐3型动车组存放在01、00车司机座椅下及04车备品柜内。

（3）动车组应急备品存放在备品柜内的由车辆部门保管，存放在储物柜内的运行中由客运部门保管。

7. 动车组开启车门应急操作流程

（1）开启车门流程。

① 和谐1型：列车员对动车组侧门进行紧急解锁开门，并且不要复位。司机在IDU上确认由于紧急解锁而报出的A类警告。

② 和谐2型：列车员打开动车组相应侧拉门罩板上紧急开门阀的检查盖，操作紧急开门阀排风，实现紧急开门。

③ CRH3型：列车员将渡板隔离，将门控器上S5开关打至关位，紧急解锁打开车门，通知司机确认车门状态。司机在HMI上确认车门状态应显示为"?"。

④ 和谐5型：列车员断开要打开车门的门控器电源，施加紧急解锁将门打开。

（2）开启车门后动车组有动力运行相关操作程序。

① 和谐1型：司机采取越障行车模式行车。

② 和谐 2 型：随车机械师通知司机将司机室配电盘"关门联锁"旋钮旋至闭合位以允许列车牵引。

③ 和谐 3 型：无额外操作程序。

④ 和谐 5 型：随车机械师操作门隔离装置使门旁路。

（3）开启车门后动车组被救援相关操作程序。

① 和谐 1 型：司机按照机车救援和谐 1 型动车组的正常要求操作。

② 和谐 2 型：无额外操作程序。

③ 和谐 3 型：无额外操作程序。

④ 和谐 5 型：无额外操作程序。

参 考 文 献

兰云飞，仝泽柳，石瑛，2016. 高速铁路概论[M]. 北京：北京交通大学出版社.

彭进，2016. 铁路客运组织[M]. 3 版. 北京：中国铁道出版社.

上海铁路局客运处，职工教育处，2015. 动车组列车客运服务案例[M]. 北京：中国铁道出版社.

尹小梅，2016. 城市轨道交通法规[M]. 北京：化学工业出版社.

中华人民共和国铁道部，1997. 铁路客运运价规则[M]. 北京：中国铁道出版社.

中华人民共和国铁道部，2010. 铁路旅客运输规程 铁路旅客运输办理细则[M]. 北京：中国铁道出版社.